U0591626

潮州文化丛书·第二辑

饶宗颐潮州学论著选

《潮州文化丛书》编纂委员会 编

潮州市饶宗颐学术馆 编

SPM
南方传媒

广东人民出版社
·广州·

图书在版编目（CIP）数据

饶宗颐潮州学论著选 / 潮州市饶宗颐学术馆编. —广州：广东人民出版社，2022.10
（潮州文化丛书·第二辑）
ISBN 978-7-218-15746-7

Ⅰ.①饶… Ⅱ.①潮… Ⅲ.①地方文化—潮州—文集 Ⅳ.①G127.653-53

中国版本图书馆CIP数据核字（2022）第065077号

封面题字：汪德龙

RAO ZONGYI CHAOZHOUXUE LUNZHUXUAN

饶宗颐潮州学论著选

潮州市饶宗颐学术馆　编

版权所有　翻印必究

出 版 人：肖风华

出版统筹：卢雪华
责任编辑：伍茗欣
责任校对：帅梦娣
封面设计：书窗设计工作室
版式设计：友间文化
责任技编：吴彦斌　周星奎

出版发行：广东人民出版社
地　　址：广州市越秀区大沙头四马路10号（邮政编码：510199）
电　　话：（020）85716809（总编室）
传　　真：（020）83289585
网　　址：http：//www.gdpph.com
印　　刷：广州百思得彩印有限公司
开　　本：787mm×1092mm　1/16
印　　张：19.25　字　数：200千
版　　次：2022年10月第1版
印　　次：2022年10月第1次印刷
定　　价：98.00元

如发现印装质量问题，影响阅读，请与出版社（020-85716849）联系调换。
售书热线：020-85716833

《潮州文化丛书》编纂委员会

主　任：何晓军　何广延

副主任：王文森　刘　星　周茹茵

委　员：蔡成雄　宋　琳　程小宏　邢映纯

　　　　江俊英　陈远程　詹树荣

顾　问：陈平原　林伦伦　曾楚楠

编辑部

主　编：刘　星

副主编：蔡成雄

成　员：王锡霖　陈晓婷　薛烨斌　陆　芳

《饶宗颐潮州学论著选》编委会

编委会顾问： 沈启绵

编委会成员： 王振泽　陈伟明　李　春
　　　　　　　洪燕丹　吴　銎　廖夏铌
　　　　　　　王　奋　林晓萍　刘哲生
　　　　　　　佘冰玉　林梓妮　曾炜堃

总序

坚定文化自信 打造文化强市建设标杆

　　文化是民族的血脉，是人民的精神家园。潮州是国家历史文化名城，是潮文化的发祥地。千百年来，这座古城一直是历代郡、州、路、府治所，是古代海上丝绸之路的重要节点，是世界潮人根祖地和精神家园。它文化底蕴深厚，历史遗存众多，民间艺术灿烂多姿，古城风貌保留完整，虽历经岁月变迁、沧海桑田，至今仍浓缩凝聚历朝文脉而未绝，特别是以潮州府城为中心的众多文化印记，诉说着潮州悠久的历史文化，刻录下潮州的发展变迁，彰显了潮州的文明进步。

　　灿烂的岁月，伴随着古城潮州进入一个新的历史发展时期。改革大潮使历史的航船驶向一个更加辉煌的时代。习近平总书记强调，中华优秀传统文化是中华文明的智慧结晶和精华所在，是中华民族的根和魂，是我们在世界文化激荡中站稳脚跟的根基。潮州市认真贯彻落实习近平总书记视察广东视察潮州重要讲话重要指示精神，深入领会习近平总书记关于潮州文化是"中华文化的重要支脉"重要讲话精神的丰富内涵，紧紧围绕举旗帜、聚民心、育新人、兴文化、展形象使命任务，传承精华，守正创新，推进"潮州文化源头探究"等关键性命题的考据，努力在彰显文化自信上走在前列，为在更高起点打造沿海经济带上的特色精品城市、把潮州建设得更加美丽、谱写现代化潮州新篇章提供强有力的文化支撑。

万物有所生，而独知守其根。2020年开始，在中共潮州市委、市政府的高度重视下，中共潮州市委宣传部启动编撰《潮州文化丛书》，对潮州文化进行一次全方位的梳理和归集，旨在以推出系列丛书的方式来记录潮州重要的历史、人物、事件、建筑和优秀民间文化，让潮州沉甸甸的历史文化得到更好的传承和弘扬。继2021年成功出版《潮州文化丛书·第一辑》之后，潮州市紧锣密鼓推动《潮州文化丛书·第二辑》编撰出版。学术大家、非遗传承人、工艺美术大师等各界人士纷纷响应，积极参与这一大型文化工程。《潮州文化丛书·第二辑》是贯彻落实习近平新时代中国特色社会主义思想、以丰硕文化成果迎接党的二十大胜利召开的一个有力践行，也是持续推进岭南文化"双创"工程，潮州市实施潮州文化大传播工程和大发展工程、全面提升文化兴盛水平、打造文化强市建设标杆的一个重要举措。

文化定义着城市的未来。编撰出版《潮州文化丛书》是一项长期的文化工程，对促进潮州经济、政治、社会、文化、生态文明建设具有积极的现实意义和深远的历史意义。作为一部集思想性、科学性、资料性、可读性为一体的"百科全书"，丛书内容涵括潮州工艺美术、潮商文化、宗教信仰、饮食文化、经济金融、民俗文化、文学风采和名胜风光等，可谓荟萃众美，雅俗共赏。而在《潮州文化丛书·第二辑》中，既有饶宗颐这样的学术大家论说潮州文化，又有潮州城市名片——牌坊街的介绍，还有潮州文化的瑰宝——潮剧的展示。可以说，《潮州文化丛书》的出版，既是潮州作为历史文化名城的生动缩影，又是潮州对外展现城市形象最直观的窗口。

千古文化留遗韵，延续才情展新风。潮州历史文化底蕴深厚，文化资源禀赋是潮州经济社会发展最突出的优势。《潮州文化丛书》的编撰出版，是对潮州文化的系统总结和大展示大检阅，是对潮州文化研究和传统文化教育的重要探索和贡献，更彰显了以潮州文化为代表的岭南风韵和中国精神。希望丛书能引发全社会对文化潮州的了解和认同，以此充分发掘潮州优秀传统文化的历史意义和现实价值，以高度的文化自信和文化自觉，推动潮州优秀传统文化创造性转化、创新性发展，把潮州文化这一中华文化的重要支脉保护好、传承好、发展好，把潮州这座历史文化名城研究好、呵护好、建设好，打造中华优秀传统文化展示窗口和世界潮人精神家园，让人民群众在体验潮州文化的过程中深刻感悟中华文化和中国精神、增强中华民族共同体意识，为坚定文化自信作出潮州贡献。

编 者

2022年5月31日

代序

饶宗颐教授与『潮州学』

◎ 郭伟川

　　选堂先生是蜚声国际的汉学大师，在学术和艺术上具有多方面的辉煌成就，然其自昔至今始终十分关心家乡潮汕，对于乡邦文献之学和历史文化艺术，倾注了不少心血，作出了极大贡献。今年十二月将于香港中文大学举办的"国际潮州学研讨会"，也是经选堂先生首为之倡和积极推动，在香港潮州商会的大力支持下，中大和有关各方进行精心策划和筹备，其使"潮州学"逐渐成为国际学术界关注的课题，并将受到深入研究而发扬光大，是必然可期的。

　　潮州历史文化之成为"学"，当有其根源和特色，这是经二千余年来的酝酿、积渐而逐步形成的，其中包含历代先贤的辛勤劳动。而在地方文献和学术文化的探究上，以近世而论，选堂先生堪称是一个杰出的代表人物，其学术成就和贡献，至今尚无出其右者。

　　选堂先生对潮州地方志在文献方面的重要贡献，主要有如下若干方面：

一、于30年代后期，继承其先君饶锷老先生未竟之志，补辑校注《潮州艺文志》，使其得以成为完帙并刊行问世。此书乃潮州有史以来在艺文方面首次进行系统的著作实录，网罗古今，博采众家，遍录自唐赵德《昌黎文录》迄本世纪40年代可考之潮籍名家著述创作，按经、史、子、集四部分类，收集书目千余种，并附作者简介，选堂先生且加精警之评论。所以，这部发端于饶锷老先生，而完成于选堂先生之手的《潮州艺文志》，其内容实际包罗潮州千余年来的文学、哲学、史学、诗词、文学评论等著作，成为后人探究潮州文化学术史之重要文献。而《潮州志》之包含有《艺文志》，至此在体例上始称完备，此也为饶志超迈前修之处。

二、1936年前后，选堂先生考证潮州湘子桥史料，为撰《广济桥志》，刊于中山大学文科研究所语言文学专刊上。桥之有志，在潮州是史所未有的事。其间先生并撰《韩山志》，惜稿已佚。序例见《固庵文录》。

三、1937年至1938年之交，选堂先生在国立中山大学广东通志馆纂修省志，其间撰成《潮州丛著》一书，自序中云："予少耽丛残，志存乡献。平居访睿，时有嘉获。前岁冬与纂省志，窥览所隶，且缀弥多。虽复审写成篇，而诠弟犹未。今春简暇，稍事整比，先取数篇，刊为一帙。"此书遂为中山大学罗香林教授列为"广州市立中山图书馆丛书"之三，由是以一州之乡献遂得弘扬于省垣。

四、1938年10月，广州沦陷前，选堂先生暂返故乡潮汕，其间曾对古代潮汕土著畲民进行深入研究。翌年，先生被中山大学聘为研究院研究员，时该校已迁往云南澄江，遂取道鲨鱼涌至香港拟转赴滇，但途中因深入畲族地区作调查研究，竟染上恶性疟疾，大病经月，遂罢入滇之计，在港居停。然而先生这一时期对潮汕畲族之研究，却对粤东先民的源流问题，作了导夫先路的探索。及后，选堂先生于1961年用英文发表《韩江流域之畲民》（*The Shē Settlements in the Han*

River Basin，Kwangtung）一文，载于香港大学金禧纪念刊上，后收入《选堂集林·史林》下卷。

五、抗战胜利后，选堂先生于1946年由桂返穗垣，应聘为广东文理学院教授。年中，即由穗返潮汕主持潮州修志馆，肩负总纂重职。并兼任南华大学文史系主任。至1947年被广东省政府聘为广东省文献委员会委员，故经常往返于汕穗之间。其间先生曾东走台湾，调查潮人旅台资料。1948年复亲往潮属揭阳县黄岐山虎头岭勘查出土的新石器时代遗物，并亲涉兴宁之水口，普宁之大坝后山、铁山、大棚山、苦肠腹、洪山，揭阳之五经富，丰顺之汤坑，潮安之登塘以及饶平之黄岗等地，勘察史前遗址，研究出土文物，比勘自1941年以来韩江流域各地新石器时代遗存。初稿撰成后，选堂先生曾专为此赴台与东友台湾大学人类学教授金关丈夫、国分直一两教授切磋，付印前，叶恭绰先生及华西大学郑德坤教授又为校阅，可见选堂先生对此文是抱着何等重视及谨慎的态度。1950年，《韩江流域史前遗址及其文化》一书终于出版，它不仅是第一篇本地区之新石器考古记录，在该时期，也是广东省首本考古方面的专书，因此具有十分重要的意义。

六、1947年，由选堂先生总纂的民国《潮州志》终告出版。此志以旧府属为范围，但应用新体例、新内容和新形式，用科学的方法分门别类，有关地质、气候、地理、水文诸志，均延聘自然科学家撰稿。而撰写方法也多所变通，特别是对史料的撷采取舍，各专志之编排次序，均极具匠心，"若大事志者，则采提纲旁注之法。户口、交通志，均俦列图表，颇异前规"（见饶志序言）。凡此种种，显示选堂先生能够跟随时代的步伐，为方志开创新体例，增添新内容，使志书不仅发挥乡邦文献之功能，而且起到济世利民的实际作用。而事实也证明，此志书出版后，对地方之人文和建设诸方面，裨益甚多。《潮州志》至选堂先生之手，可谓是一个重要的里程碑。

七、1965年，选堂先生将未曾寓目之元《三阳志》（载《永乐大典》)、明嘉靖郭春震志，连同顺治吴颖志及先生自己所编之民国潮志，都为一集，名曰《潮州志汇编》。先生于序言中，述其端绪云："方志地方史也，亦国史之要删也。……良以桑梓之邦，耳目睹记，以参为验，于所接最亲切者尽心焉，庶乎著手之非难，而持论斯较可信。余自三十以前，颇留心地志之学，既于中山大学参预粤志之修纂，复于新修潮志，忝董其役。……向者囿于见闻，即古潮志之三阳图志，暨嘉靖间郭春震所修志，深以未获寓目为憾。去岁读书南港，始于插架见郭志残本。嗣如东京，悉内阁文库庋有完帙，友人日比野丈夫教授复影见示。因取嘉靖志合顺治志，益以永乐大典所收三阳志，及余所纂民国志稿，汇成一帙，用备省览。"全书长达1270多页，香港龙门书店1965年版。此书合元明清及民国诸志，可谓为古今潮志之集大成者，允称中国方志史上之创体。而其内容涵盖所及，举凡历史沿革、大事记载、地理、交通、气候、水文、地质、农工渔猎、志异丛谈等，共有十五个专志之多。是书对于潮州之人文历史及风土民俗，灿然赅备，允称是潮州文献史上前无古人的巨大贡献，弥足珍贵。后来香港大学授予选堂教授博士学位，其中一个原因，也是在于表彰其纂修《潮州志》之功绩。

八、选堂先生为表彰潮州先贤之令德节概，先后为明代揭阳二志士薛中离、郭之奇撰写年谱，每谱皆五万余字之多。另撰潮州先贤像传三十篇，使乡邦之历史资料与文化精神透过这些乡贤的行状功德而得到发扬光大。

九、选堂先生对潮州韩学研究之推动，不遗余力。1986年11月30日，由其倡议，汕头大学、韩山师专和潮州韩愈研究会联合主办的我国第一次"国际韩愈学术讨论会"在汕头市召开，来自美、法、日、新加坡、中国内地及香港的专家学者70多人参加了这一盛会。选堂先生作为首位主讲人，在讨论会上作了《宋代潮州之韩学》讲演，受到了与会者高度之重视。及后先生又发表力作《宋代莅潮官师与蜀学及闽学——韩公在潮州受高度崇敬之原因》。拙编《国际潮讯》在转载此文时，因其重要性而特加编者按："韩愈治潮八月，办乡校，驱鳄鱼，固有功于潮者。然其名位迄宋始显扬，至是江山姓韩，庙祀香火不绝，令誉之隆，并世无二，潮人其何厚于韩愈耶？——饶老此文，钩既泛之史料，提发幽微，指出此乃由于'两宋莅潮官吏，蜀士与闽人，对昌黎崇奉最力，且挟蜀闽之韩集，传入于潮。……而韩公在潮州之地位，亦日益提高'。另者，'此辈名宦，既倡导为韩公建祠缔构以表景慕，倡导者继而复为后人所尊崇，且得与韩公配享，入祀于名宦祠之列'，实质上扬韩亦在于扬己，故倡导者不遗余力；而'韩学与理学相得益彰'，更使韩公在潮地位日隆——其见解之精辟，为前人所未阐发者。而文中人物与史料俱在，尤具说服力，因此是关心乡邦文化和治韩集者不可不读的一篇重要文献。""韩学"研究而今之成为潮流，先生之首倡与推动，实在功不可没。

十、1993年，选堂先生赴澳门参加"中西方文化交流国际学术研讨会"，选堂先生在会上宣读论文《柘林在海外交通史上的地位》。先生为撰此文，于1993年年初专程赴潮属饶平县考察。柘林为饶平出海口，先生为弘扬潮汕历史文化，不顾辛劳，风尘仆仆，实在令人仰佩。

以上所举，皆荦荦大者。其他如《华南史前遗存与殷墟文化》，其中引用揭阳、普宁等地之出土文化，与安阳小屯发见之殷代遗存相联系，而推论殷商文化向南传播。《潮瓷说略》一文，乃选堂先生50年代初所作，日本著名学者小山富士夫十分推崇，特由长谷部乐尔译成日文，刊于日本陶瓷协会机关刊物《陶说》杂志上。潮州宋瓷之得以弘扬日本，乃得力于此文之推介。《潮剧溯源》《钞本刘龙图戏文跋》和《南戏剧神咒哩啰嗹问题》诸篇，则可窥见先生对潮剧源流及其演进之研究的深厚功力。尤其《〈明本潮州戏文五种〉说略》，可谓为潮剧理论研究的权威之作。此文从元明戏曲史的角度，考证了潮剧与南戏的关系。先生旁征博引，论证了剧本的语言、声调、节拍乃至戏文的唱法，无不为知者之言，十分令人倾服，且屡为国内外所征引。而《〈明本潮州戏文五种〉说略》之出版，也是先生敦请香港潮州商会和香港潮州会馆捐巨资赞助广东人民出版社刊印的。先生对潮州戏剧史所作出的贡献，十分巨大。至于对潮汕先民之探讨，先生也用功甚早。其《说畲》和《畲瑶关系新证》等篇，则为粤东先民之研究，提供不少翔实之论证，具有十分重要的史料价值。

选堂先生论潮专著及文章，可说自成系统，而且在客观上，也是"潮州学"重要的组成部分。尤其难能可贵的是，他对潮汕历史文化之弘扬，不仅形诸文字，而且在重要的全国性和国际性会议上，更多次发出呼吁，对乡邦文化研究之宣扬，不遗余力。

1989年11月18日，第五届国际潮团联谊年会在澳门举行，大会特敦请选堂先生作专题讲座"潮人文化的传统和发扬"。先生除在会上精辟地阐述潮州历史文化的源流和演变之外，并特别呼吁国际潮团在联谊之外，"应该做出一些有建设性的行动，例如设置某些有计划有意义的学术性基金和奖金，来鼓励人们去寻求新的知识……发展某些学术研究，这样才能使潮人传统文化有更加灿烂的成果"[①]。他的讲演受到与会者的重视与关注。

1990年11月15日至19日"中国历史文献研究会第十一届年会暨潮汕历史文献与文化学术讨论会"在汕头大学举行，选堂先生专程从香港前往参加，受到与会学者的热烈欢迎，中国历史文献研究会会长、北京师范大学刘乃和教授在大会上特别指出："这次会议，有海内外著名学者饶宗颐老专家、老学者参加。饶老研究的方面广：古代史、敦煌学、方志学、目录学等等，我也数不清了，尤其是自青年期就钻研潮汕文化写出多种撰著，可以说是著作等身，我们非常佩服。饶老

---

① 《国际潮讯》第十一期，1990年6月。

的莅会，为会议增添了光彩，提高了质量。我们仅向饶老致意，表示我们崇敬之情。"①

选堂先生在大会发言中指出："从潮州文化历史的角度来说，像此次集全国各地许多专家学者于一堂，以潮州历史文献与文化学术作为专题进行讨论，从而将潮州历史文献与文化学术的研究提升至全国性的层次，这可说是潮州历史文化上的空前盛事。"他并着重指出："有关潮汕历史文献和文化学术问题，我认为海外与中国内地一样，都要进行研究。"②由于其渊深的学养和丰富的阅历，选堂先生看问题，往往能从全国性和世界性的角度加以比较和评论。他的许多见解之所以不同凡响，显然也缘于此。这是因为站得高，看得远。对于潮汕历史文化的地位问题，他往往也是从比较广阔的层面去加以审视的。而他对如何在海外弘扬乡邦文化，一直予以极大的关注。

1991年9月2日，第六届国际潮团联谊年会在巴黎隆重举行，来自泰国、马来西亚、新加坡、美国、加拿大、澳大利亚、菲律宾、印度尼西亚、比利时、荷兰、瑞士、丹麦、德国、英国、法国和中国等国家的32个潮人代表团和祝贺团，1000多位代表参加了此次盛会，会议场地设在曾举行七国经济高峰会议的巴黎拉德坊大会堂，法国政府内阁部长出席会议并发表了热情洋溢的讲话，对国际潮团联谊年会的宗旨和表现出来的凝聚力，赞赏备至。选堂先生应邀在大会上发表了发人深省的演说，他一开始就指出："第六届国际潮团联谊年会在巴黎召开，这是海外潮人国际大团结的一件盛事。此次年会首次跨出亚洲，迈向欧洲，是前所未有的创举，具有十分深远的意义。它为中国华侨史写下了新的一页，也为亚欧文化的交流，作出了有益的贡献。"他在讲话中赞扬了法国潮州乡亲在短短数年之间，事业拓展

---

① 《国际潮讯》第十三期，1991年3月。
② 同上。

11

十分迅速，使潮人善于经营的美誉在巴黎被传为佳话。同时指出，整体而论，海外潮人的经济实力十分强大，这是有口皆碑，十分了不起的事。选堂先生最后仍然向大会发出了十分恳切和重要的呼吁："不久前我在香港与杨振宁博士谈及如何以财力去开发智力的问题。我们都认为，这是一个十分重要的问题，因为财力与智力的结合，将会产生无穷无尽的力量。我们海外潮人创业有成，财力雄厚，如果能重视智力的开发，以财力去培养智力，那么对乡邦民族将会作出更大的贡献。记得在澳门召开的第五届国际潮团联谊年会上，我曾提出成立'中华潮州文化研究基金'的问题，已经引起我潮有识之士的重视和响应。……如果这一基金能够真正成立，其对潮州文化的推动和贡献，将是无可限量的。我在这里再次呼吁大家鼎力支持，共襄盛举，使潮汕文化能够借助各位的力量，更加发扬光大。"[1]选堂先生的讲话赢得了与会者的热烈掌声。随后法国巴黎法兰西学院汉学研究所所长施博尔博士应邀登台发言，其中特别提道："饶宗颐教授不仅是我们法国汉学界的老师，而且也是全欧洲汉学界的老师。"他除高度赞扬选堂先生学术和艺术各方面取得的巨大成就外，对于先生热心弘扬乡邦文化的拳拳之心，也深表仰佩之忱。

1992年11月，选堂先生应邀参加在汕头举行的"潮汕历史文化座谈会"和"翁万达国际学术研讨会"。先生在大会发言中提出了许多富有启发性的意见，并提出在香港举办"国际潮州学研讨会"的可能性问题，令与会者大为兴奋。及后先生对涉及"潮州学"的若干重要学术问题，从内容至形式，乃至如何物色学有专长的学者参会负责论题主讲等事项，进行深入考虑，精心筹划，周章备至。我因自1987年起负责《国际潮讯》编务兼主笔政之后，与先生接触日多。先生才高八斗，文史哲艺皆精，因此其稿件的大力支持，使本刊增色不少，

---

① 《国际潮讯》第十四期，1991年12月。

并大大提高本刊层次与质量。而在治学上，我得以追随先生，聆听教诲，获益良多。日常耳濡目染，习其著作，如入宝库，益知先生学术上之博大精深。而其有关潮州历史文献和文化学术之论著，虽为饶学之一部分，然已甚具规模，自成系统，足以为"潮州学"奠基。而本文所引选堂先生在历次国内和国际会议上对潮汕文化之弘扬与推动，我因大都参与其役，亲聆其言，并为之整理记录，故缕述如上，以作他日研究"潮州学"与"饶学"者参考之史料。1993年2月22日于香港。

原载《饶宗颐潮汕地方史论集》卷首，汕头，汕头大学，1996

目录

目录

潮州学在中国文化史上的重要性

——何以要建立「潮州学」

　　潮州地区人文现象，有需要作为独立而深入探讨之研究对象，应该和"客家研究"同样受到学人的重视。因此，潮州学的成立，自然是顺理成章不用多费唇舌来加以说明；更有一个充足理由，客家学以梅州地区为核心，在清雍正十年（1732）嘉应直隶州未设立以前，整个梅州原是潮州所属的程乡（后来分出镇平、平远），长期受到潮州的统辖。大埔、丰顺二县，亦属潮州所管。北京的潮州八邑会馆，只有说客家语的大埔没加入，但大埔仍是潮属的一邑，至近时方才割出独立。所以研究雍正以前的潮州历史，梅州、大埔都应该包括在内，这说明客家学根本是潮州学内涵的一部分，不容加以分割的。

　　中国文化史上，内地移民史和海外拓殖史，潮人在这二方面的活动的记录一向占极重要的篇幅，这是大家所熟悉的。潮人若干年来在海外拓殖成果和丰厚的经济高度发展的各种表现，在中国以外各个地区孕育出无数繁荣美丽的奇葩，为中外经济史写下新页，久已引起专家们的重视而且成为近代史家崭新的研究对象。因此，潮州地区人文现象的探讨，更使多数人发生热烈而广泛的兴趣。本人对这一件事，多年以来屡加以积极提倡，汕头潮汕历史文化中心的成立，正说明这一工作已经取得相当成就。此次在香港潮州商会鼎力资助下，香港中文大学举办首次为期三日的潮州学研讨会，这无疑是非常有意义的事。

　　潮州人文现象和整个国家的文化历史当是分不开的。先以民族而论，潮州土著的畲族，从唐代以来，即著称于史册。陈元光开辟漳州，筚路蓝缕，以启山林，即与畲民结不解缘。华南畲民分布，据专家调查，皖、浙、赣、粤、闽五省，畲族保存了不少的祖图和族谱，无不记载着他们始祖盘瓠的传说和盘王祖坟的地点，均在饶平的凤凰山。换句话说，凤凰山是该族的祖先发源地。我曾引用宋晁补之集中《开梅山》一长诗和泰国北部发现的《徭人文书》里面《游梅山》的记述，来讨论宋代畲、猺的关系。又引用元《三阳志》记载宋时水东有"不老"的土音来探索畲族什么是他们自己称呼的名号。这些问题，牵涉甚广，还有待于进一步的深入研究。

近十余年来潮汕地区的考古工作，成绩斐然可观。饶平浮滨类型的文化遗存之发现，震烁中外，但正式报告尚未有人着手编写。我曾到饶平该地考察，深觉发掘及研究工作尚未认真展开，例如该地出土重要文物带有"王"字符号的大口陶尊，长达17.3公分的铜戈，还有铜鲜与鸟形壶，都是珍品。江西新干商代遗址的奇异绚美的铜器，亦有鸟形文物，吴城亦出凤鸟形握手青铜器盖，它们彼此间之关系如何，均有待于考古学家的探索。其他各地出土文物林林总总，只有各县《文物志》作一些简单报道，我们正期待一本完美周详图文并茂的报告。

再谈戏剧问题，在清代福建蔡爽的《官音汇解释义》卷上的"戏耍音乐"条，记着："做正音，唱官腔，做白字，唱泉腔，做大班，唱昆腔，做潮调，唱潮腔。"其时的潮调与官、泉、昆三腔并列。由于多年来我国民间戏剧调查研究的跃进，温州南戏、闽剧特别是莆田戏的深入钻研，对潮剧研究的来龙去脉有一定帮助。中外人士已写成一些专著，灿然可观。出土新材料若宣德本《金钗记》、嘉靖本《琵琶记》已引起世界学人的注目，异国收藏如奥地利、日本都有旧本，这些珍异文物得到潮州商会的大力资助才印出《明本潮州戏文五（七）种》，风行一时，有口皆碑。其中《刘希必》写本所附板拍，对南戏音乐研究开创了一新纪元。现经中日学人共同探索，温、潮原出一脉。永嘉郑孟津君对宣德本点板的解读认为与《琵琶记》的明初瞿仙本正是一脉相承，更属创见。

潮州方言的研究久已展开，卓著成绩，述作之富，毋庸赘述。惟潮州地区，澄海与潮阳、普、揭，各成语系，语音的差异如何进一步分析，及与古音的比较，还有待专家之探索。至于潮乐方面，器乐的专题研究和活五音位律吕的研究，近时在国内成为热烈讨论题目，甚至可与曾侯乙钟律的四颣、四曾音位作出比较研究，其重要可知。

凡此种种，俱见潮州文化若干特殊现象，已不仅是地方性那样简单，事实上已是吾国文化史上的重要环节与项目。若失潮史新文献的发掘，我在编纂《潮州志汇编》时候，将《永乐大典》里面的元《三阳志》残本加以重印，已引起人们的重视和采用。近时我又将久已失传的万历知府郭子章所著的《潮中杂纪》，从日本影回，即由潮州商会出版，订于十二月在潮州学会议开幕时推出，以供大家参考。这更是香港潮州商会对潮州学的又一次贡献。

潮州学的内涵，除潮人在经济活动之成就与侨团在海外多年拓展的过程，为当然主要研究对象，其与国史有关涉需要突出作专题讨论，如潮瓷之出产及外销、海疆之史事、潮州之南明史等论题，有潮汕已有不少文化机构着手从事编写，十年以后，研究成果，必大有可观，钩沉致远，深造自得，蔚为国史之要删，谨拭目以俟之。

原载《潮学研究》（一），汕头大学出版社，1993

潮人文化的传统和发扬

本年（1989年）11月18日，第五届国际潮团联谊年会在澳门隆重开幕，特设专题讲座，以上列的题目要我主讲。什么是潮人文化传统？说来话长。自从苏轼在《韩公庙碑》上说："始潮人未知学，公命进士赵德为之师。"故向来一般都认为潮之有学，由韩公开始，这一点殊为不确。姑勿论东汉末三国吴时，揭阳人物已有安成长吴砀，晋时程乡人程旼，宋人称颂之曰："万古江山与姓俱。"潮州在唐代学术范畴之内，无论儒、释，均有特出魁杰之士。中唐之际，名宦谪潮者众，常衮先韩公莅潮，"兴学教士"，故明、清方志都说"潮人由衮而知学"①（郭春震及吴颖《潮州志·官师部》如是说），非始于韩。兹将代宗广德至穆宗长庆四朝有关学术大事列下：

代宗广德二年（公元764?） 常衮与大兴善寺不空及鱼朝恩等新译出《佛顶尊胜陀罗尼念诵供养法》一卷（慧琳《一切经音义》卷三十五）。

代宗大历初（公元766?） 潮阳僧惠照自曹溪归，大颠与药山惟俨同师惠照于西山，后游南岳参石头（希迁）禅师。

大历十三年（公元778） 赵德进士授推官（《吴志》）。

大历十四年（公元779） 德宗即位。五月常衮贬潮州，九月十一日到州（《全唐文》常衮《潮州刺史谢上表》），兴学校，潮州由此知学。

德宗建中元年（公元780） 五月常衮为福建观察使（梁克家《淳熙三山志》）。

---

① 《新唐书》一五〇《常衮传》云："德宗即位……再贬潮州刺史。建中初，杨炎辅政，起为福建观察使。始闽人未知学，衮至，为设乡校，使作为文章，亲加讲导……由是俗一变，岁贡士与内州等。卒于官，年五十五。其后闽人春秋配享衮于学宫云。"衮卒于福建任所，其贡献在闽，于潮州任期较短，而兴学则同。

德宗贞元元年（公元785） 大颠灵山寺创地基（《郭志》）。

德宗贞元七年（公元791） 灵山禅院落成，门人传信千余人。

宪宗元和十四年（公元819） 韩愈贬潮州。十月愈移袁州，与大颠留衣服为别（《答孟简书》）。

穆宗长庆四年（公元824） 大颠坐化，年九十三（《国志·仙释》）。

由上列史实看来，韩愈不是第一位在潮兴学的潮州刺史，实际应该归功于常衮。衮以丞相南迁，道经惠州而至潮，所驻山冈，后人名为丞相岭。潮州城北金山上有"初阳顶"摩厓，旧传出于常衮手笔。① 又潮州开元寺内有尊胜佛顶陀罗尼经幢，为广东唐时唯一的密宗石幢，题曰不空和尚译。然唐代各地经幢一般都用波利译本，如福建泉州即据波本镌刻，独潮州乃用不空译者，盖常衮于大历间与鱼朝恩及大兴善寺不空等奉诏译陀罗尼念诵轨仪，开元寺之有不空译加句本，可能由彼谪潮州时携来的。

潮地释氏，在常衮未到之前，已先有惠照禅师传曹溪的法乳，药山惟俨，与大颠共师事惠照于西山。② 潮阳的西山在县西十里，形势巇崷，源上有砖塔③，其地当即惠照之所居。相国李绅铭其石室云："曹溪实归，般若观妙。体是宗极，湛乎返照。"宋时余靖题惠照小影，有"已向南宗悟，犹于外学精，士林传字法，僧国主诗盟"之句，则其人亦擅长文学。惟俨"年十七，度大庾岭，至西岩师惠照。大历八年受具足戒于衡岳"。惟俨于贞元初还药山，韩公门人李翱时与之游，至今禅门尚传为佳话，溯其师承所自，实出于惠照。大颠

007

① 《海阳县志·古迹略》。
② 《景德传灯录》十四："澧州药山惟俨……姓韩氏，年十七依潮阳西山惠照禅师出家。"
③ 《郭志》。

创灵山禅院的年代为贞元四年（公元788），在韩愈谪潮之前三十二年，彼深得施主洪大丁之助，大丁亦进士也。①

《吴志·仙释》称大颠"长庆四年，年九十有三，无疾而逝"，则元和十四年（公元819）愈谪潮州，年方五十有二，而颠师已臻大耋，八十八岁矣。愈《答孟简书》呼之为老僧，正符事实。泉州《祖堂集》记"侍郎令使往彼，三请皆不赴"，其风格高峻可以见之。是时内学在潮州，高僧间出②，皆禅门之龙象。故论潮人学术，唐世先得禅学之薪传，继起乃为儒学，在韩公未谪潮之前。已卓然大有成就，是即潮人文化——传统之源头，儒佛交辉，尤为不争之事实。

至于如何发扬，愚见海外潮人，团结精神表现最为特色，惟传播知识，发扬学术，其热诚则远比他处为落后，可谓勇于生财，而短于散财，能聚而不善于散。释氏之学，以慈、悲、喜、舍四无量最能开拓人们的心胸，而财施、法施，对于人类社会的融和与智识思想的推进，贡献尤巨。唐代虽三教并立，而佛教诸宗的建树及教义的阐扬，使整个社会浸润于"无上圆觉"追求之中。儒家伦理更与释氏之仁道交融为一体，在朝注重密宗，在野则盛行禅悟，人们在精神上由顿悟更得到"向上"与"超越"的安顿。唐代两位在潮兴学的贬谪刺史，一则信佛，而一则辟佛。韩公到潮以后，与大颠来往，知其"实能外形骸以理自胜，不为事物侵乱"，"要自胸中无滞碍"。最少他本人在精神修养上已受到大颠的影响，是不用否认的。韩公所以"不助释氏而'排'之者"，由于不愿"舍先王之法，而从夷狄之教"③，完全从狭隘的夷夏观念出发。今天站在人类文化立场，我们需要知彼、

① 吴《府志》唐进士列三人，洪奋虬下云：洪大丁亦举进士，为灵山施主。或云：洪圭字大丁，即奋虬祖。

② 程乡阴那山有惭愧祖师，明理学家杨起元有《阴那山访唐僧法堂》诗。

③ 《答孟简书》。

知己，不能一"排"便了事，许多历史问题，还要从多方面智识的帮助，才能获得正确的了解。我于1963年在印度研究婆罗门经典，方才明白中国人何以吸收佛教，无条件接受，复加以发扬光大，反而排斥原始佛教所从出的印度教为外道，是别有他的道理的。去年（1988年）冬天到过唐宪宗、懿宗先后迎佛骨的"法门寺"，看见当时大兴善寺密教和尚智慧轮供奉的法器，方才知道当日韩公谏迎佛骨失败之由，及唐室对佛教迷信积重难返的社会背景。又从《佛顶陀罗尼》译本的比勘，才悟出潮州开元寺经幢之用不空加句译本，是和常衮谪潮有密切关系。凡此种种，都是近年研究所得，以前是完全不了解的。近日汕头大学人员来港，告知最近汕头大学招生，历史系与数学系没有学生修读，在当前"唯利是视"的社会风气影响之下，人们精神处于封闭和空虚状态，很需要禅宗的清凉剂为之指出"向上"一路，加以提携的。我们如果真的有诚意去发扬潮人的传统文化，并不是在开一轮会议作一次演讲，事同粉饰，说了便算，还要切实推出具体的方案来扭转目前这种轻视理论科学的人文科学的歪风。我认为潮团在联谊之外，应该做出一些有建设性的行动，例如设置某种有计划有意义的学术性基金和奖金，来嘉励人们去寻求新的知识，继承唐代常、韩两位地方刺史"兴学"的精神，在海外培植一些人才，发展某些学术研究，这样才能使潮人传统文化有更加灿烂的成果，我想各位必会同意我的建议而努力去促其实现的。

原载《国际潮讯》第十一期，香港，1990

中国历史文献研究会第十一届年会暨潮汕历史文献与文化学术讨论会演讲摘要

今次，中国历史文献研究会第十一届年会暨潮汕历史文献与文化学术讨论会在汕头大学隆重举行，本人应邀出席，感到十分荣幸和由衷的高兴。因为从潮州文化历史的角度来说，像此次集全国各地许多专家学者于一堂，以潮州历史文献与文化学术作为专题进行讨论，从而将潮州历史文献与文化学术的研究提升至全国性的层次，这可说是潮州文化历史上的空前盛事。作为潮州人，作为一名浪迹海外的学者，首先我要对促使此次盛会得以顺利举行的中国历史文献研究会及当地各机构领导人和来自全国各地的专家学者，表示衷心的感谢！

刚才几位发言，都说我是潮州历史文献方面的专家，这一点我是愧不敢当。应该说，几十年前我曾负责编修过地方志，但那些作品已经是"少作"了。半世纪来，我的主要精力已转移在其他的学术领域，在研究和整理乡邦文献方面，我已经是个落伍者。通过今次的盛会，我愿追随在座诸位，为整理和提高潮汕历史文献与文化学术水平而共同努力。

回忆几十年前我们修地方志时，条件既差，各种志书史料又十分缺乏。现在本地学人所共知的几个地方志版本，如古潮志之《三阳图志》和明嘉靖年间修纂之郭春震《志》，那时尚未寓目。上述志书连同郭《志》，是我在日本时，获悉东京内阁文库度有完帙，夜间托友人日比野丈夫教授影印。后来（60年代初）我就将《嘉靖志》合《顺治志》，以及《永乐大典》潮字号所收《三阳志》和我编纂的《民国志稿》，这就是1965年香港龙门书店出版的《潮州志汇编》。

随着地下文物的不断出现，新的史料日益丰富，关心和有志于地方文献的人才亦越来越多，如果能在旧有的基础上进一步提高地方志的质和量，在史料采用的综合性和科学性方面，在思想内容的广度和深度上，进行开掘拓展，相信在地方文献和文化学术的研究上，必能超迈前人，取得更加丰硕的成果。

　　有关潮汕历史文献和文化学术问题，我认为海外与中国内地一样，都要进行研究。正如杜经国教授在发言中所说的，中国内地有潮汕人一千万，而海外亦有同等数目的潮汕人，这显然是一种很不寻常的现象。另一方面，潮汕人很会经商和向外开拓，这种特性，究竟是怎样形成的？这些问题都值得研究。我的一位德国朋友、汉学家傅吾康先生，很留意类似的问题，但他的研究对象不是潮州人，而是整个华人社会海外拓展的历史。他收集中国人在海外建立会馆的碑记，从碑记中收集史料，这是很可靠而又实际的文献。法国又有一位施博尔先生，也很关心我们潮汕的民间文学，他曾前后采集潮州歌册一百九十八本，其中《钞本刘龙图戏文》曾请我写了跋文。[①]这个例子也可窥见外国学者对潮州历史文化感兴趣和重视的程度，他们的研究精神和成就是很令我们感到汗颜的。傅吾康先生在海外收集华人会馆碑记进行研究一事，令我想起潮州人在海外也有许多会馆。[②]1968年我初到新加坡大学任教时便留意到星、马及东南亚国家有关潮州会馆的碑记史料。所以，我向今天与会有志于此的同人提供这一课题，希望能搜集众多的海外潮州会馆碑刻，从实录中研究潮人拓殖和创业的历史。

　　参与潮州瓷器的研究，我认为那是古代潮州历史文化的一个很重要的部分。我因为早年曾经编撰《韩山志》，韩山即潮州水东窑所在地，所以对潮州瓷窑向有留心。1955年旅东京时，我有一篇关于潮窑历史的论文，即为日本弓山富士教授取去，由长谷部乐尔译为日文，载于日本陶瓷协会出版之《陶说》二十四期，该文屡见学人征引。后来变写为《潮州宋瓷小记》一文[③]，其中谈到"潮窑盛于宋，周明所

---

① 　编入拙著《固庵文录》。
② 　数十年前在中国许多大城市如北京、上海、广州等都设有潮州会馆。
③ 　后载入拙著《选堂集林·史林》中册，中华书局，1982。

造佛像，技巧之精，即其明征"。且上述佛像刻有长文，而"北宋瓷器有长文者不多，其备记窑名、制造年月、供奉人及塑像匠工姓名者尤少。如此治平、熙宁佛像，实为仅见"。上述佛像曾为我家所收藏，载于拙著《选堂集林·史林》的《潮州宋瓷小记》，即附有上述佛像图片。有关唐宋潮瓷的海外出口贸易问题，"唐代青釉凤头壶残片，据冯先铭云，近年于潮州韩山及广州西村窑址，屡有发现。凤头壶为吸收波斯作风之制作，泉州海上贸易唐宋甚盛，故广东潮州亦有发现[①]，此类凤头壶如果为本地产品，合北郊发见之莲花纹圆瓦当二事论之，唐代潮州瓷器与外地最少已有相当交往，瓷业发轫甚早，故北宋中期，水东窑制作遂有此种成就，非偶然也"[②]。有关汉唐中国对外贸易的途径，我曾在拙作《蜀布与Cinapatta——论早期中、印、缅之交通》[③]一文中曾有论及，我认为西北新疆一带之交通贸易是通过陆上丝路，南方交广一带，则由海上丝路，故文中专立一章附论《海道之丝路与昆仑舶》。日本友人三上次男著有《陶磁之路》一书。潮州应该是海上陶瓷之路一重要站。我听说讨论会上[④]，有的学者也以此为专题进行探讨，我感到由衷的高兴。

另外，在有关潮州历史人物的研究上，我听了一位从甘肃来的学者作关于丁日昌的研究报告。（**按：为兰州大学汪受宽副教授所作《抚闽奏稿篇序厘正》。**）他对丁日昌的研究方法既细致又新颖，有不少真知灼见，令人感佩。从这些事例和此次交给大会讨论的众多外地学者以潮州历史文献、文化学术与人物为题材的大量论文题目看来，说明这次讨论会在潮州的文化历史上，确实具有十分重大和深

---

① 《文物参考资料》，1958（2）。
② 引自拙著《潮州宋瓷小记》。
③ 载《选堂集林·史林》。
④ 有一个上午我因事请假，杜经国教授特准，因此未及聆听。

远的意义。末了，我仅此向促成此次盛会的机构的各位领导和工作人员，对来自全国各地的专家学者，再一次表示衷心的感谢！

郭伟川整理记录，并经饶宗颐教授过目

原载《国际潮讯》第十三期，香港，1991

地方史料与国史可以互补

地方问题的研究，近时在西方史学界形成一股新的趋向。吾国地记、地志之学，萌芽甚早，六朝以来已有高度发展。这一学科绵延已逾千年之久。国史必资地志为材料的要删，而地方研究，必从全国立场来看问题，才能高瞻远瞩，轻重得宜，切中肯綮，不致流为乡曲武断的庸俗看法。

韩愈在潮州影响深远。过去我提倡韩学的研究，至今已开过两次"韩愈学术研讨会"。他由于辟佛，方才被贬到潮州。他为了反对佛教，必先对佛教有一点认识。1962年冬天，我在印度从事研究工作，读马鸣（Aśaghoṣa）的Buddha-carita（佛传）。由取后汉竺法兰、北凉昙无谶、刘宋法云、隋代崛多诸家的《佛本行经》译本，一同对读，发现《破魔品》中有大量的"或"字，昙译是五言诗体，因而悟出韩愈的《南山诗》即脱胎于此。我曾著文讨论，引起许多关心佛教文学的学人之重视。后来我读梁僧祐的《弘明集》，首篇即是牟子《理惑论》，有一段这样说：

> 牟子曰：事尝共见者，可说以实。一人见，一人不见者，难与诚言也。昔人未见麟，问尝见者，麟何类乎？见者曰：麟如麟也。问者曰：若吾尝见麟，则不问子矣；而云"麟如麟"，宁可解哉！见者曰：麟，麕身、牛尾、鹿蹄、马背。问者虚解。

雄辩地讨论麟的形状问题，我又恍然于韩愈何以撰写《获麟解》一文，必受到牟子的启发。他说："麟之为灵昭昭也，杂见于传记百家之书。"应亦包括牟子在内。牟子亦云："昔杨墨塞群儒之路……益轲辟之，乃知所以。"这些话，韩文常套用之。《弘明集》里面反驳顾欢《夷夏论》的文字很多。韩氏辟佛是从夷夏观点出发，与顾欢同一立场。可见《弘明集》应是他案头上经常的读物。我曾在《选堂赋话》里指出《谏佛骨表》开端"佛者，夷狄之一法"是模仿晋代蔡谟的

"佛者，夷狄之俗，非经典之制"。宋邵博说他是"广傅奕之言"，是不对的。

至于韩愈与大颠交往的事情，久已成为文学史上一段公案。大颠事件，钱钟书先生在《谈艺录》中亦谈到。我所知道的潮州地方有关大颠的材料，还有许多可供补充和仔细讨论（*请参看拙作《宋代潮州的韩学》*）。我常说地方史料与国史可以互补，相得益彰。喜欢讨论学术问题的同好，一定会同意我的说法，这一点可以说明我所以特别重视乡邦文献的缘由。

1997年3月于香港

韩江流域史前遗址及其文化

本书略记1941年以来，韩江流域各地对于史前遗物采集经过及所得遗物，作初步报告。前后承英人N.D.Fraser、T.W.Waddell，美人W.E.Braisted，及潮安苏悦真先生、澄海王浩真先生、普宁王道文先生，暨两广地质调查所周仁沾、张伯楫、刘毓初、陈君拔诸先生，各以所见或所得石器，惠借采录。中央研究院地质研究所研究员陈教授恺，为鉴定石器质料。潮州修志馆同人吴珏、林德侯、刘陶天、李明睿诸君，于器物之记录，图片之绘制，诸多帮助。而本书初稿，曾荷东友台湾大学人类学教授金关丈夫阅过；付印前，又蒙叶恭绰先生及华西大学教授郑德坤博士校阅一遍；而意大利神父R.Maglioni及台大史学系教授国分直一诸先生，于海丰及台湾所得史前遗物，惠允借观。江西饶惠元先生亦以清江大姑山陶片拓本，远道寄示，裨益良多，尤足心感，而潮州修志馆于揭阳黄岐山从事田野考古工作，所有费用，概承方继仁先生勷助。本书之付刊，复荷饶韬叔先生及述德堂、燕诒堂慨助印费，得以问世。诸先生热心文化之诚，至可景佩，谨致谢意，以志不忘。

1950年5月识于香港

■ 一　发见史略

中国新石器时代石斧之采集，莫早于广东雷州之雷斧，盖远在五六世纪时。刘恂《岭表录异》已著其事，故雷州半岛可谓中国石器最先发见地。[①]光绪间，陈席儒曾于香山拾得石斧[②]，未曾引起一般人注意。至1932年英籍神父Daniel J.Finn.始于香港舶寮州（Lamma Island）从事先史考古工作。1934年秋，芬神父复于海丰发见史前遗

---

① 见章鸿钊：《石雅》，参罗香林：《中夏系统中之百越》。
② 据罗原觉君口述。

址甚多。其后意籍神父R.Maglioni在海丰传教，继续工作，采集更夥，著有《海丰考古学的发见》（*Archaeological Finds in Hoifong*）[①]一文。1935年W.Schofield 于香港大屿山之石壁，发见与舶寮州文化相同之古物，中有石模、石玦等。[②]1942年春，中山大学教授杨成志等再至海丰探检，为期三十八日，经历十六处遗址，所得石器陶片计万件以上；继寻得汕尾天主教堂麦神父所采集资料，挑取一部分运返坪石，迨坪石失陷，各物多遭遗失。[③]目前广东先史遗物之发见，除香港、海丰外，尚有韩江流域地区，其分布之广，尤值得考古者之注意。

1941年夏，苏悦真于潮安县登塘墟路旁发见碎陶，散布于花生园地面；几经探检，于山地拾得断石箭镞一件及石斧两件，此等遗物后赠与汕头福音医院医生英人裴义礼（N.D.Fraser）。[④]

1942年，揭阳真理医院医生美人卜瑞德（William E.Braisted）于揭阳经五经富富美崆采集得石镞，又于崇光岩山上拾获小石锛，后陆续得石镞有孔石斧、石环等多件。

1943年，英人卫戴良（T.W.Waddell）于揭阳南塘山山径拾获小锛三枚，陶片甚多。[⑤]

1946年笔者在汕头市主持潮州修志馆事，曾晤裴义礼君。据云："揭阳西境河婆墟与五经富，及县北黄岐山阴，并有绳纹网纹与双F纹陶片发见。又距河婆八里许地方，因建学校曾掘出铜刀头、矢镞、陶碗等物。澄海城北山地，曾发见磨光石斧。"裴氏所藏之物，除少数寄藏伦敦，余均于抗战期间遗失。继予闻卜瑞德君所采集者，尚保

023

---

① 载香港自然科学杂志（Vol.V，Ⅲ）。
② 其论文印行于新加坡。
③ 顾铁符：《广东海丰先史遗址探检记》上，载《文学》第一期，中山大学出版社。
④ 据苏君函告。
⑤ 据卫君口述。

存完好。乃于1948年2月22日，先派志馆编纂吴珏、林德侯二君前往揭阳，访问卜君。25日，二君赴黄岐山考察，于竺岗岩上山路及战壕侧拾获多量陶片，惟尚未发现石器。4月5日，余亲偕林焘六（矿学家）、林越（揭阳真理中学校长）、吴珏三君，同往黄岐山，于山坳距表土二公尺处，发现石镞。又于战壕附近，采集石斧、石锛及陶片甚夥。时修志馆为调查潮属各县地质，得方继仁先生慨助调查费用，并邀中央研究院地质研究所研究员陈恺君莅汕工作。6月16日，余复与陈恺、林德侯二君至崇光岩虎头岭考察，复于山顶拾得石器，并于山上战壕处采集陶片甚多。此消息既发表，国内学术界大加注意，纷纷来函询问。是时王浩真君于饶平黄岗福鼎金村农场掘得石器残片，经余鉴定为石锛。同年11月两广地质调查所派人至潮属一带考察地质，因告以沿途顺便注意采集石器陶片。不久该所工作人员周仁沾、陈君拔，于普宁铁山大棚山、苦肠腹一带，采集得石斧、石锛、石镞、石刀及陶器。同月8日，该所张伯楟、刘毓初二君，亦于丰顺汤坑拾得石斧，又于12日在兴宁水口墟采集石斧、石锛及陶片甚多。是为潮属各地发现史前遗物经过情形。

兹将各县发现遗物时间地址表列于下：

县别	地名	方向里程及高度	器物	发现人及时间
潮安	登塘	县西12公里	石斧　石镞	1941（民国三十年）苏悦真
揭阳	富美崃	县西陂头墟附近	石镞	1942（民国三十一年）美人卜瑞德（William E. Braisted）
	崇光岩	县北6.5公里虎头岭附近	有孔石斧石镞 石锛 石环	1943（民国三十二年）前人
	南塘山	县西1.5公里，高37.8公尺	石锛	1943（民国三十二年）英人卫戴良（T.W.Waddell）

（续表）

县别	地名	方向里程及高度	器物	发见人及时间
揭阳	黄岐山	县东北6公里，高276公尺	石镞　石斧　石锛	1948（民国三十七年）饶宗颐等
	虎头岭	县北6.5公里，高218.1公尺	石镞　石斧	1948（民国三十七年）前人
潮阳	澳头		陶片	
普宁	洪山		石斧	1946（民国三十五年）王茂发
	铁山	县南8.5公里，高462公尺	石斧	1948（民国三十七年）两广地质调查所周仁沾、陈君拔
	大棚山	县东6公里，高371公尺	石斧　石镞　石刀	1948（民国三十七年）前人
	苦肠腹	大棚山西南附近	石斧　石镞　石刀	1948（民国三十七年）前人
丰顺	汤坑	县南20.5公里	石斧	1948（民国三十七年）两广地质调查所张伯楫、刘毓初
饶平	黄岗（福鼎金）	县东南36.5公里	石锛残片	1948（民国三十七年）王浩真
兴宁	水口墟	墟东南3公里高山	石斧　石锛	1948（民国三十七年）张伯楫、刘毓初
澄海	城北山地		石斧　陶器钱币形印纹陶片	据英人裴义礼（N. D. Fraser）口述

025

二　遗址

　　韩江流域史前遗址的分布，可以兴宁、普宁、揭阳三县山地为中心。兹就此三县所发见主要遗址，略记其地形地质与出土情况，其余附带及之。

（一）兴宁

水口 位于兴宁县南，为梅江与兴宁河交叉点。水口墟即建于红色砂岩所成之小冈。红砂岩直接覆盖于火山岩系及变质岩之上，依江流方向，形成一宽约三公里之狭带状。近代之河流冲积层，则沿江之两岸及墟南小河谷间，为狭长之分布。小河循此河谷以南，偏东而行，约二千五百公尺，渐降而成山涧。史前遗址，即在此之东缘，距水口墟三公里，当蓝田至大坑里之中间，高出河床约八十公尺之山巅上。其地海拔为一百六十公尺。遗物所在，散见于一厚不及一公尺，宽广各约廿公尺之山巅的褐色土层中。其北部山势特陡，表土剥蚀最甚，故石器、陶片等物，皆呈露地面，山上陶片遗留极多，不胜拾检。

（二）普宁

大坝后及铁山 自普宁县城南八公里，循省道西南行，至大坝墟后，登山即遗物出露之地。共有两处：一在铁山尖东边韩信点兵山与斩关山间山地北坡，遗址高海拔三百公尺，石器及陶器出见于此（铁山主峰海拔四百六十二公尺）。一在后岭，当大坝墟和铁山之间，海拔约一百公尺。铁山上部为变质岩，下为花岗岩侵入体，而后岭仅见花岗岩，石器、陶片散布于花岗岩区中。其附近有泛积岩，东起捍塘之北，经铁山到果陇之东，成西北向长条状，其岩石多为细砂岩及页岩。故此间所发见石器之石质，亦以砂岩、页岩为多。

大棚山苦肠腹 遗址在普宁城东，大棚山之南，宝镜园村东二公里，土名苦肠腹，海拔约一百八十公尺。所存遗物最丰，保存亦佳，地质为花岗石，其巨大花岗岩块，经风化后，遗留地表，石器陶片散布其间。①

洪山 在普宁城北西四公里许，海拔二百公尺。洪山地方之山冈有陶片发见。1946年，贡山乡民王茂发，曾于洪山老坑，拾得石斧一件，系由山坑水冲出者。洪山顶海拔二百四十五公尺，其地层属太古代花岗片麻岩，露头自山顶循东南向下坡，而与花岗岩接触。②

（三）揭阳

五经富 在揭阳县西陂头墟附近富美峡。有石镞（板岩）发见。其地地质属侏罗纪花岗岩，迤东及南部至灰寨一带，则为侏罗纪煤系，多为黑色板状页岩，中有植物化石。

黄岐山（崇光岩） 虎头岭 黄岐山在揭阳县城东北七公里，高二百七十八公尺。虎头岭在县北五公里许，高二百一十八公尺。两山相接成东西走向长岭，岭西端更西北向，接陈吊岭。岭之南为揭阳城北平原，岭之北为宽谷。全岭悉为花岗岩构成，风化已深。黄岐山半竺岗岩上山路及战壕侧，陶片散见地表。在半山亭上山坳，距表土约二公尺，有石镞发见。自黄岐山至虎头岭一带，此前日军挖掘战壕，蜿蜒数里，于附近采集石器陶片甚夥，当即古文化层所在。1946年，乡人开辟道路，曾翻动山顶之土层，深者且四至五公尺，故陶片出现地表，几随处皆有。

（四）丰顺

汤坑 地处榕江平原之北角，东南去揭阳县城三十公里。附近岩石以流纹岩为主；惟东南约一千五百公尺处，则为花岗岩。石器即发见于烧水田峡南麓之流纹岩与花岗岩接触带附近，离汤坑东偏一公

① 据刘毓初君调查及周仁沾君口头报告。
② 详拙纂《潮州志》中陈恺撰《地质志》。

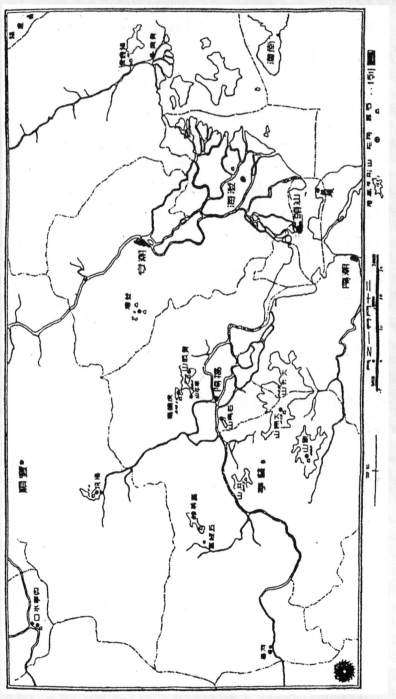

图一　韩江流域史前遗址分布图

里，高出现河床八十公尺之山地。

（五）潮安

登塘　登塘墟在潮安县西十二公里东南，与有名产瓷之枫溪毗接，其地为近代冲积层。西北之白水至飞鹅岭，地质属侏罗纪煤系，其西南部全为花岗岩，石器陶片在距登塘西北半里之山园发见。

（六）饶平

黄岗　石器发见地址，在黄岗福鼎金废村（属饶平县第三区区北乡增多墩村）山坳柑橘研究院农场西南蜜柑园，入土深一公尺。黄岗地质本身为近代冲积层，其东南东北则属侏罗纪花岗岩。

三　石器

（一）石器制作　石质　石器种类

韩江流域石器因由采集得来，未经正式发掘，所得数量较少，故未能把握其特征，以定制作标准。试就其技术而论，包括打制、打磨、磨制三类。而普宁与揭阳两地石器，似可分为两个时期。

1. 普宁之铁山及苦肠腹发见之圆柱形（cylindrical）石器，纯为打制，未经琢磨。海丰亦有此类，于麦神父处见过，盖为一种石槌（Hammer stone）。亦与湖州钱山漾之粗石器相似[①]，此类时代较揭阳为早。

2. 揭阳崇光岩石器，多小型，经精细磨制，其中扁豆状（Lentoid shape）者，或微凸或两面凸（little coves, double-convex）之斧锛皆极精细。与海丰Pat区最接近，盖已经过一长时期

---

① 参《吴越文化论丛》慎微之文附图版一、二。

之进化。黄岐山之扁长式石斧，崇光岩之石锛、石环，普宁苦肠腹之有孔石斧、扁棱式石镞，与海丰几全无少异。

关于石质，揭阳所得石器有基性侵入岩（Basic intrusive）、辉绿岩（Dolerite）、结晶细密火成岩（Felsitic rock）、长英岩（Aplite）、板状页岩（红棕色）（Slaty shale, Reddish brown）、板岩（Slate）、沙质板岩（Sandy slate）、泥板岩（Mudstone）、细砂岩（Sandy stone）。内以辉绿岩基性侵入岩为最多，板岩次之，结晶火成岩次之，细砂岩均各一片。以上各种岩石，皆揭阳坑内所有。辉绿岩质坚硬，可用作武器，板岩质松，可用作日常器具。兴宁所得石器，石质有脉岩砂岩及基入岩。普宁铁山所得为砂页砂岩。大棚山所得，多为砂岩及板岩。此种岩石普宁境内均有之。

其以结晶细密火成岩为之者，如黄岐山所得磨制小锛及石镞二件，呈赭色斑点，表面光亮。洪山之石斧为辉绿岩，正面为黄土染作黄褐色，有光泽，均极美观。

石器种类，有石斧、石锛、石凿、石刀、石镞、石环等，兹分述之：

石斧 潮属各地所得石斧，以扁长式较多。扁平式、厚扁式、短形式、狭长式，间有之。圆柱式最少。有孔者，仅崇光岩、大棚山各一件。而普宁洪山所得扁长式梯形斧，长25.5公分，为各器中最巨者。

潮安登塘所得石斧，仅两件：一为铲状斧（Shovel-shaped），一为椭圆形斧（Ellipsoidal），原先未见，故不附图。

石锛 潮属所得石器，锛类最多。锛与斧之分别，大致斧之刃对称，锛则扁刃；斧用于劈，锛用于斫，故锛刃较利，形亦齐整。揭阳所得小锛，其细巧者，为錾为凿。大锛类则一面有刃，极铦，一面为背，磨光，较斧类体短，而刃多倾侧。其刃有作半弧形，如凵状者，亦有作梯形，锋下宽而上狭，如凵者。《集韵》："锛，平木器也。"其以铁为之者，亦曰鐁，曰鑤（俗作鉋），用于削平木上斧迹。[①]

石凿 斧锛之小者，用于钻削。《通俗文》：“石凿曰錾。”《说文》：“铣，一曰小凿。”揭阳所得小锛，极细，考疑即此类［见石器图版（二）黄岐山图版及石器图版（一）崇光岩图版］。海丰有矩形小斧，据麦神父云：“有微矩及纯矩二种。纯矩者较少，除有几枚短小之斧，或用以作货币者外，恐以之作细木工。各式细小石斧，皆适宜于木器之鉋工凿工雕工。”[②]揭阳所见精巧石凿，如崇光岩图，纯为矩形，其用途或如麦氏所言。

石刀 崇光岩所得者，为粗刃式，普宁大棚山所得残片，则皆长方式，刃磨光作椭圆形。

石镞 揭阳、普宁所得，大别有二类：一为扁棱式［见石器图版（一）富美崃图版］，一为片状式，以板岩为之，质不甚坚，薄扁无棱［见石器图版（一）虎头岭图版］。

石环 崇光岩有三件，石质细密，黝润如玉，盖装饰品。

古越族使用之石器，分布于浙江、福建、台湾者，即东南亚细亚系，其特征为有肩式、有段式、靴形式。

有肩式 为环绕太平洋地区所习见者。香港、海丰均有之，韩江流域所得石器不多，仅于水口见一件，为钝角形之肩斧。[③]或谓之曰“钺”。[④]盖用于切割。麦神父于海丰所得之Shouldered lentoid，shouldered shovel-shaped及unguiform Series之带肩者，均属此类。裴义礼语余：五经富曾得爪状式（unguiform）斧，与麦神父所举海丰石器第十五种型相类，其柄作半圆爪形（half-circular nail）盖亦属

① 见《广韵》。

② 见原书，第221页。

③ 参日本人国分直一《有肩石斧与有段石斧》一文。

④ 见施昕更著《良渚图版》15，16。

于肩斧一类。

有段式　沿海各地，如浙江、台湾均有之。福建武平最多，以北有一沟，或称有沟石斧（如《良渚图版》14，2a，2b）。亦南洋各岛所盛行者，此类揭阳黄岐山拾得一件，背呈沟状，惟不甚显著。

靴形式（Haches piediformes）　杭州、台湾均习见，为古越族文化特征，国外分布，远及印度支那、爪哇等地。为农耕除草之用。[1]揭阳黄岐山得一件，亦属类似靴形斧。

韩江流域石器采集数量不多，故上述三项石器不多见，如再经发掘，相信必有陆续发见。至北方系之磨制有孔石镰、石戈、半月形及有孔石刀均未见。

综上论之，韩江流域石器，自属于南方系文化，至北方系文化成分则不甚显著。据麦神父分析海丰各地石器结果，认为最初使用扁豆状斧，继替以有肩爪形斧，最后演进为矩形斧。潮属各地有肩爪形斧尚未多见，是否如麦氏所言，犹有待研究。

关于使用此种器物之人类入居广东的年代，据裴义礼意见谓可能在公元前二千年至前一千年[2]，此种推测，此时尚难证实。又据裴氏云，曾发见铸造空前铜斧之石模[3]，查香港大屿山石壁所得石模亦不少，恐同一范型。又云曾发见构成Fibula型之石模，如瑞士湖上村Lake Villages所发见者，并记于此[4]，以未寓目，故缺不论。

---

① 东友金关丈夫、国分直一有专文详论。
② 见裴著 *Archeology in Eastern Kwangtung*。
③ 裴氏 *Stone Moulds for Casting Hollow Bronze Adzes*。
④ 亦见上揭裴氏文。

（二）各地石器记录

揭阳

崇光岩石器

有孔石斧［石器图版（一）崇A］　（A）全长11.5公分，上部断口阔4.8公分，下部尖端阔2公分，厚1.3公分，圆孔距顶端3.4公分。（B）淡灰褐色。（C）扁长式，磨制，当孔处已断为两片，边缘表面多剥蚀。（D）板岩。

石斧　（A）长3.8公分，厚0.5公分，平面阔2.5公分，锋口0.5公分。（B）绿色。（C）矩形式，磨制，腹微凸，上端残蚀，带一石脉。（D）辉绿岩。

石斧断片　（A）残片全长0.45公分，上部断口阔3.5公分，下端断口处阔2公分，厚0.5公分。（B）淡灰褐色。（C）磨制，面平边削，上部残断。（D）砂质板岩。

石凿［图版（一）崇H］　（A）长4.6公分，厚0.6公分，阔2.2公分。（B）淡灰绿色。（C）矩形式，细磨。（D）辉绿岩。

又一件　（A）轴心长2.5公分，上端阔1.4公分，锋口阔2公分，厚0.5公分。（B）淡灰褐色。（C）矩形式，近刃处稍宽，细磨光滑，似是小凿。（D）板岩。

石锛［图版（一）崇C］　（A）轴心长6.7公分，腰厚1.5公分，上端阔3.2公分。锋口阔4.1公分。（B）绿色。（C）扁方式，磨制。（D）辉绿岩。

又一件　（A）轴心长6.7公分，腰厚1.5公分，阔4.8公分。（B）绿色。（C）矩形式，磨制，刃甚锐，上端稍残。正面下左端为自然蚀，有沟。（D）辉绿岩。

又一件　（A）长3.5公分，平面阔3.4公分，厚0.6公分，锋口0.5公分。（B）绿色。（C）扁长式，磨制，正面下左端为自然蚀，有沟。（D）辉绿岩。

又一件　（A）长3.8公分，平面阔2.2公分，厚0.5公分，锋口0.6公分。（B）淡灰白色。（C）扁长式，腹微凸，细磨。（D）辉绿岩。

又一件　（A）全长4.5公分，平面阔2公分，厚0.6公分，锋口0.6公分。（B）灰白色。（C）长方式，精制上端倾右稍残，似鉏。（D）辉绿岩。

又一件　（A）轴心长3.7公分，腰厚1公分，上端阔2.7公分，锋口阔3.5公分。（B）灰白色。（C）刃作半弧形薄锐，磨光，精制。（D）辉绿岩。

又一件　（A）轴心长5.2公分，上端厚2公分，腰阔3.5公分，锋口阔3公分。（B）绿色。（C）方柱式磨制，上端略厚，左正面绿有凹纹，极规则化，锋口稍残。（D）辉绿岩。

石刀［图版（一）崇B］　（A）轴心长8.5公分，平面阔3.6公分，按柄处2公分，尖端锐角1公分，上部厚10.7公分。（B）灰褐色。（C）粗刃式，锋口及背均剥蚀。（D）砂质板岩。

石镞［图版（一）崇F］　（A）平面阔2.5公分，轴心长4.4公分，最厚处0.2公分。（B）淡灰褐色。（C）扁平式无棱，磨光极薄。（D）板岩。

又一件［图版（一）崇G］　（A）轴心长4.4公分，上端阔2.6公分，厚0.4公分。（B）浅灰黄色。（C）扁平式，磨光无棱，尖端较锐，按杆处残缺。（D）板岩。

石环断片［图版（一）崇D］　一、（A）直径3.2公分，断径3公分。（B）灰色。（C）细磨，内面齿端圆滑无棱。（D）板岩。一、（A）长3.5公分，厚0.5公分，高1.4公分。（B）深灰蓝色。（C）扁条状，细磨极精，上内缘圆，外缘有棱。（D）泥板岩。一、（A）长2.7公分，厚0.4公分。（B）深灰色。（C）扁条状，下面平，两侧磨光。（D）板岩。

石圆形器［图版（一）崇E］　（A）全器直径8公分，厚1公分，断为两片。（B）淡灰褐色。（C）磨制两片异色，似原物断折后埋土中，上下面倒置，故合成原状时颜色恰相反。（D）砂质板岩。

上器藏美人卜瑞德先生处。

虎头岭石器

石斧残片［图版（一）虎B］　（A）断口最厚处1.6公分，锋口阔5.4公分。（B）灰绿色。（C）似是厚扁式石斧残片。（D）辉绿岩。

石镞断片［图版（一）虎A］　（A）轴心长2.8公分，厚口厚0.6公分，阔2.6公分。（B）深灰色。（C）片状式。（D）板岩。

上器原藏潮州修志馆。

富美崠石器

石镞［图版（一）富］　（A）轴心长3.5公分，平面阔1.5公分，锋口2.2公分。（B）灰绿色。（C）扁棱式。（D）板岩。

上器藏卜瑞德处。

黄岐山石器

石斧［图版（二）黄A］　（A）全长9.7公分，腹阔4.6公分，上端阔4公分，下端阔4.7公分，腹厚2公分。（B）灰绿色，正面低洼处，呈深褐色，带石英脉。（C）扁长式，正面后面腹部均稍凸，左右两缘斜椭，正面上右巷端至左腹缘，有石英脉凸出石面0.2公分，侵入后面之脉长8公分，阔0.3公分。（D）基性侵入岩。

又一件［图版（二）黄C］　（A）全长6.7公分，上端阔3公分，下端阔3.6公分，上端厚0.8公分，腹厚1.2公分。（B）浅灰色，正面粗洼处呈赤褐色。（C）扁长式，左右缘斜椭，腹处略凸。（D）细砂岩。

石凿［图版（二）黄E］　（A）全长4公分，上端阔2.2公分，厚0.7公分，下端锋口2.5公分，腹厚1.1公分。（B）灰绿色。（C）长方式，正面平，腹略凸，为锛式小凿。（D）基性侵入岩。

石锛〔图版（二）黄Ⅰ〕 （A）正面长4.3公分，腹阔3.2公分，后面长5.2公分，腹阔3.6公分，锋口高1.3公分，阔3.9公分，上端厚0.9公分，右缘腹厚1公分。（B）灰绿色。（C）扁长式磨制。（D）基性侵入岩。

又一件〔图版（二）黄F〕 （A）正面长3公分，后面长至锋口4公分，上端阔2.5公分，锋口阔3.1公分，腹厚1公分。（B）浅灰白色。（C）正面边缘刓圆，左角洼蚀，口作弧形，极薄锐，背面平整，细磨精制，土花斑斓，朱渥夺目。（D）结晶细密火成岩。

又一件〔图版（二）黄D〕 （A）正面长10.4公分，阔4.3公分，上端厚1.5公分，后面长11公分，阔5.8公分，腹端厚1.9公分，锋口长1公分。（B）灰绿色。（C）短形式，腰稍凸，刃处残缺，似未经细磨。（D）基性侵入岩。

小石锛〔图版（二）黄H〕 （A）全长2.9公分，上端阔1.9公分，下端2.1公分。（B）浅灰色。（C）薄方式，正面右端洼蚀，左端切直，锋颇钝。左右上三缘均平滑，殆铣錾之类。（D）长英岩。

石镞〔图版（二）黄G〕 （A）全长右缘3.3公分，左缘2.5公分，上端缺口处阔2公分，直径0.5公分。（B）原浅灰色，经土侵蚀，呈赤赭色。（C）扁棱式，磨光，按杆处残缺（此器在黄岐山半山亭至塔上路旁，距表土二公尺处发见）。（D）结晶细密火成岩。

有段石斧 （A）全长8.1公分，阔5.3公分，厚2公分。（B）红棕色。（C）矩形式，背面左及上下三缘均凸凹不平，半打半磨，只右缘及正面局部磨光，中间有洼凹，呈段状。

石器断片 （A）正面长2.6公分，阔1.2公分，后面长1.9公分，阔1.2公分，上端厚1公分。（B）灰绿色。（C）圆柱形，腰微凸，上部左端削蚀，似是小錾。（D）基性侵入岩。

靴形石斧〔图版（二）黄B〕 （A）轴心长9.2公分，下部阔4.2

公分，下部背厚1.2公分，磨制，发见于黄岐山竺岗岩坑中。笔者曾持示日本人金关丈夫教授，据谓系未成形靴形斧。（按：《良渚图版》16，2a形略近此类，据金关等著《台湾先史时代靴形石斧考》一文所定，应属B型，参阅该文。）（B）辉绿岩带沙质。

上器藏潮州修志馆。

丰顺

汤坑石器

石斧［图版（二）汤］　（A）全长10.4公分，腹厚1.7公分，腹阔2.7公分，上端阔1.8公分，刃阔2.7公分。（B）深褐色。（C）狭长式，中刃两翼略对称，顶端稍斜，作拗曲状，两侧磨尖。（D）板岩。

上器藏两广地质调查所。

饶平

黄岗石器

石锛残片［见图版（二）饶平黄岗］　（A）左边长5.5公分，腰厚4.4公分，锋口阔4.7公分，厚1.7公分。（B）灰色。（C）磨制，刃处完整。（D）辉绿岩。

上器藏潮州修志馆。

普宁

洪山石器

石斧［图版（三）洪］　（A）轴心长25.5公分，腰阔2.9公分，上端厚2公分，上阔5.8公分，锋口阔7.2公分。（B）原绿色，正面为黄土染成黄褐色。（C）器极完整，上端右角自然蚀，两面磨光，扁长式，似梯形，侧面作圆凸势，向刃处稍锐。（D）辉绿岩。

上器由坑水冲出地面，藏王道文先生处。

铁山石器

石斧［图版（三）铁A］　（A）全长13公分，腹厚2.5公分，腹阔5公分，上端阔3公分，下端阔5公分。（B）正面深褐色，背灰黄色。（C）上狭下宽，近腰低陷，锋处成圆状，全体除刃处加工外，均未经琢磨，背面风化特甚。（D）砂页岩。

又一件［图版（三）铁B］　（A）全长11.5公分，腹厚2公分，腹阔4.5公分，上端阔3.5公分，下端阔4公分。（B）紫褐色杂铁锈色。（C）矩形式，腹近刃处稍丰，刃处斜削，略加工，他处凹凸不平，均未经琢磨。（D）砂岩。

大棚山苦肠腹石器

石斧［图版（三）苦A］　（A）全长12.5公分，腹厚2.8公分，腹阔4.7公分，上端阔3.7公分，下端阔5公分。（B）深褐色。（C）圆柱式，腹特丰，脊凸而缘削，背面大体磨平，刃甚短促。（D）板岩。

又一件［图版（三）苦D］　（A）全长7.2公分，腹厚1.1公分，腹阔4.3公分，上端阔3.7公分，下端阔4公分。（B）绿色有紫褐土蚀斑点。（C）扁平式，磨制。（D）板岩。

又一件［图版（三）苦C］　（A）全长8.5公分，腹厚2.3公分，腹阔3.5公分，上端阔2.5公分，下端阔3.3公分。（B）铁锈色。（C）方柱式，打磨，侧刃土蚀颇深。（D）砂岩。

又一件［图版（三）苦B］　（A）全长6.8公分，腹厚1.2公分，腹阔3.8公分，上端阔3公分，下端阔4公分。（B）黛色。（C）扁平式，上杀下丰，刃甚锐，经细磨，色光黝。表面呈半卵纹，似未出时周缘掩于土中，其暴露部分受风化作用后，稍为低蚀；质坚处间现石纹数条。（D）板岩。

有孔石斧断片［图版（三）苦F］　（A）长至孔口3.2公分，腹厚1.4公分，孔阔直径1.2公分。（B）灰蓝色，正面朱斑，灿烂可爱，磨光。（C）斧孔内外及折处铁锈甚利。（D）板岩。

石镞［图版（三）苦E］ （A）全长5公分，中厚5公厘，阔1.2公分。（B）灰色。（C）扁棱式，与海丰出土者同。（D）板岩。

石刀断片［图版（三）苦G］ （A）刃至背3.5公分，背厚1.7公分，腹厚1.6公分。（B）赤色，背现褐斑。（C）长方形，背厚锋薄，前锐后钝，刃经磨光成椭圆形，近柄处崩缺。（D）砂岩。

一、［图版（三）苦Ⅰ］ （A）刃至背长5公分，背厚1公分，腹厚8公分。（B）赤色背有黑斑。（C）长方形式，体平扁背厚锋薄，刃处磨光成椭圆形，近柄处崩缺。（D）砂岩。

一、［图版（三）苦H］ （A）刃至背5公分，背厚1公分，腹厚8公分。（B）赭黄色，刃背现紫斑。（C）亦长方形式，体平扁背厚，锋薄刃崩缺。（D）砂岩。

兴宁

水口石器

石斧［图版（三）水A］ （A）全长13公分，上端阔5公分，刃阔6公分，腹厚2.5公分。（B）背赤褐色，腹黑褐色。（C）矩形式，打制全未磨，偏刃对称。（D）脉岩。

又一件［图版（三）水C］ （A）全长10公分，上端阔2.7公分，刃阔3.8公分，厚1.5公分。（B）背深灰色，腹灰褐色。（C）狭长矩形式，对称，未经细磨凸凹不平。（D）侵入岩。

石锛［图版（三）水B］ （A）全长8.5公分，上端阔4.5公分，刃阔5.7公分，腹厚2.2公分。（B）背灰绿色，腹灰色。（C）偏刃似锛，扁平式，两面稍凸，打磨上端残蚀。（D）砂岩。

有肩石斧［图版（三）水D］ （A）全长8公分，柄阔2.2公分，刃阔5公分，厚1.5公分。（B）浅灰色。（C）与良渚所得者同，上具柄，下刃作钝角形，面经细磨。或谓为钺，此为越族使用器物，韩江流域仅见此件。（D）砂岩。

图形石断片［图版（三）水F］　（A）直径4公分，厚1公分。（B）浅灰色。（C）边缘呈螺旋纹，似经车制，用途未明。（D）变质岩。

石断片［图版（三）水E］　（A）厚2公分。（B）浅灰色。（C）上下右三面均为圆鍬孔，每孔直径约7.3公分，其好之边缘均呈螺旋形纹亦似经轮制。（D）变质岩。

上自普宁铁山以下至兴宁水口各器，均藏两广地质调整所。

四　陶器及陶片

（一）陶器

本书所记潮属各地出土陶器，惟普宁苦肠腹所得有完器一件，为壶类。高6.5公分，口径4公分，厚4公厘，腹凸直径7.3公分，底径6公分，灰赭色，细泥质，轮制，山字纹，腹带凸饰一道［见陶片图版（五），1］。与福建武平甚相似。[①]

残罐一件，似篮，肩至底高6.5公分，腹径10.2公分，底径7.9公分，底厚2公厘，灰色，粗泥质，含砂，斜条纹，腹下呈凸饰一道［陶片图版（五），2］。

残罐形器，口直径18公分，口边唇阔4公分，厚6公厘，灰褐色，筐纹。

又小残罐形器，口直径7公分，厚极薄3公厘，口高2公分，本浅灰色为黄土侵蚀，呈浅红色，细泥质，绳纹。

---

① 见 *Third Congress of Prehistorians*，Singapore，1938. Plactc ⅫⅤ。

（二）陶片简述

颜色　兹所采集陶片，以灰陶为多。水口、汤坑，大部分为深灰色；铁山、洪山顶多半灰色、灰蓝色，苦肠腹多灰色、灰褐色；黄岐山虎头岭则以灰褐、灰蓝、灰黑为多。虎头岭有银白色，涂薄釉，与灰青色敷蓝色薄釉者。

黑色陶多灰黑色，或与他色内外相关，其原质细腻表里有光泽如蛋壳陶（egg shell pottery）者，绝无之。红色陶，为砖红色，或呈紫褐色，间夹黄色，盖受强力氧化所致。而未见有彩绘如仰韶期之制作者。

形制　五经富曾发见完整陶器，多为锅罐（pot），与海丰所见者同。苦肠腹所得亦为壶类及罐形器。黄岐山虎头岭残碎陶片口肩，有瓶碗罐形器及圈足类器。惟三足鬲及陶豆（如良渚所见者），尚未发现。制法则手制多而轮制较少。

质料　粗泥质、细泥质均有之。黑色陶、红色陶含砂极多。砂粒大者至4公厘。①

纹饰　韩江流域古陶片之纹饰，纯为拍印。其属彩绘（painted）者绝无，刻划（incised）者亦极鲜见。兹略记其花纹式样如下：

方格纹——即网状纹。可分粗方格、细方格、正方格、斜方格诸种。各地皆有，最为普遍，与福建、海丰及南洋群岛均相类。其精细方格者，可名麻布纹，盖仿制麻布式样。兴宁水口、揭阳黄岐山崇光岩均有之［崇光岩平底罐形器，麻布纹间叙方格纹，深蓝色。见陶片图版（三）崇光岩1］。其复式方格纹，即麦神父所谓双网纹（double net），普宁大坝山及海丰均发见。

条纹——可分直条纹、横条纹、斜条纹、交叉条纹等。其特异

041

---

① 见黄岐山陶片概述。

者，有交错条纹如栅状者，虎头岭曾发见。尚有间条纹，即竖条纹而间以若干凸出横条纹籀饰者，铁山有之［见陶片图版（五）之铁山陶片］，或间以横线条，水口有之［见陶片图版（三）之水口陶片5］，铁山有之（见同上铁山陶片），此类非如齐家坪之为凸出线条，乃由折印而成者。

绳纹——可分为竖绳纹、横绳纹、粗绳纹、细绳纹等。揭阳石马山，又有波浪式绳纹［见陶片图版（三）石马山陶片2］，似用粗绳或纤维质物扎于木头，当陶泥未干时重压于其表面而成。

簟纹——此类纹式其线条大抵作《《或〗〗形，如晒谷之笪纹。安特生曾用席印纹之名，或称篮纹，或谓篦筐纹。今人每与绳纹混，兹定名曰簟纹，因簟亦竹席之义。北方系陶器有以竹编织物压印而成者，与此类仿佛。惟此似先制成范，再加印于器物之上，有粗细及错综各式。错综簟纹，如苦肠腹图［陶片图版（六）苦肠腹陶片5、8］，或拟斜线条交错，或间以横篦状条饰（同上，苦图9）。水口亦有之，式样甚为复杂。

山字纹（人字纹）——此类与簟纹略近，西人谓为chevron花纹，往往交错作形者。江南奄城金山常见之，福建武平亦习见，呈锐角状（Acute angles），林惠祥谓为武平文化之代表型态。亦由拍印而成，可分无规则及有规则两种。前者线条凌乱，后者较为齐整。虎头岭所见灰黑色陶几全属此类，水口亦有［见陶片图版（三）水口陶片3］。

叶脉状纹——如叶脉状者，西人或谓之鲱骨状纹（herringbone）、树桠纹（branch），揭阳犀牛山［陶片图版（三）］与普宁铁山［陶片图版（五）铁山陶片4］有之，海丰及台湾均常见。

雷纹——此类初呈圜形，虎头岭铁山苦肠腹［陶片图版（六）苦肠腹4］及水口均有之。细分可得数种：有若干复式圜状排列相连接者［陶片图版（三）虎头岭图34与江西清江全同］，有圜状中间以绳纹者［陶片图版（五）铁山图1］，有两圜状纹相交对称如S形者［陶片图版（六）苦图1］，与铜器钩连雷纹颇相似。有若干独立圜状纹之间，以方形线条联系成方格状，而方格中又间以半弧形线条者［陶片图版（三）水口图2］。有圜状似钱币形者［陶片图版（五）铁山图2］。圆雷纹几何化，遂成为方角雷纹如回字，此类花纹浙江、江西俱常见，苦肠腹及水口均有之。有线条呈方形如织席状者（见苦肠腹图4及水口图1），或作复式圜状而间以树桠状条纹者（如苦肠腹图2）。此种雷纹，形制与铜器所见纹饰多同。[①]

　　粒状纹——崇光岩所得陶片，有呈凸起碎圆点类苦瓜皮者，黄灰蓝色均有。西阴村陶片有具凸饰粒状，与此略近（见《西阴村史前遗存图版》4第一版）。有一种带菱形方格内具凸起圆点［见陶片图版（三）崇光岩2］。海丰亦有之，即麦神父所谓（diaper type）者，此类纹饰与铜器上雷乳纹无甚异。

　　V字纹——揭阳黄岐山虎头岭俱有之。具凸起线条刻划相向斜纹。潮属所见陶片，皆由拍印而成，只此类花纹出于刻成者［见陶片图版（四）黄岐山图12，陶片图版（二）虎头岭图27］。海丰有一种精致刻纹，据麦神父观察似用蚬壳刻划而成者，此间未见。

　　韩江流域各地先史遗址有石器出土者，必见陶片。其中最值得注意者，为揭阳黄岐山虎头岭一带。兹就笔者检拾所得，详为记录，以资参证。并附崇光岩与揭阳城西石马山陶片。其余但揭花纹之特异者，附图于后，不遑详细列举。

（三）黄岐山虎头岭陶片概述

　　黄岐山虎头岭两处出土之陶器，尚无获得完整者，其器物原形，殊难详言。兹就笔者采集所得，依其颜色分为灰陶、黑陶、红陶三

---

① 《梦溪笔谈》所谓云雷之象。

类。其花纹概为拍印而成，稍加类列，再由残片测度其形制，记其大要。灰陶所得最多，兹列为首。

黄岐山陶片

（1）灰陶

①方格纹　皆作网形，其精细者，宛似麻布花纹。兹依其纹理分别述之。

（A）粗方格纹——灰褐色，方格较大，粗泥质，含砂。

（B）斜方格纹——形制有五件可推测者，多属于罐形器直唇平肩者两件：（a）口缺连肩处有凹带一道，高4公厘浅灰色，内有微凹箍一道。（b）灰色，口浅而平，高1.2公分，厚4公厘，与腹略成垂直，腹部较薄，约2公厘。又弯唇宽肩者三件，灰蓝色、轮制、口内有轮纹一道，细泥质，口高如瓶形。

（C）细方格纹——颜色有浅灰、灰褐、灰蓝、灰绿、赭等色。其形制可推测者四片，余皆腹部片。

平底类二：底下有纹，粗泥质。

口部类二：（a）弯唇带肩，瓶形，细泥质。（b）阔口钵形器，口有凸起边缘一道，粗泥质。

（D）正方格纹——颜色有灰蓝、灰褐、淡灰、灰黑等色，形制可考者，腹部片最多，其一花纹如陶片图版（四）黄岐山1。

口部带肩片三件。其一口至肩高3.7公分，口作瓶形，轮制，细泥质，含砂。其一口与肩间有绳箍，粗砂质，口内有轮纹。

平肩片四件，分两种：（a）口边缘凸起者。（b）口边缘凹落者，纹理交错，口高1公分（同上，黄岐山2）。

肩部一片，灰色，粗泥质，肩有凸箍一道（同上，黄岐山3）。

平肩一片，底下有纹，粗泥质，浅蓝色。

另一种系细砂质，极坚硬，其中有一花纹，亦属拍印而成，但于交错处可窥见拍印时衔接情形，厚3公厘（同上，黄岐山4）。

又有极薄者厚仅2公厘。

（E）麻布纹——有粗细两种：（a）粗纹，腹部片两件，灰白色与灰色各一，细泥质（同上，黄岐山5）。（b）细纹一件，有口，外深蓝色，内棕色，极精细，年代似较近，阔口钵类，口高2.2公分（同上，黄岐山6）。

②条纹

（A）直条纹——仅一件，肩部片，灰色，粗泥质（同上，黄岐山7）。

（B）交叉和纹——两件，腹部片，灰蓝色，一粗泥质，另一细泥质坚硬（同上，黄岐山8）。

③绳纹　仅一件，腹部片，淡黄色，粗泥质，含砂甚多（同上，黄岐山9）。

④簟纹　外边灰黑色，内红者三片，皆腹片，厚7公厘，肉为紫褐色。其中一肩部片有凸箍，极薄，厚度仅1公厘至2公厘，细泥质（同上，黄岐山10），与虎头岭之灰蓝色带凸箍之陶片，形制纹理相同。

⑤山字纹　灰绿色，与虎头岭相同，腹部片多，色近赤。中含砂粒，内外表皮系细泥质，间有涂上灰绿色薄釉一层，其中有具绳箍两道者一片，最可注意（同上，黄岐山11）。

⑥V字纹　一片口部连肩，口部边缘有凹，厚3公厘，肩上刻相同斜纹，中作V字形，灰色，粗泥质（同上，黄岐山12）。

（2）黑陶

残片大都质薄，厚度最薄者2公厘，最厚者8公厘，含砂成分极多，砂粒大者至4公厘（与高井台子黑陶含砂情形相似，往往因砂脱落现出空隙。此种系用天然泥质，即田中黑土，非人工配和者。见吴金鼎：《高井台子三种陶业概论》）。

（A）颜色

（a）纯黑：表里全黑，仅两片，似经风化，线条变银灰，略见光亮。

（b）间黑：此色较多，有黑灰及赭黑，表里均深黑，其他有外黑内灰，内黑外灰者。又有一片半体为黑，半体为银灰，似风化使然。

（B）形制

（a）尖足式脚（是否陶鬲未由断定）。含粗砂，外浅灰，内深黑，高3公分，底尖阔2.5公分，厚5公厘。

（b）口部一片（似是罐形器），高5公分，近肩处厚1公分，至口处愈薄，仅1公厘，含砂，外灰内黑。

（C）花纹——无花纹者多，或经风化过深，难以辨别，其可辨认者，有方格网形纹，或斜方格纹。

（3）红陶：此类多属残片

（A）颜色

（a）砖红色一片，细泥质，无杂砂，有绳纹。

（b）外浅黄内带灰色者三片。

（c）余片为粉红色，含有粗砂粒。

（B）形制——腹片居多，其中口部带肩者四片，口部不带肩者三片。其一宽肩敛口，细泥质轮制，黄色，有网纹。颈高4.7公分，近肩厚1.2公分，近口处厚3公厘。

又一片颈带肩，轮制，网纹，内灰色，含细砂。

又一片颈带肩，赤色，轮制，粗方格纹，含细砂，颈高4公厘，厚1公分。

又圈足类一件，喇叭口式，细泥质，含砂少许，黄色，轮制，颈厚2公分，口端厚1公分。

（C）花纹——有密网纹、斜方格纹、粗网纹、细方格纹及绳纹多种，无彩绘，与仰韶期之红陶绝不类。

此外有陶片五片含砂粒甚夥。浅灰色，受风化极深，似是砂陶。

虎头岭陶片

（1）灰陶

（A）粗方格纹——灰蓝色者一片，轮制，细泥质，含粗砂，砂粒厚度4公厘，近口处3公厘，弯唇侈口，口内有轮纹［陶片图版（一）1］。

又一件极大，轮制，粗泥质，口内有阴轮文六道，折唇侈口，颈高5公分，内口直径1.5公分，似为瓮形器，下有网纹（同上，图2）。

灰褐色者共五片，亦作菱形。腹片二，肩片三，其中有口带肩一片，粗泥质，含砂，砂粒径3公厘，片厚度1公分，弯唇侈口，轮制。

（B）细方格纹——有四片，灰蓝色，网形，肩部片，粗泥质，含细砂。肩处厚1公分，腹厚3公厘。

①条纹

（A）直线纹——较多，皆腹部片。

灰白色九片，其一具凸绳箍，细泥质，含细砂，厚度2公厘，坚硬，手制（同上，图3）。

灰绿色四片，皆腹片，轮制，细泥质，内有薄釉，含砂坚硬。

灰褐色三片，皆腹部片，粗泥质，厚度5公厘，内有薄釉，手制。

（B）斜条纹——灰绿色者多腹部片。灰褐色两片，口带肩者一片，肩高23公分，内涂青灰色薄釉，细泥质，含细砂，轮制，似为罐形器（同上，图4）。灰黄色六片，其一肩带口者，口高2公分，粗泥质，含细砂，轮制，属罐形器。又肩三片，一具凸箍，一具凹箍，粗泥质，含砂（同上，图5、6）。又一碗形器足部尖高1公分，底无纹，粗泥质，手制，厚5公厘（同上，图7）。

（C）交叉条纹——共五十件，此类寿县出土者，王湘云："制法似为泥条卷成。"虎头岭所得者，细审之为拍印成纹（同上，图8）。以颜色分之，得三类。

灰白色，内外带薄釉者，厚仅1.5公厘，多腹部片，有两片带绳
箍，最薄处1公厘，手制，细泥质。

灰绿色，足部一片，高1公分，粗泥质，含砂，底有条纹。又一片
有横交叉条纹，具手捏凸饰两处，细泥质，厚度2公厘（同上，图9）。

灰褐色，皆腹片，以灰白色为多，灰绿色次之。

（D）交错条纹——似栅形，拍印成纹，仅一片，细泥质，手
制，灰色，厚3公厘（同上，图10）。

②绳纹

（A）竖绳纹——共七件。灰蓝色四片，细泥质，含细砂，灰白
色三片，粗泥质，含砂，带凸箍者两片（同上，图11）。

（B）粗绳纹——共三十三片。灰白色十八片，灰青色八片，灰
褐色七片。纹饰较异者一片，风化极深，绳纹纵横，粗泥质，拍印而
成（同上，图12）。又带凸箍如鸡冠形者一片（同上，图13）。

（C）斜绳纹——共十七片，灰白色者十一片，灰褐色三片，深灰
色三片，其中带绳箍者一片（同上，图14）。又一片带牙齿状（同上，
图15），与李济西阴村遗存图版4第10具凸饰牙齿状，极相似，最足注
意。就中属肩者两片，余皆腹片。细泥质者五片，外皆粗泥质。

（D）细斜绳纹——一片，坚度为各片之冠，深蓝色，似加薄釉
刷面，内赤，边缘为极细方格纹，似器盖。有浅凸箍，阔1公分，粗
泥质，厚4公厘（同上，图16）。

（E）细横绳纹——一片，灰蓝色，极薄，腹部片，厚1.5公厘，
细泥质，手制（同上，图17）。

③簟纹　有粗细纹两种，粗纹多而细纹少。细簟纹，拍印，仅见
一肩部片，有凸纹两道，凸起处宽5公厘，手制，灰蓝色，细砂质，
含砂厚3公厘（同上，图18）。

就颜色论之，有灰白、灰蓝、灰褐、灰黄、灰青等，灰白色仅一
片，最值得注意，呈银白色；表面有薄釉一层，白夹蓝色，火候已过

陶类限制。殷墟发见有似此者，或称之曰带釉陶片。细泥质，坚硬，手制，有凸炼一道，乃于印纹之后黏上者，内外磨光，厚度1公分〔陶片图版（一）19〕。

灰蓝色，共十八件，皆腹片。中有一为肩部片，甚薄，厚度1.5公厘，带磨平凸箍，手制，细泥质，含砂（同上，图20）。又属于底部者一片，有脚，高1公分，手制。底下有曲绳纹，甚薄，厚度3公厘，手制（同上，图22）。

灰褐色，十一片，多为腹部片。其中一片带凸箍一道，粗砂质。

灰青色，二十三片，多为腹部片，其中三片为肩部片，缀条形凸炼，手黏平，有蓝色薄釉，细泥质，手制，含砂，厚度1.8公厘（同上，图21）。

④山字纹　细区分之，可为两种：

（A）无规则者，花纹线条凌乱，多腹片，手制。

灰白色，似加一重白色釉彩，有三十二片，带肩者一片，厚2公厘，粗泥质。灰黄色两片，一具带状凸箍（同上，图23），灰蓝色两片，灰褐色六片，其中带锯齿形炼者两片，可衔接为罐形器，肩部片，厚1公分，粗泥质（同上，图24）。

（B）有规则者，线条较整齐。

灰绿色，二十片，有凸箍者三片，厚4公厘，薄者1.5公厘，细泥质，内外涂浅灰色，手制（同上，图25）。

灰白色，十六片，有一片中间凹饰（同上，图26），细泥质，厚度4公厘，含砂粒，手制，有手模型。青色一片，极薄，厚度1.5公厘，细泥质，印纹凹处甚深，约1公厘（同上，图28）。

⑤V字纹　仅一片，外灰褐色，内浅灰色，刻划相向斜纹，成V字形，与黄岐山相同（同上，图27）。粗泥质，含细砂，有纵凸起条纹，凹处距离3公厘，有横凸炼，厚者6公厘。

（2）黑陶：大小多属残片，颜色有外黑内灰、外黑内绿、外黑内褐、外褐内黑、内外皆黑，质甚坚硬，粗泥质，含细砂，薄者2公厘，厚者1公分。

花纹以篦纹鲱骨状纹为最多，次为绳纹，仅一片（同上，图29），多属粗泥质含砂粒，内外磨光，手制，厚者达4公厘。篦纹鲱骨状纹（同上，图30、31）者，奄城金山均习见。又有无纹罐形器腹片一件，另一件具有双条凸饰两道，上下皆印篦纹（同上，图32）。此类或呈深灰褐色，磨光，内外薄釉，中色赤，属粗泥质者九片，皆腹部片［陶片图版（三）33］，厚3公厘，其最薄者约1.3公厘，厚者1公分以上为黑色陶，而龙山期之标准黑色有光而薄壳之陶器，则全未见。

（3）红陶：残片大小十三件，颜色有砖红色，紫褐色，惟多黄色，最厚者5公厘，薄者3公厘。雷纹仅一片，粗泥质，厚4公厘，浅红色，腹片（同上，图34），与江西清江大姑山所得陶片雷纹相同。

其他全属粗泥质，含砂极多，腹部片，花纹有横条纹一片（同上，图35）。

斜条纹四片，细方格纹三片，人字纹一片（同上，图36），余皆风化甚深，纹理难以辨认。

（四）与北方系陶器及安徽寿县陶片之比较

有一事须论及者，即凸箍之纹饰。其手捏凸饰无纹理者，虎头岭所得，有呈锯齿形、牙齿形或带形者，则系捏上泥条后，加之雕刻而成。

其他最足注意者有两类：

1. 鸡冠形凸箍，此鸡冠形为龙山期遗物特征，或用为耳把，或凸箍饰。安徽寿县古城子有一陶片，凸箍鸡冠耳（见王湘文图十二之三），与虎头岭发见者［陶片图版（一）13］极相似。

2. 绳形凸箍，此绳形凸饰，为小屯期遗物特征。（王湘曰："用此种绳形凸箍主要目的，似在使其坚固。因为甗的腰部甚细，易于破碎，即有凸箍而仍多从此破碎。这种作绳形箍，很可能是模仿绳子捆着的样子。在早期黑陶文化中的甗，多无此凸箍，似为后来因甗常从此破碎，就用绳子来捆着。因为绳子容易被烧坏，遂成作泥箍。"见《寿县史前遗址报告》。)

黄岐山有一陶片，带凸绳箍、骈列两道［见陶片图版（四）11］。虎头岭陶片凸绳箍，有粗细两种，粗者绳条交织较疏，细者极巧致［陶片图版（一）14］。皆为灰白色陶片，面涂薄釉，与小屯期遗物更相近。

就揭阳所发见陶片而论。黄岐山以方格纹为多，虎头岭则多为条纹。此类花纹，与山东、豫东、安徽陶器纹饰多相似，均为龙山文化纹饰之特征。试取山东城子崖，与河南永城县之造律台，及安徽寿县之陶家祠、刘备城诸地陶片花纹比较，其中不无相似之处。

又揭阳所得灰白色陶片特夥，且有带薄釉之白陶，又具有绳纹及绳纹凸箍之罐形器，此二事则均为小屯期陶器之特征。

（五）文化层及年代之推测

杭县与台湾曾经正式发掘，其文化层现已大体明了，兹表列以供参考。

杭县文化层			台湾文化层		
上文化层	中文化层	下文化层	上文化层	中文化层	下文化层
印纹陶片素陶与砖瓦相杂	少数晚期黑陶 精制琢磨石器及玉器	早期红陶 粗制石器及粗制琢磨玉器	印纹陶片	混砂无纹陶	红陶（或彩陶）
上层到下层深达二公尺至三公尺			各层都有石器 多打磨混合		

韩江流域遗物。未经发掘，详情未由熟悉。以予亲在黄岐山采

集所得，石镞距表土约二公尺深，硬度高之陶片，散见地表，其低火含砂质陶片，在战壕拾得者，露头往往在二至三公尺以下。海丰、香港出土之印纹陶片，与韩江流域为同一典型。惟海丰、香港所见较精致，如双螺旋纹、双F纹，黄岐山一带不习见。海丰则甚多。可推知两地文化应有先后。又韩江流域史前遗址，皆在山地，如兴宁水口遗址，当海拔一百六十公尺，普宁铁山后岭遗址，约三百公尺，大棚山遗址，约一百八十六公尺，揭阳黄岐山，约二百七十公尺。大约在海拔一百五十公尺以上，三百公尺以下。而海丰所发见者，则大都在山坡沙丘积沙处，高出海面最高不过二十五公尺（如三角尾），最低只七至八公尺（如东坑北）。海丰文化之年代必较晚，可以断定。

揭阳山洞，据志书所载，秦汉时已有居民，乾隆《潮州府志·古迹》云："小有洞天在侣云庵左，僧寂升出之榛莽中，岩石青古，中有一隙，斜通上界，其下可坐数人。石罅处镌'小有天'三字，雨后乃现，晴明不能辨，相传秦汉岩居也。"侣云庵在黄岐山腰，州志以小有天洞在其左，然今黄岐山岩洞，仅有一竺岗岩，规模极小。惟黄岐山附近，全为花岗岩，风化既深，易于剥蚀，故坚硬大石块，见于山坳山沟，其累叠特多者，每成岩洞。今存洞之大者，首推崇光岩。光绪《揭阳志》云："松岗岩（即崇光岩）在黄岐山西，巨石嵯峨覆其顶，锐而有棱，状如狮子。宽广可容数十人。岩之前，有石罅仄径斜下，复有一岩，傍有屋数椽，可以偃息。石上有'小有天'三字。山后最高处，有小石室曰'兰岩'，人迹罕至。"此小有天洞及兰岩遗址，此次尚未查出，仅于洞内获见明嘉靖间薛宗铎（薛侃子，揭阳人）书"崇光岩"三字，及潜龙洞题字，为旧志所未载。松岗岩前一洞门，为后人封闭，所谓"小有天"者，不能辨认其处。又乾隆《潮州府志·古迹》云："兰岩在黄岐山后，康熙间，一跛足僧，见榛莽中巨石峻峥，遂芟荆棘，得古人所藏铁槌铁锄，因辟胜概作石堂，高二丈余。"观志书所载，岩洞规模，远较今所见者为大。或因高山剥蚀率较大，致岩洞不能长存。以此推之，秦汉以前，岩洞当更多且深广，可为古人避身所也（参看下图）。秦汉时揭阳有人岩居，则黄岐山史前文化，远推至秦汉以前当有可能。

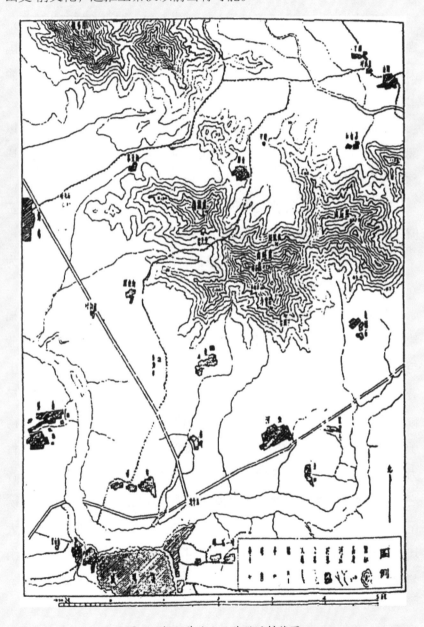

图二　揭阳黄岐山及其附近村落图

五 后记

韩江流域之古住民，据文献上所载，即越系之僚族、俚族。

《旧唐书》一〇九《冯盎传》："仁寿初，潮、成等五州僚叛，盎驰至京，请讨之。"（《新书》一一〇同。）《隋书》八十《谯国夫人传》："时番州总管赵讷贪虐，诸俚、僚多亡叛，夫人……宣谕上意，谕诸俚、僚，所至皆降。"

《通鉴》一九〇云："武德五年，正月己酉，岭南俚帅杨世略以潮、循二州来降。"可知隋末（约公元600年间）潮州地域之土著通称为俚及僚。

《漳州志·陈政元光父子传》云："唐高宗总章二年，泉潮间蛮僚啸乱，陈政以岭南行军总管来镇绥安。"

《丁氏古谱》云："六朝以来，戍闽者，屯兵于龙溪，阻江为界，西岸尽属蛮僚。"

则唐初漳潮之间，亦僚人所居。考陈政子元光征讨之蛮，据福建志乘所载，其酋曰雷万兴，而手刃元光有曰蓝奉高者，从其姓为蓝与雷证之，即后来所谓畲民。是畲民在唐初亦名为僚，盖僚为原有土著之通称。其后中原士族相率南来，原有土著被迫入居山洞，宋以后概被目为畲。僚为越族，汉晋时曰里曰俚，乃粤东之初民。[①]《淮南子·人间训》称："尉屠睢攻越，越人皆入丛薄中，与禽兽处，莫肯为秦虏。"故隋唐间之蛮僚，当有不少古越民之孑遗。僚与俚为一音之异称，俚亦作黎，今潮属畲民所居地尚保存黎之名，如潮安县北溪尾村畲民聚落，有山黎（音Loi），旧时饶平弦歌都东洋堡有黎坑，大埔清远都同仁社有黎家坪，古时必为俚人居地。今揭阳棉湖西北有山黎潭，普宁鲤湖大南山有乌黎，其乡村犹存黎称。乾隆《潮州府志》

---

① 见谭其骧文，载《禹贡》半月刊。

记："明时林兴祖奉母，遇僚贼，母被掠，后见之畲中。"是明时犹呼畲为僚。

古僚族以产幏布著称。《说文》："幏，枲裙，蛮夷賨布。"《风俗通》："盘瓠之后，输布一疋二丈，是为賨布。"《玉篇》释幏为蛮布。后代黎人，有用五色吉贝织布者（见《南州异物志》《桂海虞衡志》等书）。韩江流域向产蕉布，唐宋以来，用为贡品[1]，顺治《潮州志·物产》云："布帛之属：为葛布，以凤葛为上。为苎布，为麻布，潮揭出者皆佳，为蕉布，为绸绢，出海阳。为蚕绸，出程乡（今梅县）者佳，为竹布。"潮属各地出土陶片，其花纹多麻布纹，浙赣所得亦同。而北方系陶器，则甚少见，此点允为南方系越族文化之主要特征。从上列韩江流域古住民及文化特征论之，可知出土之石器陶器，可能为古代僚族遗物。

按庙属考古工作，近三十年有极大之进展，潮安发见贝丘遗址[2]，潮阳新石器遗址亦多[3]，饶平尤为重要，兹不缕述。揭阳、兴宁所出巨大石戈石碑，现存北京历史博物馆。此文为第一篇本地区之新石器考古记录，聊复存之，以供参考。

单行本初版于香港，1950

后收入《选堂集林·史林》，香港，中华书局，1982

---

① 见《元和郡县志》《新唐书·地理志》《元丰九域志》。今揭阳特产为夏布，犹存古之遗风。

② 《考古》一九六一，十一。

③ 《考古通讯》一九五六，四。

古海阳考

《周书·王会》言八方所献，"海阳大蟹"。潮州府县《志》皆以为潮州海阳县贡献之始。明郭子章《潮州革考》言海阳县名最古，援《周书》此语为证。吴颖修《府志》依郭书为说。其后林杭学、胡恂、周硕勋诸《府志》，暨张士琏《海阳县志》《古今图书集成·职方典》①皆仍之。

今录张《县志》以示例，其言曰："周成王十四年，东越海阳贡蚌蛤。《汲冢周书》云：'成王定四方贡献，东越蚌蛤，瓯人蝉蛇大蛋，海阳大蟹。'注云：'东粤瓯人皆交州属。'盖自汤定南越献令之后，大蟹始著于海阳，亦献令之一端也。"②按《周书》原文"东越海蛤"，不作"蚌蛤"。孔氏《传》："东越则海际；蛤，文蛤。"又《志》引注："东粤瓯人皆交州属。"《周书》云："瓯人蝉蛇。蝉蛇顺，食之美。"③孔《传》："东粤，瓯人也。交州蛇为上珍。"（瓯一作欧。）下句一作"北交州，蛇特多，为上珍也"。何秋涛曰："北当作比，比，近也。"是张《志》引文亦误。秋涛又曰："《王会》此篇，瓯人次于东越干越之间，则其非珠崖交阯之瓯，灼然可见。《注》又云：'交州蛇为上珍'者，引以证食蛇之事耳，非谓此瓯人即交州之瓯也。"言甚明核。而张《志》以为交州属，尤谬解《注》而妄著论。《周书》，海阳次于瓯越之后，会稽之前，是海阳地必近会稽。而《志》被之潮州，又潮地秦前隶东越，非臆说而何？下文言南越，又似以南越赅东越，益纠结而不清矣。

惟潮州，北有梅岭之障，与中州未易交通。谓僻在恶溪之海阳县（今潮安），周成王时而有"盈车大蟹"之贡，殊难置信。潮州海阳县，晋始置，厥名起于后世，尤不得指为《周书》之所云。然则《周

---

① 《集成》盖据林《府志》。

② 张《志》八《事业·杂记》。

③ 依俞樾读，见《群经平议》七。

书》之海阳，当别有其地矣。

孔晁《注》曰："海水之阳，一蟹盈车。"不云地名。王应麟《补注》曰："《史记》：苏秦曰，楚东有海阳。"苏氏语本见《楚策》。《策》云："楚地西有黔中巫郡，东有夏州海阳，南有洞庭苍梧，北有汾陉之塞。"海阳，鲍《注》云："海之南耳，非辽西部也。"与孔《注》同以为泛称之名。然苏氏举其名，与巫郡、苍梧对称，则为专有地名无疑也。刘伯庄言："楚并吴越地，东至海，海阳盖楚之东南境。"亦未能确指其所在。吴师道引卢藏用曰："在广陵东，今扬州海陵县矣。"程恩泽不主卢说，而以为潮之海阳，云："《地理通释》，楚威王六年，败越，尽取吴故地，至浙江。《左传》，楚奄征南海。则自春秋以来，楚已跨及蛮越矣。若仅以今扬州府泰州当之，似不足以尽其疆域。"[1]予观苏秦所言楚四境之地，皆举其著。东之夏州即汉阳，若以为潮之海阳，则去汉阳殊远。虽楚疆域甚博，然较黔中之与巫郡，洞庭之与苍梧，甚不相称。《左传》："楚庄伐陈乡取一人以归，谓之夏州。"是也。海阳又在夏州东，若云其地如汉之揭阳县，跨有豫章南境，则当云"东南"，于"楚东"二字，犹未尽合。

然则其地果何在耶？间曾博考众说，惟何秋涛最为评核。其言曰："海阳后为楚地。……当在今江苏扬州府常熟县北，萧刘尝于此置海阳县，属南徐州晋陵郡。所以知其然者……《吴越春秋》云：'越王追奔，攻吴兵入于江阳、松陵，欲入胥门，望吴南城，见伍子胥头云云，子胥乃与种、蠡梦曰：越如欲入，更从东门，我为汝开道贯城以通汝路。于是越军明日更从江出，入海阳。于三道之翟水，乃穿东南隅以达。越军遂围吴。'《吴越春秋》汉人所作，其时近古，于古地名当不舛错。所云海阳在吴之东，正常熟之海阳也，与楚东之

---

① 《国策地名考》七。

形势正合。凡苏秦所言列国地名，皆举其最显著者。《王会篇》之海阳，即此无疑矣。若晋徐州广陵郡有海阳县，当在今江苏扬州府境。刘宋广州义安郡有海阳县，即今广东潮州府海阳县治。此二海阳，虽在楚东南，然未见于周秦之书，盖名起于后世，非其地矣。又汉辽西郡有海阳县故城，在今直隶水平府滦州西北。其地在东北陬，非楚之东南境。或以为此篇之海阳，果尔，则不应列于瓯、越之间矣，其说非是。"①《王会篇》《国策》之海阳，何氏所考，得之矣。

《史记·高祖功臣年表》《汉书·高惠高后文功臣表》又有海阳斋信侯摇毋馀。《注》云："以越队将从（高帝）破秦，入汉（《潮中杂纪》'汉'作'关'），定三秦，以都尉击项羽。侯千七百户（《史记》作'百'）。六年三月庚子封，九月薨（《史记》无九月语）。"此海阳旧无注释，后魏郦道元始以为在辽西，其《濡水注》云：新河故渎，自右北平昌城来。东出，合封大水，谓之交流。又东出海阳县，合缓虚水。又合素河水。又至九潨口，皆为二，一南注海，一东径海阳县故城南。高帝封摇毋馀为侯国。《魏土地记》曰："今支城南六十里有海阳城者也。"《汉书·地理志》辽西郡有海阳县，故郦氏依以为说。其后《清一统志》十四《永平府》二、钱大昭《汉书辨疑》六、钱大昕《廿二史考异》、周寿昌《汉书注校补》八、沈钦韩《汉书疏证》三等皆从之。

唐司马贞为《史记索隐》，又别为说曰："毋馀，东越之族也。海阳亦南越县，《地理志》阙。"②按：此文言毋馀为东越族，下文忽言南越县，又用"亦"字，于文理不顺，疑或有误（"南"字似当作"东"）。然后人因《索隐》有"亦南越县"语，遂以为毋馀必封潮州之海阳。罗泌《路史·国名纪二》云："海阳见《王会解》，汉

---

① 《王会篇笺释》上。
② 《史记索隐》六。

之揭，亡馀所封。见今潮之海阳县，潮旧谓南越地，二越之间尔。"是直以为汉之揭阳矣。郭子章撰《潮中杂纪》，言："海阳之名，始于摇毋馀，盖秦以来有此县矣。"[1]于是潮州府县《志》皆以毋馀为"封爵之始"。[2]书之于《职官》[3]，祀之于名宦。[4]而摇毋馀者，俨乎潮州官员之元祖矣。

考潮州沿革者，亦因《索隐》而言海阳为南越县，秦时已置焉。阮《通志》曰："考封摇毋馀，在高祖六年。毋馀乃东越之族，以都尉击秦。都尉亦是秦官，疑即秦时海阳之都尉，当时即以所治封之也。"[5]又光绪《嘉应州志》二曰："或曰，海阳，汉初属南越，高帝何得封侯？不知此乃虚封，如象郡、桂林、南海，高帝时尚属南越，遥虚以封吴芮耳。然则武帝开南海郡六县，何以无海阳？此殆开县时并诸揭阳也。海阳之名已久，所以晋人复因而置县耳。"又三十二《丛谈》曰："《元和郡县志》：'晋置义安郡海阳。'意者当废于后汉，在晋复立耳。"又光绪《海阳县志》曰："海阳侯封于汉，《索隐》又明言'海阳南越县，《地理志》阙'，不得谓西汉时无海阳也。故阮《通志》又引《太平寰宇记》云，'潮阳本汉晋海阳也'，乐史之言必有所据。是亦未尝专据《地理志》断西汉为无海阳也。"于是世以秦汉间南海郡有海阳矣。

以海阳在辽西或南海，二说均未的。谓封于辽西，则地太远，虽云"越境而封，亦间有之事"[6]，然毋馀子孙世居余杭，自与辽西

---

① 见《古今图书集成·潮州府部汇考》引。

② 吴、林、胡三《府志》，雍正、光绪《海阳县志》并同。

③ 阮元道光《广东通志》及诸《潮州府志》《海阳县志》皆有之。

④ 顺治《潮州府志》十二《古今文章》郭子章《请从祀名宦议》云"海阳侯摇毋馀，从汉高帝灭秦、破项，为东越功臣之最"云云。故旧《志》载潮州名宦祠，祀有海阳侯摇毋馀。

⑤ 亦见光绪《海阳县志》一《沿革》，光绪《嘉应州志》三十二《丛谈》。

⑥ 周寿昌语。

无关。且《索隐》言"《地理志》阙",则此海阳非属辽西郡甚明。若谓为潮州之海阳,则"晋始置为县。且其时地属赵佗,高祖安所取而封之?"①谓为虚封,然《汉书》 明云千七百户,非封而何?至其据《寰宇记》"潮阳"条,"潮阳本汉、晋海阳县地"一语,执以为汉南有海阳之证。然检《寰宇记》百五十八"海阳"条,但云:"县本汉揭阳县地,晋立郡于此。"②又"潮州"条云:"亦古闽、越地,秦属南海郡,秦末属尉陀,汉初属南越,后属南海郡,东汉因之。"③绝不言汉有海阳县。岂有言海阳事,略于本条而反详于他条乎?所谓"潮阳本汉、晋海阳县地","汉"字必为衍文④,乃执为证,诬矣。《南越志》:"海阳县南十二里即大海。"⑤又《郡县志》:"南滨大海,故曰海阳。"此海阳县之形势及其得名之由也。海阳处海陬,极瘴毒之恶,宋时尚为毒蛇窟宅。《宋史·五行志》,乾道十年"潮州野象数百食稼"。况远在秦、汉,其害当益难究诘。岂有以开业之功臣,而封于蛮貊之地哉?《舆地广记》:"海阳县,汉揭阳县地,属南海郡。东越王余善请以卒八千击南越,兵至揭阳,以海风波为解, 即此地也。后置海阳县,为义安郡治。"盖古地志无以秦、汉南海有海阳县者,而《索隐》"南越"一语,非有所本,实未足信。遽依为说,亦见其乖离而已。

前两说,梁玉绳亦并以为非,而别依《国策》吴注引卢藏用,谓在扬州海陵。然《国策》之海阳究非汉县,周寿昌驳之是也。

愚意毋馀所封,当在今江浙间,如何秋涛所说江苏常熟之地。《越绝书》二:"摇城者,吴王子居焉,后越摇王居之。稻田三百

① 梁玉绳语,见《史记志疑》十一。
② 《元和郡县志》三十五亦同,又《御览》百七十二引《十道志》同,乐史盖袭此。
③ 此语亦见《十道志》。
④ 又使汉时有海阳。其地亦必不如今日之狭小。
⑤ 《寰宇记》一五八引,又《舆地纪胜》一百《广南东路》引。

顷，在邑东南。肥绕水绝，去县五十里。"又云："通江南陵，摇越所凿以伐上舍君，去县十五里。"是摇地本在吴。郑名世《古今姓氏书辨证》十"摇氏"条云："勾践之后，东越王摇子孙，以王父字为氏。《汉功臣表》：海阳侯摇无馀，本越将，以都尉击项籍。千七百户，谥齐侯（按：脱一信字）。子哀侯昭襄生康侯建，建生襄侯省（《史》、《汉》'襄'并作'哀'，此误），六世孙不更未央生贤，爵关内侯。世居余杭。"《姓觿》三"摇"注引《姓考》云："勾践之裔，抟越王摇后，因氏。《千家姓》云：会稽族，《汉书》有海阳侯摇毋馀。"此摇氏非封于辽西及南海，而在江浙之明证也。徐广曰："摇，东越之族也。"毋馀盖越摇王后，故封于楚东海阳，子孙世居余杭。楚东之海阳，不见于汉地志，故《索隐》云"阙"，亦相应也。

由是言之，古楚东海阳，实处今常熟东南滨海之地。自《周书》《史记》《吴越春秋》，其地望皆指此。后世以为在辽西或南海者，殆因同名牵涉而误矣。

原载《禹贡》（半月刊），第七卷，六—七期合刊，北平，1937

复收入《潮州丛著初编》（广州市立中山图书馆丛书之三），1938

附一 与郭伟川函

伟川如晤：

摇毋馀封侯一事，《汉书·高惠高后文功臣表》云：

海阳齐信侯摇毋馀，以越队将从破秦，入汉，定三秦，以都尉击项籍，侯，千七百户。三月庚子封，九月薨。（位次）三十七

考高祖功臣百四十七人，中以越将受封者，毋馀之外，又有下列

四人：

> 阳都敬侯丁复，以越将从起薛，至霸上……破项籍叶，为将军，忠臣，侯，七千八百户。（位次）十七

> 齐合侯傅胡害，以越户将从破秦……以都尉击项籍，侯，六百户，功比台侯。（位次）三十六

> 终陵齐侯华毋害，以越将从起留……击臧荼，侯，七百四十户，从攻马邑及（英）布。（位次）四十六

> 煮枣端侯革朱，以越连敖从起薛，别以越将入汉击诸侯，侯，九百户。（位次）七十五

诸人位次，以丁复第十七为最高。其从汉时之官职，有将、队将、户将、连敖之别。连敖者如淳云："楚官，《左传》楚有连尹、莫敖，其后合为一官号。"摇毋馀盖以队将从破秦。越人喜以毋为名，华毋害与摇毋馀正同一例。由是观之，此诸越将，当为勾践余裔。

司马贞《索隐》："海阳亦南越县，《地理志》阙，毋馀，东越之族。"以此毋馀为东越之族。《汉书·惠帝纪》："三年夏五月立闽越君摇为东海王。""秋七月南越王赵佗称臣奉贡。"应劭曰："摇，越王勾践之苗裔也，师百越之兵助高祖，故封。东海，在吴郡东南滨海。"师古曰："即今泉州是其地。"据此，惠帝初年赵佗已称南越王矣。广东之海阳当为揭阳县地。《景武昭宣元成功臣表》云：

> 安道侯揭阳定，以南越揭阳令闻汉兵至，自定降，侯，六百户。

是表明言"南越揭阳令"，是揭阳为越境可知。东越之摇毋馀，无由封于南越，故知海阳不得为南越县。《水经·濡水注》别称摇毋馀所封在辽西，王先谦《补注》云：

> 小司马谓（毋馀）越人，宜封越地，未必然也；果在何地，则不敢臆决耳。

亦不以《水经注》说为然，余曩年以为在楚东之海阳，名见《楚策》，或较近理，故钱穆《史记地名考》即采取余说。

《汉书·地理志》辽西郡领县十四，二曰海阳，郦注引《魏土地记》："令支城南六十里有海阳城者也。"故郦氏以毋馀封于此，西汉时惟辽西有海阳县。诸越将所封邑，丁复封阳都，在瑯邪，傅毋害封骘，在钜鹿；革朱为煮枣，在冤句（山东）；华毋害封终陵，未详所在，皆去越地遥远，则毋馀封之辽阳，亦非无可能也。

此颂

时祺

选堂　白　1994年9月14日
原载《华学》创刊号，广州，中山大学出版社，1995

附二　《南阳集》序

伟川兄集其近年所著论文若干篇，题曰"南阳集"者见示，折衷群言，辨析精当。余特赏其论潮属文化应溯源于秦，不宜轻承旧志从汉元鼎讲起之说。考赵佗为龙川令，事在始皇之时，三十三年，秦兵方南屯五岭，揭阳令史定于元鼎六年降汉，则赵佗时已有揭阳县，当时承自秦制。

观五经富出土铜刀有二柄上镂有"秦"字，足证秦戍卒之南下，已及揭境。秦人置县之制，友人史念海有《秦县考》一文详论之，此可申证伟川之说者一也。伟川论赵佗本以中原名宦远来岭表，其上书文帝，自称"蛮夷大长"，彼固非南方土著，以处蛮夷之地，故亦以蛮夷自居。其上表言："南方卑湿，蛮夷中，西有西瓯，其众半嬴，南面称王；东有闽粤，其众数千人，亦称王；西北有长沙，其半蛮夷，亦称王。"伟川谓是时赵佗建国，土著已从平原退处入山是也。而各地蛮夷均自称为王，以近年考古资料证之，南越墓出银带上有"王"字，揭阳中夏村战国墓铜矛镌"王"字。西江流域铜刀以刻双钩"王"符号为其特征。饶平浮滨出土大尊陶器，肩部及其他部位镌"王"字者凡四件。此即闽、粤称王之佐证。蛮夷称王，比比皆是，不仅西瓯、长沙为然。故佗之称王，原有其历史背景，此可申证伟川之说者二也。

至于秦汉以来，揭阳县地所在及其沿革，仍有待于详考，他日容续论之。

伟川嘱序其书，因就所见，揭橥二事，以备商榷，尚望究心地方史事者共论定之。是为序。

1993年5月

原载《南阳集》卷首，深圳，海天出版社，1994

恶溪考

恶溪为韩江旧称。所指地域，叠有变迁。昔为全江之总名，今为支流之专号。苟不讨其别，将无以明其实。故特草成此篇，究心粤东地理者可考览焉。

韩江上下游之水，古曰恶水，又名恶溪。

《太平寰宇记》百六十《岭南道》："梅州程乡县恶水，即州大江，东流至潮州出海。其水险恶，多损舟船。水中鳄鱼，遇江水泛涨之时，随水至州前。"

柳宗元《愚溪对》："予闻闽有水，生毒雾厉气，中之者温屯呕泄。藏石走濑，连盘麋解。有鱼焉，锯齿锋尾而兽蹄。是食人，必断而跃之，乃抑噬焉。故其名曰'恶溪'。"[1]

《清一统志》三百四十四："韩江……亦曰'恶溪'。唐韩愈《潮州刺史谢表》云'过海口，下恶水，涛泷壮猛，难计程期'是也。"

按：韩江上游曰"汀江"，自福建入境，至大埔三河坝，合梅县之梅溪，始名韩江。柳宗元所谓闽有水名曰"恶溪"，盖指汀江而言。乐史所谓程乡恶水，东流至潮州出海，则合梅溪及韩江下游而言也。宗元唐人，乐史宋人，是唐宋时韩江上下游统称为"恶水"矣。

以地产鳄鱼，或称为鳄溪。

《舆地纪胜》一百《潮州·景物上》："恶溪有鳄鱼，韩退之作文逐之。陈文惠公尧佐网得，为图记其状。"又《纪胜》一百《潮州·景物下》："鳄溪以鳄鱼得名，旧传为恶溪。"

---

[1] 《柳柳州全集》四。

其水处潮汀之交，下流滨海，上据万山，地势险恶，舟行甚苦。故自梅州（即今梅县）之小河、松源溪、梅溪，以及海阳（即今潮安）之溢溪（即意溪），皆有"恶溪"之称。

《舆地纪胜》一百二《梅州·古迹》："恶溪在州之东六十里，导源自汀之武平溪。溪有七十二滩，急流湍险，上下百余里。舟难至滩，谓之'入恶'，过滩安流而去，谓之'出恶'。"（按：光绪《嘉应州志》云："此条所云'恶溪'，当即指镇平小河。"）

《明史·地理志》："程乡南有梅溪，即兴宁江之下游，一名'恶溪'。"（按：光绪《嘉应州志》云："安济庙，昔号为恶溪庙，今仍称为梅溪宫。"可知梅溪、恶溪，名殊而实一。）

光绪《嘉应州志》十七："按《舆地纪胜》，载梅州程乡县古迹……云：'安济王行祠在城东隅，其庙在恶溪之滨。'……今考嘉应州之东，有镇平小河，与松源河皆源出武平。是象之所言'恶溪'者，即此二河也。然《纪胜·潮州·景物上》'鳄溪'注云：'今程乡松口，俗号恶溪庙，安济庙乃其所也。'此即所谓'其庙在恶溪之滨'者也。所以后人留题诗，又有'古庙岩岩镇恶溪'之句，是明以松口之松源河为恶溪矣。"

《元丰九域志》九："海阳有恶溪。"（按：《舆地纪胜》一百有"恶溪水"，注云见《九域志》云。）《读史方舆纪要》一百三："潮州府海阳县恶溪，在城东北，一名鳄溪，亦名意溪……韩江经此，合流而南，则又韩江之别名矣。"

温仲和曰："恶者，谓是溪滩石险恶，瘴雾毒恶，及鳄鱼狞恶。"[1]此殆恶溪得名之由来欤。

---

[1]　《潮州西湖山志》说同。

按《舆地纪胜·梅州·古迹》："恶溪在州之东六十里……有七十二滩。"周去非《岭外代答》言："南方凡病曰'瘴',有'冷瘴'、'热瘴'、'痖瘴'。"刘恂《岭表录异》谓："鳄鱼身上黄色,有四足,修尾,形如鼍,口森锯齿,往往害人。"① 观此诸记载,可以知古时是溪滩石险恶、瘴雾毒恶,及鳄鱼狞恶之状。

唐时,韩江但名恶溪。观唐人诗,可证也。

殷尧藩《寄张明府诗》:"春草正萋萋,知君道恶溪。"②(按:张名元素,唐初潮州刺史。)

韩愈《泷史诗》:"恶溪瘴毒聚,雷电常汹汹。鳄鱼大于船,牙眼布杀侬。"③ 又《潮州谢上表》:"臣所领州,在广府极东。过海口,下恶水,涛泷壮猛,难计程期。飓风鳄鱼,患祸不测。州南近界,涨海连天。毒雾瘴气,日夕发作。"④

李德裕《过恶溪夜泊芦岛》诗:"风雨瘴昏蛮日月,烟波魂断恶溪时。"⑤

其后潮、梅之间,居民日众,瘴雾之毒恶已开,鳄鱼之狞恶他徙,即滩石之险恶亦渐平矣。于是恶溪之泛称渐失,而其各支流之专名乃著。其经镇平者,曰镇平小河。

王之正乾隆《嘉应州志》:"小河,河北之水,在城东四十里。发源武平,经镇平县,至柚树溪,会平远诸水;至白渡前,入州境;出严子渡泛,会梅溪。"(按:《读史方舆纪要》:"程乡县锦江南

---

① 张华《博物志》九、沈括《梦溪笔谈》二十一《异事》亦记鳄鱼甚悉,可参看。
② 《全唐诗》。
③ 《韩昌黎集》六。
④ 《昌黎集》三十九。
⑤ 《李卫公别集》二。

流五十里有小溪。"即此。)

出松源者，曰松源溪。

王之正乾隆《嘉应州志》："松源溪，河北之水，在城东南一百里。自松源来，出松口下店，会梅溪。"（按：吴兰修《南汉纪考异》："梅口镇……梅溪所经，松江合之。"梅口即今松口，松江即松源溪。）

在梅州者曰梅溪。

按《文献通考·征商》篇："梅之梅溪，深村山路，略通民族。"是梅溪之名，宋时已著称矣。光绪《嘉应州志》四云："疑此水（按：即梅溪）自唐以来，即有二名，如《明史·地理志》之说。唐宋以其地远恶，迁谪有苦之，故恶之名特著。明以后，诸恶已除，故梅之名独显。"

在海阳者为溢溪，或称意溪。

《明史·地理志》："潮州府，海阳。倚南滨海，有急水门。东有鳄溪，一名恶溪，亦名韩江，又名意溪，东入于海。"

康熙《潮州府志》二："鳄溪，一名恶溪，亦名澺溪。"①

按：意溪原作溢溪，见梁梦剑《修东厢堤记》，盖取义于泛溢。作"意"者本无义，以与"溢"同音，故俗书为"意"耳。亦有作"澺溪"者，见康熙《潮州府志》、雍正《海阳县志》"韩江"条，及吴震方《岭南杂记》，则是蒙"意"而讹。②溢溪、意溪，本为水

① 康熙《潮志》皆作澺溪。
② 府县《志》"韩江"条作"澺溪"，又别有"意溪"条。同一书中，而同地名互歧，足证"澺"乃"意"之讹。

名，后乃假以号其地之村曰"意溪村"①，堤曰"溢溪堤"②，书院曰"意溪书院"③，则转为其地之代称矣。

盖恶溪本为通名，地域广泛，殊难确指。其支流既各有专名可用，而通名遂为所掩盖矣。故自宋以降，不复以"恶溪"为韩江上下游之总称。

光绪《嘉应州志》："恶溪……自海阳恶溪而上，至梅州大河小河，皆有'恶溪'之名。"又云："不独梅州南之大江称恶溪，而源出武平者，并有'恶'号。不独与宁江之下流称恶溪，而委在海阳者，亦有'恶'名。正不能专之某某处也。"

然恶溪以多产鳄鱼著于世，特名"鳄溪"。后之人则又以此转谓"恶溪"为"鳄溪"之别名。是以其地有鳄鱼掌故流传者，"鳄溪"之名乃得以存。"鳄溪"之名存，则"恶溪"之名亦复存焉。

松口有恶溪庙，庙有鳄鱼余骨。王象之因谓其地为"鳄溪"，亦曰"恶溪"。

《舆地纪胜》一百《潮州·景物上》："鳄溪以鳄鱼得名，旧传为恶溪。韩公《刺潮谢表》云：'过海口，下恶水，涛流壮猛。'是自广惠而循潮，顺流而下。今程乡松口，俗号'恶溪庙'，乃其所也。庙有鳄鱼余骨，尚存。"（按：此专以"松口"为"恶溪"。）

梅县东南三十五里，有鳄骨潭，俗传陈尧佐戮鳄鱼，弃骨其处，故或谓其水曰"恶溪"。王之正《嘉应州志》："鳄骨潭，在城东

① 《广东图说》三十二：海阳县东厢都，城东三里，内有小村七。曰蔡家园，一名意溪。
② 光绪《海阳县志》二十六《古迹略》载鳄溪书院在溢溪堤。
③ 见《海阳县志》十龚崧林《意溪书院记》。

三十五里。梅溪东流过郑均两山，蠹起，河身稍狭，里许，方出口。水涨则湍急，舟不敢行。相传宋通判陈尧佐戮鳄鱼，弃其骨于各处深渊鱼穴中，以示戒，因名。《明史》讹作'恶溪'。"[1]

欧阳修《太子太师致仕赠司空兼侍郎文惠陈公神道碑铭》："潮州恶溪，鳄鱼食人，不可近。公命捕得，鸣鼓于市，以文告而戮之。鳄患并息。"[2]

按：陈尧佐驱鳄地，王之正以为在嘉应州鳄骨潭，顾祖禹则以为在海阳之意溪。[3]考尧佐《戮鳄鱼文》云："己亥岁……明年夏，郡之境上地曰万江村，曰硫磺，张氏子年始十六，与其母濯于江涘。倏忽鳄鱼尾去。……余闻而伤之……命县令李公诉（吴《府志》十二作诏）、郡吏杨勋（吴《府志》作勖），挐小舟操巨网驰往捕之。……既而鸣鼓……斩其首而烹之。"考硫磺为今丰顺地，非在梅州，或海阳之意溪也。王《志》及《方舆纪要》并误。[4]

潮安县北溢溪（即意溪）有鳄渚，韩文公曾驱鳄其地。俗因名其水曰"鳄溪"，曰"恶溪"。其误者则专指此地为"恶溪"。

《大清一统志》三百四十四："按韩江入海阳县境，又名鳄溪。"

《广东舆图》："意溪，故名恶溪，在县东五里，韩昌黎驱鳄鱼于此。韩江则总名也。"

雍正《海阳县志》二："意溪一名恶溪，以鳄潜水中，多伤人

[1] 光绪《嘉应州志》四云："《明史》不误。"
[2] 《欧阳文忠公集》二十。
[3] 见《方舆纪要》一百三"恶溪"条。
[4] 蒋超伯《南溆楛语》："愈刺潮州，作文驱鳄，西徙六十余里，仍复为害。后有刺史以毒法杀之，鳄害遂绝。其人姓名无考。"今按：即尧佐，惟时为通判，非刺史耳。

物，故名。"

　　按：韩公驱鳄处，自来传说，皆谓在潮安城东之意溪。意溪亦称鳄渚，《舆地纪胜》引《潮阳图经》云："曰'鳄渚'者，以韩公驱鳄之旧。"据此，意溪为韩公驱鳄之处无疑。顾韩公《祭鳄鱼文》，仅云"投恶溪之潭水"，《旧唐书》一百十一《韩愈传》则云："愈初至潮阳，询民疾苦，皆曰：'郡西湫水有鳄鱼，卵而化，长数丈，鱼民畜产将尽，以是民贫。'居数日，愈往视，令判官秦济，炮一豚一羊，投之湫水，咒之。……咒之夕，有暴风雷起于湫中。数日，湫尽涸，徙于故湫西六十里，而鳄鱼不为患。"①是则以韩公驱鳄处，为郡西之湫水。郡西湫水，或因李德裕化象潭，谓即今潮安县城西湖山下之西湖。乾隆《潮州府志》云："化象潭在郡之西湖。唐李德裕谪潮，携二玉象，至恶溪，跃入潭中，时作光怪。"陈梿《罗浮志》四："李德裕……南迁至鬼门关，逢终南，怒索二象。……德裕俛首不予。至鳄鱼潭，风雨晦冥，玉象自船飞去；光焰烛天，金象从而入水。德裕至朱崖，饮恨而卒。"按：德裕失象事，道光《广东通志·杂录》引李石炎《博物志》亦云"至鳄鱼潭"。旧志谓此潭在今恶溪。考刘恂《岭表录异》，别载："德裕贬官潮州，经鳄鱼滩，损坏舟船，平生宝玩，一时沈失。"鳄鱼滩，光绪《嘉应州志》四云：疑即嘉应之蓬辣滩。凡此皆疑似之说，未有确证，殊不足以为据。按宋林光世《浚湖铭》，首四句云："凤凰山朝，鳄鱼潭空。祝网旧址，地不满弓。"凤凰山在今潮安县东，光世以与鳄鱼潭并列，则鳄鱼潭当在潮安县境无疑。惟不知为潮安恶溪之别名欤？抑恶溪别一潭水之欤？又《罗浮志》谓德裕南迁，先至鬼门关，次至鳄鱼潭，又次至朱崖，说亦怪妄。考鬼门关，《舆地纪胜》一百四《容州·景物》

---

① 《新书》百七十六《传》同。

注曰："《旧唐书》云:'在北流县之南,有两石相对,俗号为鬼门关。'……唐宰相李德裕贬崖州日,经此关,因赋诗云:'一去一万里,千知千不还。崖州在何处,光度鬼门关。'"是此关乃德裕贬崖州时所经之地。鳄鱼潭,苟确在潮州之恶溪,则德裕南迁路线,当先至容州,次至潮州,然后至崖州也。按:《资治通鉴》二四八:"大中元年冬十二月戊午,贬太子少保分司李德裕为潮州司马。大中二年秋九月甲子,再贬潮州司马李德裕为崖州司户。"①又《旧唐书》德裕本传:"大中二年,自洛阳水路经江淮,赴潮州。其年冬,至潮阳。又贬崖州司户。三年正月,达珠崖郡。"《南部新书》卷戊亦云:"以二年正月贬潮州司马,其年十月,再贬崖州司户。"②是德裕徙崖州实在贬潮州之后。况鬼门关,《纪胜》明谓为德裕贬朱崖地所经之地。则当无过容州先于贬潮州之理。此足证《罗浮志》之谬妄矣。按:西湖为韩公驱鳄处,旧志从未有言。而宋时潮州《放生池记》③、许骞《重辟西湖记》,亦皆不载。考是湖在潮安县西北一里(周《府志》作二里),宋庆元间,林嶰浚。开庆元年,林光世续浚,乃成今湖。始在唐时,仅为放生池耳。湖处湖山下,西北冈阜环绕,地甚浅隘,长仅一千七百三十七步,宽一百六十步④,又去韩江颇远,无长流巨浸,与之贯通(西湖今与三利溪通,然三利溪浚自宋知州王涤,唐时未有也)。使韩公驱鳄确在是处,则《唐书》谓鳄鱼徙于旧湫水西六十里,将何可徙耶?且西湖之西北,池塘杂错,其近意溪者尤夥,鳄鱼亦可涵淹卵育于其间,固不必指其涵淹卵育之所必为西湖也。依是,知西湖为韩公驱鳄处,其说实难为定论。

---

① 《唐大诏令集》五八亦载此。
② 诸书所言德裕贬官年月虽互异,而其贬潮在贬崖州之前则同。
③ 旧志以此文为真德秀作,或曰,非是。
④ 见《绅耆公建周侯德政碑记》。

谨按：《唐书》明谓鳄鱼产于郡西之湫水，又明言鳄鱼徙于旧湫西六十里，则当韩公驱鳄时，恶溪必有小流在郡城之西，以与湫水相通，而后可徙六十里也。间尝考其山川，意溪与西湖间以韩江为界，而北堤障于韩江之西。自北堤至于西湖，地卑洼尽田野，潭水多错聚其间，盖古时河道之胜迹，犹有存焉。陈珏《修堤策》谓"北堤筑自唐韩文公"。考韩文公驱鳄，在莅潮之数日，筑堤当在驱鳄之后。是驱鳄时犹未有北堤也。以此推之，凡今郡西北堤下山圩之田塍池沼，盖为故时水道之遗。则是谓恶溪当有小流西绕郡城以与湫水通者，是说固确然有据矣。而以证之《唐书》所谓"鳄西徙六十里"，亦相吻合。

又按：《广舆记》十九："金城山在府治后，西瞰大湖。"《明一统志》八十："金山东临鳄溪，西瞰大湖。"《古今图书集成·职方典》一千三百三十五卷："湖山在府治西，前连鳄溪。"是古金山之西，湖山之东北，有大湖泛滥其间，而鳄溪之水，又西流至湖山前也。所谓郡西湫水，疑在此处。其地当在今西湖之北，鳄渚之前。意者，韩公驱鳄，即投豚羊于此。至祭祝则在恶溪中之洲，此洲当为今意溪村。以此地旧有鳄渚之名证之，可信也。夫自唐去今已千百年，陵谷变迁，河道移徙，欲确求其地之所在，难矣。顾以《图经》及史传为证，则我说虽不中，或亦不远耳。

又按：光绪《海阳县志》二十六《古迹略一》云："鳄溪即恶溪，在城东北，为韩文公驱鳄处。"盖专指意溪。又载李德裕《过恶溪诗》于此条，不知德裕诗，非作于海阳之恶溪（予别有辨），而恶溪亦非是所独有也。意溪乃恶溪之一段，谓之即为恶溪，谬矣。

凡今所称之"恶溪"或"鳄溪"，皆古时恶溪之一段。古之恶溪为总名，今则变为分名。作总名用者，其地域广，其所指泛，为一水之通称，不得专指某某处也。用为分名，则其地有限矣，其所指有定矣。故名难同，而地实迥异焉。盖地名演变之大例如此，言地理者，当分别而观之，庶不致于舛误云。

附一　韩江得名考

郭子章《韩江韩山韩木》篇云："自韩公过化之后，江故名'恶溪'改曰'韩江'。"①是江称曰"韩"者，盖由韩愈而得名也。《邱氏族谱》载刘昉（海阳东津人，宣和三年进士，官龙图阁）《赠刺史莆阳邱君与由梅州乞养归隐》诗，有"名德重韩江"之句，则韩江之名，北宋已著称矣。按：故时所谓"韩江"，仅以名韩山下之江，《方舆纪要》一百三"韩江在府城东韩山下"即在明证。若今统括江上下游总名曰"韩江"者，则殊非昔之畛域云。

附二　化象潭辨

《府志》："郡之西湖，唐李德裕谪潮，携二玉象，至恶溪入潭中。"如志言，化象潭为恶溪之一潭，亦即西湖。按：恶溪潭水众多，谓化象潭为恶溪之一潭，自无可议。若必其为西湖，则恐未然。李石炎《博物志》、陈梿《罗浮志》，皆谓德裕失象在鳄鱼潭。林光世《浚西湖铭》："凤凰山朝，鳄鱼潭空。祝网旧址，地不满弓。"西湖者，唐放生池，此云"祝网旧址"，即西湖也。审林氏语，以"祝网旧址"与鳄鱼潭分别为言，则鳄鱼潭不得为放生池之西湖甚明。古鳄溪即恶溪别名，梅县有鳄骨潭、鳄鱼滩。以是例之，鳄鱼潭为恶溪之潭水，不当专属之西湖也。今知鳄鱼潭既异于放生池之西湖，则德裕失象所在，其不得为西湖也亦明矣。《罗浮山志》载德裕

---

① 见顺治《潮州府志》十二《古今文章》。

南迁，至鬼门关，逢终南索二象。至鳄鱼潭，二象化去。德裕至朱崖卒。此说可为二解：其一，德裕南贬。先至容州，次至潮州，又次至崖州。其二，鳄鱼潭不在潮州，而在容州至崖州途中。按：第一说殊误，《恶溪考》中有详辨。至第二说，以潮州方面记载观之，鳄鱼潭自是指潮州恶溪之潭水。与其谓鳄鱼潭在鬼门关，以应《罗浮志》之说，不如谓《罗浮志》所记有舛误，为近实耳。《恶溪考》已略论之，犹有未尽，故复辨之如此。

附三　安济王考

潮安所祀神，以安济圣王为最尊。潮安人称神曰老爷，于安济圣王则称曰大老爷。所以冠大字者，示其于诸神中为尤尊显也。旧《志》："相传神为蜀汉永昌太守王伉，诸葛征蛮，伉守城捍贼，殁为神。前明滇人有宦于潮者，奉神像至此。"[1]耆老所传，则此神乃明时南关外谢姓宦游云南奉祀于潮者。黄仲琴先生曰："明云南监司有王伉，所祀或此人，未必永昌太守之王伉也。"按：两王伉皆宦于滇，出处相同，所祀为谁，今难臆断矣。神又称曰王公，王公者，王伉公之简称。其名安济圣王者，周《府志》曰："安济，其封号也。"[2]又曰："滇人奉王伉神像至潮，号安济圣王。立庙镇水患，遂获安澜……宋沈存中有《彭蠡小龙记》：熙宁中，出师南征，小龙负舟护军，仗有司以状闻，封济顺灵王。……证诸沈《记》，安济、济顺，盖从其类。"[3]

按：安济王庙，又名青龙庙，故周《志》释安济之义，以为得之

---

① 周《府志》十五《寺观》、光绪《海阳县志》十《建置略四》同。

② 卷二十五《祀典》。

③ 卷十五《寺观》。

于龙，窃谓非也。《舆地纪胜》："梅州有安济王行祠，在城东隅。其庙在恶溪之滨，崇宁三年赐额。"又云："程乡松口俗号恶溪庙，安济庙乃其所也。"温仲和曰："南宋以前，当以溪流险恶，而求安济。故祀此水之神，以安济为名，而或封侯，或封王，又素著显灵之验也。"①是安济庙，不独潮州有之，梅县亦有之。名曰安济，乃以镇水患而名，谓取义于龙，误也。潮安之安济王庙，跨南堤，当韩江之滨，临水为庙。疑昔时此庙本祀水神，故名安济，如梅州安济王行祠者。其后别祀王伉，复仍安济之旧名耳。此庙亦名青龙古庙，潮人所谓青龙，实指青蛇。吴震方《岭南杂记》："潮州有蛇神……盘旋鼎俎间，或倒悬梁橡上，或以竹竿承之，蜿蜒虬结，长三尺许，苍翠可爱。闻此自梧州来。"潮俗每遇此蛇出现，即以为神，以石榴供其攀援。石榴者，潮人所目为红花，瑞木也，故取为奉神之具。青蛇随处有之，故潮安庙宇称青龙者，不一而足。惟安济王庙之蛇神为尤灵，且安济王又最为潮人所崇奉，故青龙古庙之名独著。曰古庙者，神庙之通称，例如韩山古庙、关帝古庙，非谓青龙庙之名，较安济王庙为古。以《舆地纪胜》证之，安济王祠之名，已著于宋，则青龙庙之名当不能古于安济王庙矣。青龙庙乃后起之号，人以加诸安济王庙，为别称耳。安济王，潮人皆崇祀之，而少能道其神之由来，故略为考证。倘亦留心民俗者所乐闻欤。

079

原载《禹贡》（半月刊），第七卷六至七期，北平，1937
后收入《潮州丛著初编》，广州，1938

---

① 《嘉应州志》十七。

《金山志》序

金山，一名金城山。其以"金"或"金城"名是山，昉自何年，今无可考。郡县志仅云，山旧为金氏所居而已，而未云及得名之年也。予按王象之《舆地纪胜》引《潮州图经序》云："一潮州耳，或曰金城者，以是山旧属于金氏。"《纪胜》所引《图经》，为唐或北宋时书。以此推之，是山得名之始，已在唐或北宋之前，其遐远盖莫得而计矣。旧时地志，言金山者，率与城东韩山混。阮《通志》以《舆地纪胜》引大观《九域志》云"金城山有韩木"，遂疑金城山别名"韩山"。

不知潮州亦称金城，此云金城山，殆谓金城中之山也。光绪《海阳县志》则以金山有郑伸《建韩文公祠记》，更谓"金山"称"韩山"，必以韩祠得名。是又过于臆度。凡此皆是山名称，为旧《志》引述之讹，有不可不辨者。至若是山往昔形势，古地志虽有可稽，而语焉不详，不足以尽其实。《明一统志》曰："金山东临鳄溪，西瞰大湖。"《广舆记》亦云："金城山在府治后，西瞰大湖，一碧万顷。"大湖或谓即今西湖，予谓大湖非西湖，而实西湖前之别一湖也。西湖，俗所称北濠者也，唐为放生池。宋庆元间，林嶙浚。开庆元年，林光世续浚。明万历间，王一乾又疏拓之，始成湖。其始盖韩江滨一小潭耳，未足为大湖也。《古今图书集成》谓湖山在府治西，前连鳄溪。[①]是古湖山与鳄溪相接。而大湖在金山西，西湖在湖山前，则西湖固与大湖通，而大湖又与鳄溪通也。往予游金山，跻山巅，览山川远近景物。西瞻湖山，指古林嶙、林光世、王一乾之所疏凿放生池遗址，去韩江咫尺，中有田塍房舍之隔，而潭水多错聚其间。意其地古或尽为湖泽也。且以金山位于西湖东北，鳄溪西南，西湖古与鳄溪通，则金山当居二水之中，而韩江抱其前，大湖宸其背，又意旧时金山之形势如此；及读地志，知曩昔金山，后瞰大湖，益

---

① 疑本林杭学康熙《潮州府志》。

信予意不妄。

去岁辑《韩山志》既竣，颇欲以余力志金山胜迹，附此意以质考古之士。曾稍事裒辑，得遗闻轶事，暨诗文若干篇。会同邑黄仲琴先生有《金山志》之作，以志稿属予补录，因将所辑附入，并为推论金山在昔形势，及其名称之可辨者，归以质之。民二十年四月。

原载《潮州丛著初编》，广州，广州市立中山图书馆，1938

广济桥志

序言

　　余自少留心乡邦文献，弱冠尝着手辑《韩山志》，访耆老，征遗文，连类及之，又为广济桥撰志；夫以一桥之细，勒成志书，其例罕觏，而广济桥以浮舟作"活动桥"，成为桥梁史上之特例，经茅以升品评，列为全国五大古桥之一，尤见特色。维时史料所限，缀记殊艰；又未获见古《三阳志》及郭春震《嘉靖志》，故于宋元建桥颠末，载述莫详。一九六五年，综辑《潮州志汇编》，方从《永乐大典》"潮"字号录出《三阳志》，惜非完帙，此元代所修潮志孤本，乃得重显于世。《三阳志》纂修去宋不远，其中"桥道"一项，记载是桥建置始末尤详，且备录诸家碑记，桥之沿革，赖以有征。其特重要者，若肇建者州守曾汪之《康济桥记》，知创桥之初，本名"康济"，司其事实为通仕王汲式，始事于乾道七年六月乙酉，落成于九月庚戌，有详确月日可稽；复有张岌之《仰韩阁记》，知淳熙元年知州事常袆增修浮舟一百零六只，又构仰韩阁于桥岸之右。两记皆后此州志所刊削不录者，其事向来所未知，复得之于《三阳志》，洵可宝也。张君树人好学能文，据《大典》所记，重撰《湘子桥考》，凡所增益，详核有据，足补余前志之不逮。君书顷拟重刊，合余前志暨茅以升专文共三篇，汇为一帙，命曰"广济桥志"，他日欲考是桥史迹，舍此书无从下手，于地方文献或不无小补也。

　　潮州自韩愈兴乡校，文风丕变，宋时莅潮官师皆服膺韩氏，多为闽蜀人士，兹桥之建，肇于曾汪，汪一作旺，字范填，历军器少监、吏部郎中，知潮州，事迹详《淳熙三山志》（四库全书本）。继守常袆，创仰韩阁，厥后更广弘文教，既序《潮阳图经》，又辑《古瀛乙丙集》，《三阳志》详记当日刊刻共三百二十五板，惜乎其书湮没无存，袆则临邛人也。夫能敷扬教化者，于建置之务，亦复用力不懈，二者相倚为用，观于斯桥增建叠修之事而益信，故自来官师无不再三致意，然则是书之辑刊，用意深远，岂徒述往事，思来者，钩稽陈迹佚闻而已哉？

旧时碑碣，多为地志所失载，若王源手书"广济桥"三大字，字大如斗，体势近夏承碑，今已无存。崇祯间陈先资修造桥碑记，原石文字为圬者涂盖，无从踪迹。康熙杨钟岳暨道光黄钊所记宁波寺二碑，余辑是志时，原物俱在，得以摩挲椎拓，录其全文。寺久湮没，碑亦沦于劫灰，殊可惋惜。杨碑备记当日预役官师职衔，足供考史之用，弥为可珍，与近年大埔湖寮出土吴六奇碑，可互相参证。是碑赖余前志存其原貌，留心乡献诸公，搜访逸文，当能旁及于此，无待余之覼缕烦言也。

壬申端午后十日于香港

序例

　　广济桥附潮安县郭，跨韩江，闽粤交通孔道也。桥肇造自宋乾道，历元明清三朝，至今殆八百年，其历史不可谓不悠久，然纂述犹缺，旧志所录，裁弗宣意，说者复附会于神仙释老之言，涉士游方，盖寡能达其津照矣。予于民国二十四年冬，为《韩山志》，觉文献之尚足，惜斯桥之无征（林大川《韩江记》二，谓棉阳令东园韩凤翔有《湘桥古迹》一部，按：其书乃诗文题咏，无裨考证），辄思误次，寻文扪石，积月而成书，其兴废沿革，考订颇费力，蠡测指锥，或得其仿佛，虽不敢谓有裨于职方，谅未曾无少助于访迹，若乎史料简略，故剟辑未周，搴择不严。则有待乎学人之理纷刊误也。凡例录下：

　　（一）本编于人物略存其爵里，修筑者系于沿革，题咏者见于文征，不复另立一门。

　　（一）碑碣明代有二，余多清物，时代虽近，亦不废录，诗文从各家总集别集辑出，无论美恶，概从登载，至生存人篇什，则从割爱。

　　（一）俗讹传造桥自韩湘子，名桥曰湘子桥，故韩湘与桥颇有关涉，今捃拾韩湘异闻，用资考镜，并采饶堂《韩湘辨》，及拙作《考辨》数篇，附录于后，以正传说之妄。

　　　　　　　　　　　　　　　　　　　　一九三六年宗颐识

一 名称

潮安县城东有韩山焉，其麓有桥，横于韩江，曰广济桥。桥分东西洲，西洲创于宋乾道间知州曾汪，先后增筑者，有知州朱江、丁允元、孙叔谨、通判王正公，东洲创于宋绍熙间知州沈宗禹，先后增筑者，有知州陈宏规、林嶔、林会，历百数十载，桥乃成。桥旧名"济川"，又曾名曰"丁公"。宣德间，知府王源始更名广济，今城东门街内，尚有广济桥石碑三大字，题王韦庵书，盖王源手笔也。俗传造桥始自韩湘子，因建庙祀于东洲之首，而称桥曰"湘子桥"，或简称"湘桥"。流俗相传，迄今无以易矣。（俗又传言东洲创自韩湘子，故名湘子，西洲创自广济和尚，故名广济，然广济实取义于利渡，且广济和尚并无其人，乡民多图像之，神祀之，其诬妄尤不足辨。）

是桥建于江中石上，言地理者曰，韩山余脉，自桥东横江西来，至桥之中段，石根紧缩如线，桥墩莫得而竖，因中断浮舟以渡，故又名"浮桥"。据姚友直《广济桥记》，桥初架木于川，垒石为墩，墩凡二十三，深者高五六丈，低者四五十尺，中流惊湍，尤深不可为墩，则别造舟二十四为浮梁，阑楯铁链，连亘以渡。然水涨辄毁。明时基倾，王源乃寮木伐石重修之，西岸为墩十，洞九，长四十九丈五尺，东岸为墩十三，洞十二，长八十六丈八尺，中断二十七丈三尺，则仍系舟二十四如旧。厥后屡经建筑，增墩一，合为二十四，舟减其六，为十八，桥今东洲全十二墩，而西洲仅九而已。桥居于江，横潦春涨，狂澜涌天，嘘气鼓怒，骏撼郭邑，啮堤浮陆，临睨心惊，俗有"湘桥春涨"之目。桥西接县城东门，门额大书"广济门"三字，桥宽而长，其旁翼以扶栏，缭以危楼，船艘往来桥下，人比之钱塘江中"江山船"云。（见《粟香二笔》卷六）

二　沿革

宋乾道间，知潮州军州事福州曾汪，始创西岸桥墩，其后知州事福州朱江增筑之。

卢蔚猷光绪《海阳县志》（下省称《卢县志》）二十二建置略四："西岸桥墩，创于宋乾道间知军州事曾汪。"［张士琏雍正《海阳县志》（下省称《张县志》）二地集"曾汪"作"曾旺"］

按：周硕勋乾隆《潮州府志》（下省称《周府志》）三十一职官表上，列曾汪于宋敦书之前，云："敦书，乾道七年辛卯（1171），任知府。"（同书三十三宦绩亦云：乾道七年任。）可知汪为知府，当在乾道五至六年间，其创桥事在何年，虽无考，要在七年以前。朱江为知府，表亦系于乾道，而实在乾道何年，则不可知。

淳熙间，通判明州王正公（按：《古今图书集成》职方典《潮州府津梁考》，吴颖顺治《潮州府志》（下省称《吴府志》）七水利，"正公"作"正功"），复加增筑。知军州事常州丁允元又增置西岸石洲四，架梁而屋之，民号丁公桥。

《周府志》三十三宦绩："丁允元字叔中（按：一作牧仲），常州人，淳熙中……谪潮州，增置韩江岸石洲四。"［阮元道光《广东通志》（下省称《阮通志》）三百三十八宦绩录八引黄佐《通志》同］

按：《周府志》十九津梁云："西岸桥墩，创于宋乾道间知军州事曾汪，朱江、丁允元、孙叔谨、通判王正公先后增筑。"考同书职官表，王正公任通判（《阮通志》十五职官表六，王正公，崇熙年任，误），丁允元任知州，并在淳熙间。（《阮通志》十六职官表七：光宗朝，丁允元，绍兴年任潮州军州事。既列允元于光宗朝，又谓其绍兴年间任，殊误。）不知孰为先后。

又按：黄钊撰道光庚戌《重修宁波寺碑记》称："广济桥西洲始于宋乾道间知军州事丁允元，初名丁公桥。"既误丁允元首创西岸桥墩，又误允元于乾道间任，其妄不可不辨。

绍熙末，知州事雷州沈宗禹创东岸桥墩。

庆元初，知州事漳州陈宏规又增置东岸石洲二，名桥曰"济川"。

《周府志》三十三宦绩："陈宏规，字献可，漳州人。庆元元年乙卯（1195），增置韩江东岸石洲二，结屋如丁公桥，名曰'济川'。"（《阮通志》二百三十八宦绩录八引黄佐《通志》同）

按：《周府志》职官表列宗禹于宏规前，而宏规庆元元年乙卯，任知州。则知宗禹为官，在绍熙之末。（《阮通志》十六职官表七：宗禹，绍熙年任。同书一百五十五建置略三十一广济桥条，则云："绍兴间，知州沈宗禹"。今按：作绍兴者，误。后来如《广东考古辑要》十一亦以宗禹为绍兴间潮州守，乃承其讹。）

又按：广济桥旧名济川桥，盖始自陈宏规，吴兴祚《重建广济桥碑》曰："州守曾汪作济川桥。"非也。又黄钊《重修宁波寺碑记》谓："东岸筑于绍熙间知军州事陈宏规。"亦误。

庆元嘉泰之间，知三山林嶙重修东岸之桥。

《阮通志》二百三十八宦绩录八："林嶙（按：同书十六职官表七作'标'，误），福州人，庆元三年任知潮州……构济川桥，以便往来。"

（按：明《一统志》八十亦云：林嶙构济川桥，以便往来。）

按：《周府志》宦绩称："林嶙，嘉泰间，知潮州，修桥梁。"《阮通志》职官表亦云："嘉泰间任。"与《阮通志》宦绩作庆元三年任者不同。考林氏石刻有金山诗，题庆元四年；又有重辟西湖诗，题庆元五年。是林氏官于潮，当在庆元年间。《通志》职官表，《府志》宦绩谓为嘉泰，非也。其所修筑桥梁，据《卢县志》建置略，盖为东岸之桥。

开禧间，知州福州林会复增筑东岸桥墩。

按：《阮通志》十六职官表七，《周府志》三十一职官表上：林会，开禧年任。

宝庆中知州龙溪孙叔谨又别增建西岸桥墩。

《周府志》三十三宦绩："孙叔谨，字信之，龙溪人，宝庆三年（1227），由大理寺正出知潮州……创桥筑堤。"（《阮通志》二百三十八宦绩录八引黄佐《通志》同）

按：明姚友直《广济桥记》曰："考之图经，肇建或经二三守，需数岁始成一墩，更数守历数十余岁，桥成。"《卢县志》建置略六："广济桥旧名济川，西岸桥墩，创于宋乾道间知军州事曾汪。朱江、丁允元、孙叔谨、通判王正公先后增筑。东岸桥墩，创于宋绍熙间知军州事沈宗禹，陈宏规、林嶂、林会先后增筑，而桥成。"（《古今图书集成》职方典一千三百三十五潮州府关梁考，《阮通志》一百五十五建置略三十一，《周府志》十九津梁，《张县志》二地集，《广东考古辑要》十一津梁并同。）杨钟岳重建广济桥碑记曰："宋州守曾、沈诸公于东洲、西洲分营焉，始基之矣。"是广济桥实创自曾汪、沈宗禹二人，故今断自乾道，而略稽旧志职官表，考修桥者仕潮之年，以定修桥之岁，虽不能详悉，亦可得其大较矣。

元至元初，海阳陈肃重修济川桥。

《阮通志》二百九十二列传二十五引黄佐《通志》："陈肃，字文端……至元初，以贤良应聘赐第，举署总管府事，修文庙及济川

桥，多惠政。"（《卢县志》三十五列传四同）

明宣德十年乙卯（1435）龙岩王源为潮州知府，以桥久圮，乃募民万金重筑之。西岸十墩九洞，长四十九丈五尺；东岸十三墩十二洞，长八十六丈八尺；中空二十七丈三尺，则造舟二十四为浮梁，以余金为亭屋。自西厓至矶计五十间，自东厓至矶计七十六间，共百二十六间。桥成，更名曰广济。会稽姚友直为之记。

《明史·循吏传》："王源字启泽，永乐二年（1404）擢进士，授庶吉士……英宗践阼，择廷臣出为知府者十一人……源得潮州府。城东有广济桥，岁久，半圮坏，源劝民捐万金重筑之，以其余建亭。"清《一统志》三百四十四："广济桥……明宣德中，知府王源叠石为墩二十有三，架亭屋百二十六间，造舟二十有四为浮梁，更今名。"（《古今图书集成》职方典潮州部，《吴府志》水利，《张县志》地集并同。）

按：姚友直《广济桥记》称：王源建桥，赞其计者，有海阳令李衡等，纳资出费者，有耆民董工、许懋等。李衡，见《卢县志》十职官表二，董工、许懋无考。

又按：王源所建广济桥楼，联屋而为之，据姚友直记：其在西洲者凡五，曰奇观、曰广济桥者为第一；曰登瀛、曰凌霄者为第二；曰得月、曰朝仙者为第三；曰乘驷、曰飞跃者为第四；曰涉川、曰右通者为第五。在东洲者凡七，曰左达、曰济川者为第六；曰云衢、曰冰壶者为第七；曰小蓬莱、曰凤麟洲者为第八；曰摘星、曰凌波者为第九；曰飞虹、曰观艳者为第十；曰浥翠、曰澄鉴者为第十一；曰升仙、曰仰韩者为第十二；光绪《海阳县志》二十六古迹略所谓广济桥二十四楼者，即此。

天顺间，郡县以广济桥为盐船所必经，乃始榷取盐税，以所入解

制府以助军饷。（杨琠《请留盐利买荒石筑堤疏》）

天顺二年戊寅（1458）漳州周瑄（**按：《福建通志》作"宣"**）知潮州府事，重葺韩江桥。

《阮通志》二百五十一宦绩录二十一："周宣，字正峰，龙溪人，正统乙丑（1445），会试第三人，授户部主事，出知潮州，修文庙，葺韩江桥。"

按：周瑄葺韩江桥事，《周府志》二十三宦绩本传，不载。《周府志》职官表上，瑄以天顺二年知潮州。（《阮通志》三十五仅云瑄以天顺间任，不明指何年。）而天顺五年知府为李永宁，则瑄修韩江桥，当在二年至五年之间。

弘治中，大水，桥坏，同知会稽车份重修石洲，建亭屋二十间。（《古今图书集成》职方典，《吴府志》水利，《张县志》地集并同。）

按：《周府志》三十一职官表上：车份，会稽进士，弘治间，任潮州府同知。

正德间，知府晋江郑良佐、邻水谈伦，相继续修。（《周府志》十八津梁）

按：《周府志》职官表上，郑良佐，字志尹，福建晋江进士，正德五年庚午（1510）任知府。谈伦，字敬仲，四川邻水进士，正德八年癸酉（1513）任知府。（谈伦，《阮通志》二百五十一宦绩录二十一，《周府志》三十三宦绩并有传）《古今图书集成》职方典，《吴府志》水利，《张县志》地集并称："郑良佐、谈伦建筑，易桥以石。"又吴兴祚《重修广济桥碑》云："弘治大水，梁坏，知府谈伦，易以石。"是此桥自郑良佐、谈伦以前，犹架木为梁也。姚友直

《广济桥记》志桥之旧称云："初垒石为墩，上架石梁，间以巨木，长以丈计者四十五有奇。"又志宣德时重修是桥之事云："凡墩之颓毁者，用坚磐以补之，石梁中断者，用梗楠樟梓之固巨者以更之。"是宣德时修桥，亦未尽以石为梁。盖至正德间，谈伦始全易以石云。

嘉靖间知府莆田邱其仁立东西二亭，南北增石闸，岁金桥夫四十四名（《阮通志》建置略作"四十名"，脱一"四"字），渡夫十名，司守。（《古今图书集成》职方典，《周府志》津梁，《吴府志》水利，《张县志》地集，《卢县志》建置略并同。）

按：《阮通志》三十三职官表二十四，《周府志》三十一职官表上，邱其仁，福建莆田人，进士，嘉靖九年庚寅（1530）任知府。其仁所建东西二亭，其一曰利涉，在广济桥东，其一无考。

万历六年戊寅（1578）潮州知府晋江张敷潜以桥久圮，乃倡重修，以潮阳丞庐陵蒋昉董其役。

陈一松《重修广济桥记》："万历六年，圣天子……遴擢张公自民部尚书郎来守吾潮，下车修百姓之急，顾而叹曰：'桥其坏乎，不治且废。'……乃谋诸寮朱公辈，暨海阳令徐君，议合，奏记当道。前少参李公，今摄事大参孙公，闻而题之。得所捐赎金三百两，筮日程工……始于某年春二月朔，迄两月而告成。公率寮属落之。……董是役者，海阳丞蒋君某也。"（《玉简山堂集》三）

按：张公修广济桥事，《一统志》《古今图书集成》《广东通志》与潮州府县志俱无考，仅见陈氏此文，陈氏于诸令长举其姓而不及其名。考《阮通志》二十二职官表二十四，潮州知府有张敷潜，福建晋江人，举人，万历六年戊寅（1578）任，与陈氏文正合。是知潮守张公，即敷潜也。敷潜又字存昭（见《周府志》三十一职官表上），《阮通志》《周府志》同。万历初，潮州僚佐朱姓者，仅一教授朱咏，安福人，岁贡。陈文所谓朱君者，当即此人。又同卷：万历初，海阳知县有徐申，江南长洲人，进士。（二志皆列为第一人）县丞有蒋昉，庐陵人（二志皆列为第二人），是所谓海阳令徐君，及海阳丞蒋君某者，当即此二人也。又少参李公者，即李材，江西丰城进士，万历二年甲戌（1574）仲威道。（《阮通志》二十职官表十一，李材，隆庆中按察司副使。按：材，《周府志》三十三宦绩有传，云隆庆中由兵部郎中迁岭东金事。）见《周府志》三十一职官表上。大参孙公，即孙光祖，浙江慈溪进士，万历二年广东按察司副使。（见《阮通志》二十职官表十一。《周府志》无考。）

其后巡按御史龙岩蔡梦说续修石梁。（《古今图书集成》职方典，《吴府志》水利，《张县志》地集，《卢县志》建置略并同。）

按：蔡梦说，字君弼，万历甲戌（1574）进士，以中书擢御史按广东。《福建通志》有传。（亦见《阮通志》二百四十三宦绩录十三）

又按：陈先资崇祯《修造广济桥碑记》云："广济桥相继重修，有直指蔡公、王公、二千石贾公。"蔡公即梦说，王公、贾公，府县志俱无考。（《周府志》职官表上，万历四十七年，知府有贾宗悌者，浙江武康进士，未知即贾公其人否？）

万历三十四年丙午（1606），知府晋江金时舒重修。

林熙春《重修韩祠碑记》："丙午，金公来守我邦……见广济桥受三江之水，惊涛怒浪，势若建瓴，万一不戒，是以几予垫也。则为之辅墩以石，缀梁以木，结阑以砖，而浮槎楼亭，一一缮治，真廿余年来一大更新也。"

按：金时舒重修广济桥事，府县志皆不载，今据林熙春《重修韩祠碑记》，可补其阙。时舒，字邦泰，福建晋江人，万历二十五年丁酉（1597）知潮州府事。（见《阮通志》三十三职官表二十四，《周府志》三十一职官表上。）

崇祯十年丁丑（1637），西洲七墩桥梁楼阁，尽毁于火。

陈先资《修造广济桥碑记》："不虞客岁季冬，回禄为灾，逼城石梁七洲琐珉，长虹中断，百年楼阁，一时俱烬。"

按：《古今图书集成》职方典，广济桥，崇祯间火灾，与陈先资撰记合。

十一年戊寅（1638），陈先资募金重修。经始于三月十三日，落成于八月十五日。十一月，撰记刊于石。

097

按：陈先资撰崇祯《修造广济桥碑记》，县志《金石略》缺载。考碑文有云："与澄邑魏履闲、蔡怀悟渡河，有感于桥之废圮，而谋诸黄雅周。周曰：君辈募金兴造。复恳督府郑公部下官陈维往闽省购木以为桥材，是役耗资数十缗。"所言魏、黄、蔡、周、陈维数人，皆无考。

清顺治二年乙酉（1645），七年庚寅（1650）间，黄海如、郑成功攻潮州。桥毁，总兵官蔡元修之。（《周府志》十九津梁）十年癸巳（1653）郝尚久反清，桥遭回禄，蔡元又修之。（《卢县志》建置略六）

《明季潮州忠逸传》六："顺治七年庚寅（1650）六月，郑成功引舟师攻苏利于碣石，风逆反师，围州，成功为陈斌烧断广济桥。"

《古今图书集成》职方典："广济桥，顺治庚寅，郑成功毁之，亭屋石梁，存者仅十一。后总镇郝尚久将城内旗竿暂架为梁。次年，道镇府委蔡元将杉木造为桥梁，盖板，便民往来。癸巳，郝尚久叛，又自毁木桥数洲。后署道田□委蔡元仍修。"

按：蔡元，字完赤，海阳人。（《周府志》二十九人物武功，《张县志》七人集，并有传。）

十一年甲午（1654），知府辽东黄延献（按：《阮通志》建置略三十一，《周府志》十九津梁，并误作廷猷）重修。十二年乙未（1655），又将大木头架造二洲，并修理别洲。（《古今图书集成》职方典）

按：廷献，《阮通志》：顺治十二年任知府。似不应于十一年有修桥之举。

康熙十年辛亥（1671），提学道迟煊（按：《古今图书集成》职方典："煊"原作"宣"，误，今改正）、知府华亭宋徵璧委经历童士超督造桥梁。（《古今图书集成》职方典）

按：《阮通志》四十三职官表三十四，迟煊，汉军正白旗人。顺治乙未（1655）进士，十二年任广东提学道。又《周府志》三十一职官表上：宋徵璧，字尚木，江苏华亭进士，顺治元年甲申（1644）任知府。童士超，钱塘吏员，康熙三年甲辰（1664）任潮州府经历。

十二年癸丑（1673）八月，太白经天，凡十六夜飓雨，毁屋，广济桥圮。（《张县志》八天集灾祥，《卢县志》二十五前事略二）

陈衍虞浮桥春涨诗注："癸丑，风狂桥圮。"

十六年丁巳（1677）八月二十四夜，西岸桥下吼声如牛，石墩忽倒其一。（《周府志》十九津梁，《卢县志》二十五前事略二）

十七年戊午（1678），知府江宁林杭学重修。竣事，郡人曾华盖为记。（《卢县志》二十二建置略六）

曾华盖《重修韩文公祠及广济桥碑记》："（湘子桥）自经寇焚兵蹋，桥之梁坏石崩，行人惴惴，以陨隮为惧。公又更其腐材，理其颓石，联编舟于中流，依雕阑于南北。骈舆声喧，行旅踵接，恍乎若长虹蜿蜒，跨清波而利涉者在此修。以至于量费庀通材，择人董役，一木一石，皆出者傣人之余。"

《古今图书集成》职方典："十九年庚申（1680），知府林杭学委生员李奇俊重建桥梁及浮船路板。"

按：林杭学，字宇武，江宁人。康熙十六年丁巳（1677）任潮州知府。《周府志》宦绩有传。

二十四年乙丑（1685），总督吴兴祚捐万金重修，以署游击程士鳌、生员李奇俊董其役。经始于乙丑冬，造成于丁卯（1687）秋。

吴兴祚《重建广济桥碑》："康熙二十一年壬戌（1682），余以福建巡抚奉命总署两广，明年，巡视海滨，遵碣石卫而西至潮。临鳄溪，登郡城，望广济桥仅存石址，汪洋巨浸中，往来病涉……乃捐俸檄郡守林杭学，署游击程士鳌董其役。庀材程石，诸生李奇俊与有劳焉，期年告成。"（《周府志》艺文）

杨钟岳《重修广济桥碑记》："吴总制出万余镪，鸠工伐石，约所遗墩二十有奇。无不新增碶石，以实其基，斜方棱角，鳌砌坚致，乃跨石板，翼雕阑，修若干丈，广若干尺，悉循古制而工倍之。经始于乙丑之冬，告成于丁卯之秋。"（《寨华堂文集》）

鲁曾煜撰《两广总督吴公兴祚传》："潮之广济桥，闽粤孔道，圮而民病，伯成曰：吾犹不忘闽，况粤耶？予白金四万两，桥比前益固。"（《碑传集》六十四）

吴震方《岭南杂记》上："潮州府城外广济桥……屡修屡圮，康熙甲子（1684），两总督吴讳兴祚捐银二万重修。两粤盐船，必由此桥掣验。"

按：吴兴祚，字伯成，号留邨，浙江山阴人，入正旗籍，康熙十二年癸丑（1673）广东总督。（见《阮通志》四十三职官表三十四）兴祚所立碑，今不可见。

五十四年乙未（1715）三月，广济桥东墩石梁折。（《张县志》八天集灾祥，《卢县志》二十五前事略二）

陈王猷湘子桥诗注："吴制军所重修石数十板，皆横四五尺，纵十余丈，已折十之九，而桥上多去思碑。"

五十九年庚子（1720）五月，水决东岸，石墩没其二。

按：《卢县志》前事略二作三，误。详《张县志》八天集灾祥，《卢县志》二十二建置略六。

雍正二年甲辰（1724），知府太原张自谦倡修东西岸石墩之一，铸二铁牛列置东西岸，以镇水患。（《韩江记》二，《卢县志》建置略六）

胡恂《增修广济桥石墩记》："水决东洲，石墩没者二，雍正二年，前守张君自谦倡缙绅士庶，仅修其一。"

按：张自谦，山西太原监生，康熙五十四年乙未（1715）任潮州知府。（见《阮通志》五十职官表四十一，《周府志》三十一职官表上）

三年乙巳（1725），题盐运同驻潮州，与知府分督桥务，东岸属运同掣放引盐，西属潮州府稽查关税。其浮梁船十八只，亦各分管。（《卢县志》二十二建志略六）

六年戊申（1728），知府萧山胡恂以桥墩缺一，募金重修，经始于雍正六年十月望后三日，竣工于七年六月四日。

《张县志》二地集："（广济桥）六年，升任巡道楼俨、巡道刘运鲥、知府胡恂、知县张士琏复修其一，同知宋桂、监生黄枢谟董其役。"

胡恂《增修广济桥石墩记》："观察楼公清釐开元寺租，可为修桥之费，请于大吏，报可。与海阳令张君士琏殚心经画，诹吉兴修。郡司马宋君桂偕太学诸生黄枢谟、陈大业、林自青、黄继茂，耆老杨楚臣等董其役。经始于雍正六年十月望后之三日，越明年，六月四日工竣。计费锱一千八百二十三两有奇。"（《周府志》四十一艺文）

按：《周府志》职官表上，楼俨，浙江监生，雍正五年丁未（1727）任巡道；刘运鲥，江南南陵进士，雍正七年己酉（1729）任巡道；胡恂，浙江萧山贡生，雍正五年任知府；宋桂，江西新建监生，雍正六年任海防同知；张士琏，一作士连，安邑进士，雍正三年乙巳（1725）知海阳县，《卢县志》三十三列传二有传。

道光二十二年壬寅（1842），大水决东岸石墩，圮者六，损者二，坏者一；决西岸石墩，圮者三，木石桥梁，损失殆尽。（《卢县志》二十二建置略六）

《卢县志》二十五前事略二："（道光）二十二年，夏秋霪雨，大水，江东堤溃，广济桥墩多圮，鉎牛失其一。"

二十三年癸卯（1843），知府觉罗禄谕官绅捐款重修，成西岸三墩。复造浮梁船四十二，合原设浮梁船十八，直接东岸。（《卢县志》二十二建置略六）

二十七年丁未（1847），知府钱塘吴均以东岸十三墩，自道光二十二年大水决去其九，未经修筑。乃首捐资修第三、第八、第九三洲，其第一、第四、第五、第六四洲崩损者，亦为之修补。而梅州邱万兴为分转海运，亦捐资修复第七洲。自是以后，潮市布行商朱莆瑞等捐修东岸第二洲，并重建巧圣庙，逾月告竣。糙白米行商林资福等捐修第十二洲，并建茶亭。经始于是年九月，迄明年五月二十一日竣事。分转海运数人，复认一洲。又嘉应、平远、镇平三属水客，共修第十洲，并筑十洲亭。以邱慎猷、黄国诗、辜利权、李程鹏为董理。经始于是年十月二十一日，至明年五月二十四日竣事。（据《重修广济桥东岸第十二墩并重建茶亭记》《捐修广济桥第二洲并重建巧圣庙记》，及《广济桥十洲亭记》。参《卢县志》建置略六）

按：吴均，《卢县志》三十三列传二有传。

二十八年戊申（1848），郡绅设子来局，修复第十一墩并第九墩、第十墩、第十一墩、第十二墩各洞桥梁栏干等，呈请道府宪仍谕桥工司事邱慎猷、黄国诗、辜利权、李鹏程并米行修桥司事杨大省董其役。并新建两亭，以为行人憩息之所，经始于道光二十八年戊申十月初八日，越明年四月望后之三日告竣。（《子来局修复广济桥第十一墩记》）

黄钊《重修宁波寺碑记》："道光壬寅（1842），韩江水溢，东岸桥墩，溃其九座。岁丁未，钱塘吴公均以分转权郡事，自捐廉修复第三、第八、第九座，嘉应邱慎猷自修复第七座，潮郡城内布行修复第二座，米行修复第十二座，海运通纲修复第十三座，嘉应、平远、镇平各盐客修复第十座，潮嘉绅庶行户共修复第十一座，桥成。闽粤数郡商旅，咸利赖焉。"

按：《卢县志》建置略六，记道光二十年庚子（1840），迄二十九年己酉（1849）修广济桥事曰："二十七年，嘉应盐商邱慎猷捐千金募闽人成东岸墩一，于是知府吴均捐廉续修石墩三，其余五墩，布商朱莆瑞等捐修一墩，米商林资福等捐修一墩，嘉应、平远、镇平诸盐商捐修三墩，潮桥海运盐户，共修一墩，郡绅设局劝捐，共修一墩。并与饶平杨钟等，次等捐办木梁，统归邱慎猷经理。吴均去任，知府刘浔捐金足之。以二十九年五月，桥成"云云。其以邱慎猷首捐千金建墩，而知府吴均继之，说与各碑记谓吴均首先捐俸倡建不合。又言："吴均去任，知府刘浔捐金足之。"按各碑记，皆谓"道光丁未（1847）刘浔来守潮州，甫下车，方议修桥，旋奉调檄。而吴均以分转兼权郡篆，即以修桥为己任。"是刘浔为知府在吴均之先，虽有志修废，而实未曾捐资建桥也。县志所言有讹，盖当时修志诸公，未睹各碑记也。

同治八年己巳（1869）大水，东岸墩复圮其一，总兵方耀率绅耆捐修，墩成，欲易木以石，以墩高水深而止。（《卢县志》二十二建置略六）

十年辛未（1871）六月初三日，东北红光烛天，俄变碧色，大雨如注，水骤涨，广济桥东石墩圮其一。（参《卢县志》前事略二）

十一年壬申（1872）二月，东岸第十二墩崩圮，分转宪注川如命糙白米行商修建，经始于十一年壬申二月初二日，成于十二年癸酉（1873）春季。（《重修广济桥东岸第十二墩并茶亭房舍记》）

三 建筑

阁

〔仰韩阁〕在济川桥左。元至正中，通判乔贤能建。（明《一统志》八十）久废。

按：济川，即广济桥东洲之旧称。《舆地纪胜》引《旧图经》云：仰韩阁在江岸以镇江流，是阁已建自宋，贤能盖重修云。贤能旧府县志无其名，明《一统志》可补其阙。

寺

〔宁波寺〕在桥之东，旧称宁波祠，塑宁波神以安水怒也。（姚友直《广济桥记》）寺颇宏敞，祀十八罗汉及二十四桥墩神。（《韩江记》二）明宣德间知府王源重建。（《卢县志·古迹略》）清康熙癸卯，寺灾。甲辰春，守道魏绍芳鸠工庀材，复厥旧观。杨钟岳为记泐石。（杨钟岳《重建宁波寺碑记》）屡经风雨，倾圮，今沦为民屋。

按《吴府志》九："宁波寺，在广济桥东，明正统间建。"考《明史》：王源，宣德十年为潮州知府，其明年，为英宗正统元年，时源尚为知府，则正统间建寺者，亦即王源。

庙

〔韩湘子庙〕在桥东洲之首，民国十六年重建。祀韩湘子，甚陋且隘，额题"韩湘子庙"四字。庙旧有湘子卦，颇灵验。清姚竹园作诗道其事，有"成都昔日君平祠，潮州今日韩湘庙"之句。今犹有卖卜其间者。

〔巧圣庙〕在东洲第二洲墩上，道光二十七年，潮郡布行商重建。

亭

〔高节亭〕在桥之东，明嘉靖初，教谕陈察建。（郝玉麟《广东通志》《卢县志》古迹同）今废。

〔利涉亭〕在桥之东，明嘉靖间，知府丘其仁建。（《郝通志》《卢县志》古迹同）今废。

〔十洲亭〕在桥第十墩，道光二十七年，嘉应、平远、镇平三属水客同建，有记。

〔广济亭〕在韩江东岸，道光二十三年，知府觉罗禄重修西岸桥墩，造浮梁船四十二，合原设浮梁船十八直接东岸。（见《卢县志》二十二建置略六）构此亭以为游人憩息之所。民国己未，为飓风所毁。

坊

〔民不能忘坊〕在桥上，为太守刘浔分司吴均建。（《卢县志》建置略）今废。

楼

〔二十四楼〕宣德间，知府王源建。（见姚友直《广济桥记》）今废。

附：

〔广济门〕即潮安县东门，郑昌时有诗自注云："东门曰广济门，通水利。"盖缘广济桥得名。

四 石刻

修造广济桥碑记

修造广济桥碑记

桥曰广济非旧也盖始于韦庵王公奉命守潮时起百载颓址葺而完修之梁架琐珉洲盖剧阁遂使东南无天堑之苦京省有攸往之利可谓广渡十方普济万灵矣更浮桥而名广济良有以也嗣后不无桑变则相继而重修之者有直指蔡公王公二千石贾公也轮奂贲饰其称广济桥者愈觉辉煌不虞客岁季冬回禄为灾逼城石梁七洲琐珉长虹中断百年楼阁一时俱烬诚亘古之异变为全潮之攸系也嗟夫最令人太息者四方莫能飞渡水手乘此射利架一叶之扁舟冒潆急之危涛问舟则需索万状肠断恶溪之苦楚竞渡则满载百余险甚鳄鱼之翻浪有泛溺而待援者有子母而同没者岂非断梁之灾流毒至此耶余值与澄邑魏覆闲海邑蔡怀悟渡河有事于府主刘公生祠基址临舟惊怖相与咨嗟感叹者久之谓当此海波不扬往来既已艰危至若春流暴涨覆溺宁容数计同兴婆心欲作慈航归而谋诸慈祥吉人黄雅周周曰君辈得吾心所同然已然是举也与其琢石梁有浩大之难造孰若架木桥便万人之得济随立募簿各捐己金权移缗解悬督府郑部下官陈君讳维者往闽省买治木料值仲春海屡连作舟不扬帆及是木登载而天清日霁已越次日至鮀江又次日即诣桥下意冥冥中□□有默相者乎夫材木厇已而盖板底事费不过数十缗在素封之家以其治园林者什一之一足矣治堂构者什之二三足矣无奈甘沦苦海障在悭贪初不难于慷慨援笔及叩之百无一应焉□而雅周履闲怀悟乃道人林回冈不迫汗力数拜宦富长者沿求济世之侣乃得苟完而奏功焉则安澜履平讴歌载道回视向之断梁苦渡者为何如哉是役也鸠工于三月十三日落成于八月初五日□嗣此而险楼肯构百年垂久不日而石梁随兴则万事之赖矣余等不过一念婆心一□善果宜亦无取于志者虽然乐义好施之人不愿与悭啬者同混□因公科敛之嫌亦既有闻谤而告退故必详陈颠末缕开条件于以见乐义好施□两皆其有宜于广

济而因公科敛之谤或亦无伤于广济乎于是乎志。

上碑光绪《海阳志·金石略》失载。碑高六尺二寸，广三尺二寸，正书。篆额修造广济桥碑记七字，横列，字大二寸八分，首题目一行，正文十七行，行四十五字，字大一寸。抬头高一字。正文之后，又列捐银人名十一行，字大八分。碑嵌在广济门城垣上，久经洪水冲蚀，漶漫不可卒读。碑最末一行，题崇祯十一年十一月长至次日，海阳陈先资君□氏志。其下尚有字，残蚀不可辨。

重建宁波寺碑记

重建宁波寺碑记

韩山之麓有寺焉厥名宁波宁波之寺何昉乎考舆志唐元和间昌黎韩公愈来守是邦鳄渚底平鲸涛不惊遂创兹寺云越三百余载宋兴有相国陈公尧佐至止因其旧制而一新之迨明去宋亦三百余载太守王公源者见倾颓圮毁爰为修葺计然则今之寺其因而修之建之乎抑重而建之也曰建之建之也何居岁癸卯回禄播炎寺为灰烬前之所遗无复存矣甲辰春幸我

魏公重膺节钺之寄抚莅兹土不阅月而百废俱举因潮界海疆日事运筹以固吾圉往来桥津宁波间喟然叹曰宁波振古效灵而不为之启宇守土者之责也遂鸠乃工庀乃材斲垩丹膜次第竣功其费千金皆出于公之乐捐而不动公帑者也落成之余一临眺焉东北通八闽西南通两粤潆流急湍□其前磅礴郁积绕其后商旅往还盐榷辐辏多会于此美哉山河之胜妥神不在兹乎乡人士谓是举也不可无言以志之而求志于余余观人情好佚而恶烦趋欲舍谊详利害而略猷为魏公能以恶易好以舍易趋以略易详求之今日未多觏也其与唐宋明诸君子之意岂异耶余乌能志之且

魏公筮仕来历官二十余年驰誉于楚粤齐鲁之区随在建文庙者四名贤祠宇书院各一有功于名教素矣独兹寺乎哉余又乌能悉志之乡人士进而请曰

今天子声教覃敷薄海内外无不纳款归化正波海宁靖日也其可忘彼

107

效灵之功乎其可忘兹报彼效灵之力乎余因纪其事飏其盛以告来者公名绍芳字和旭顺天文安人由乡进士历任补授岭东其人其政父老当能言之

赐进士第内翰林弘文院庶吉士今奉

旨守制治年家弟杨钟岳拜撰

钦差镇守潮州等处地方都督府栗养志

潮镇标中军兼左营游击陈　旺　潮镇标右营游击张　仪

潮州城守游击关　麟　城守中军守备高光纮　潮镇下千总潘瑞王英　林廷燏

钦差镇守潮州饶平等处地方总镇府吴启丰　饶镇标参将邹瑞　饶镇标中营参将吴汉

饶镇标都司佥书李　焜　饶镇标都司佥书曾　兰　饶镇标都司佥书魏　连

饶镇标都司佥书欧　亮　饶镇标都司佥书吕　麒

潮州府知府宋徵璧　海防同知邓会　粮捕通判闫奇英　理刑推官邵　士　山海关郑周道

钦取户部浙江司主事原海阳县知县王运元　潮阳县知县张弘美揭阳县知县叶其勤

海阳县丞毛诗雅

程乡县知县戴明适　澄海县知县丛仪凤　饶平县知县刘鸿业　平远县知县刘骏名

普宁县知县程养初　惠来县知县孙汝谋　大埔县知县禹昌胤　署镇平县事潮州府经历童士超

潮州卫守备张星烈　防守东路守备蔡俊　举人蔡　毅

程乡县生员杨宏道

举人林　纮　陈国玑　黄承箕　李明造　陈国谟　谢简捷　方来贺游定海谢简撰　梁犹龙　谢金度　曾华盖　史　晟

生员邹□春　陈士孚　陈嘉祥　杨时芳　黄　华

耆民杨明恺　王求先　王明一　陈麟生

康熙六年岁次丁未仲冬元月立石　督工陈　祥

义安陈夏望摹临上石

　　上碑在宁波寺内，高七尺，广三尺五寸五分，篆额曰魏宪台重建宁波寺碑记，横行，字大三寸，无题文，记文连结衔十六行，行四十四字，字大一寸，抬头高二字，正书，记文后，署名与年月，又十三行。

　　按：此记亦见《搴华堂文集》，以文集所载校之，其异者：如题目，文集无"魏宪台"三字；记文"何防乎"，文集"何"上有"果"字；"鲸涛不惊"句，文集无之；"遂创兹寺云"，文集"创"作"成"；"越三百余载"，文集作"越三百年"；"陈公尧佐至止因其旧制而一新之"，文集无"止"字；而"因"字作"循"；"迨明去宋亦三百余载"，文集"载"字作"年"；"太守王公源者，见倾颓圮毁"，文集无"者"字，而"圮毁"作"之状"；"抑重而建之也"，文集无"抑"字；"寺为灰烬"句，文集无之；"幸我魏公重膺节钺之寄，抚茬兹土"，文集作"幸守宪魏公，抚茬兹土"；"因潮界海疆，日事运筹，以固吾围，来往桥津宁波间"，文集作"一日，有事运筹，往来桥津间"；"其费千金"，文集作"其费若干"；"皆出于公之乐捐"，文集"乐捐"作"清俸"；"西南通两粤"，文集"通"作"连"；"商旅往还，盐榷辐辏，多会于此"，文集无"往还、辐辏"四字；"妥神不在兹乎"，文集作"波其永宁乎"；"好佚"，文集"佚"作"逸"；"求之今日，未多觏也"，文集无之；"余乌能志之"，文集亦无之；"其与唐宋明诸君子"，文集"与"作"于"；"二十余年"，文集"年"作"载"；"余又乌能悉志之"，文集作"余焉能悉志之"；"今天子声教罩敷，薄海内外，无不纳款归化，正波海宁靖日也，其可忘彼效灵之功乎，其可忘兹报彼效灵之力乎"一节，文集作"薄海安澜"，无"内外无不纳款归化，正波海宁靖日也"十五字，又两"彼"字并无之；"余因纪其事"，文集"因"作"乃"；自"公名绍芳"以下文集并阙。

又按：魏宪台绍芳，直隶文安举人，康熙三年任。见《周府志》职官表上。《湖南通志》：绍芳任广东佥事。记文后连署名诸人：栗养志，陕西榆林人，康熙三年，任潮州总兵。陈旺，辽东人，顺治十七年，任左营游击。张仪，江南人，康熙四年任右营游击。关麟，顺天武进士，康熙五年任城守营游击。（并见《阮通志》六十职官表五十一，《周府志》三十二职官表下）林廷㷆，字和一。（雍正光绪两《海阳县志》并有传）吴启丰，海阳人，吴六奇子，康熙五年袭父职。吴汉，六奇弟，大城所守备。（见光绪《海阳县志》十六选举表五，并详《县志》六奇传）邹瑞，海阳人，康熙八年，任饶平营游击。曾兰，江西人，康熙八年，任饶平营守备。（并见刘忭康熙《饶平县志》六，《周府志》三十二职官表下）宋微璧，字尚木，江苏华亭进士，康熙元年，任知府。邓会，闽县贡生，康熙四年，任海防同知。闫奇英，奉天监生，康熙五年，任粮捕通判。邵士，浙江萧山进士，康熙二年，任推官。王运元，五台贡生，顺治十六年，知海阳县。张弘美，海州卫生员，康熙六年，知潮阳县。叶其勤，义乌吏员，康熙五年，知揭阳县。毛诗雅，含山贡生，康熙四年，任海阳县丞。刘鸿业，崇仁举人，康熙八年，任饶平县知县。童士超，钱塘吏员，康熙三年，任潮州府经历。（以上并见《周府志》三十一职官表上）戴明适，沧州人，拔贡，康熙四年，知程乡县。（见光绪《嘉应州志》十八）刘骏名，字子峻，黄旗辽东人，康熙二年，以荫生令平远。（雍正《平远县志》二宦迹传有传）程养初，陕西临潼举人，康熙元年，任普宁县知县。孙汝谋，潘阳举人，康熙二年，任惠来县知县。禹昌胤，一作禹昌允，河南汜水举人，康熙二年，任大埔县知县。丛仪凤，文登举人，亦康熙二年澄海县知县。张星烈，顺天人，康熙二年，任守备。（上并见《周府志》三十二职官表下）林绂，字源甫，海阳人，康熙癸卯举人。（《阮通志》、《周府志》、雍正光绪两《海阳县志》并有传）黄承箕，字文豹，海阳人，顺治丁酉举人。（雍正光绪两《海阳县志》并有传）谢简捷，字子茅，顺治辛卯举人。简撰，字子义，康熙癸卯举人。（并见光绪《海阳县志》谢绍举传）曾华盖，字文垣，康熙丙午举人。（见光绪《海阳县志》曾栋奇传）陈国玑，揭阳人，阳山教谕。李明造，海阳人，并顺治丁酉举人。谢金度，海阳人，花县教谕。方来贺，亦海阳人。陈国谟，澄海人，并康熙癸卯举人。游定海，程乡学，丰顺人，解元。梁犹龙，字君虎，一字卧翁，海阳学，饶平人。史晟，字伯寅，饶平人，一作海阳人，夏县知县，并康熙丙午举人。（以上俱见《周府志》二十七选举表下。其海阳学者亦见光绪《海阳县志》十五选举表四）陈士孚，字挛之，海阳人。黄华，字太华，饶平人。（并见《古瀛诗苑》二今集）余无考。

重修韩公祠广济桥碑（文见文征）

石碑在韩山韩祠中厅西壁，高五尺二寸，广二尺二寸，篆额曰重修韩公祠广济桥碑记，盖曾华盖撰文，碑为灰所圬，行数署款，皆不能辨。

重修宁波寺碑记

重修宁波寺碑记

寺以宁波名志桥成也按郡志寺建于宋不著年代而桥西岸始于宋乾道间知军州丁允元初名丁公桥东岸筑于宋绍熙间知军州事陈宏规更名

济川桥后先增筑者不一人明宣德中知府王源垒石重修西岸十墩计九洞共长四十九丈五尺东岸十三墩计十二洞共长八十六丈八尺中空二十七丈三尺造舟二十有四为浮梁更名广济桥　国朝康熙六年重建宁波寺碑谓寺始于唐元和韩昌黎所建至宋陈文惠因其旧制而一新之者妄言也夫桥始于宋而寺亦始于宋桥成而寺亦因之而建庶几近之又按郡志康熙十年辛亥提学道迟煊知府宋徵璧重修广济桥而宁波寺碑为康熙六年岭东道魏公绍芳重建是时守郡者亦宋公徵璧　魏公时但修寺而未尝修桥迟公时但修桥而不再修寺则寺与桥之成宋公实任之而名则皆以道率之道光壬寅韩江水溢东岸桥墩溃其九座岁丁未钱塘吴公均以分转权郡事自捐廉修复第三第八第九座嘉应邱慎猷自修复第七座潮郡城内布行修复第二座米行修复第十二座海运通纲修复第十三座嘉应平远镇平各盐客修复第十座潮嘉绅庶行户共修复第十一座桥成闽粤数郡商旅咸利赖焉而民无病涉之忧桥东人日夕至城市尤德公因修宁波寺门内有堂三楹面南向拟奉吴公长生禄位公闻之艴然曰果尔余当自往毁之于戏宏能人之愿施大雄之力浑智名勇功于不事而屹然砥柱于中流是亦足以挽颓波已

　　文林郎翰林院待诏前充　文颖　国史两馆缮录官镇平黄钊撰记

　　道光庚戌四月初八吉日兴工至十月十五日工竣共用去工料银捌百肆拾壹两零

　　子来局潮嘉绅庶行户重修宁波寺碑记

　　上碑在宁波寺内，高五尺五寸，广二尺四寸，横额曰重修宁波寺碑记，字大二寸六分，题文一行，记文十一行，行五十字，又附列房屋位置方向五行，署款年月各一行，字大皆八分，正书。

　　按：宁波寺祀十八罗汉及二十四桥墩神，因广济桥而创也，《古今图书集成》职方典祠庙考《周府志》、《张县志》、光绪《海阳县志》皆称：寺宋时建，惟杨钟岳重建宁波寺碑引《舆志》曰：元和间，韩愈来守是邦，遂成此寺，以寺肇建自唐，未知所据何书。今以寺所祀二十四桥墩神推之，当创于广济桥既成之后，决非唐时所建。黄香铁斥为妄言，是也。惟黄氏引郡志谓桥西岸始于宋乾道间知军州事丁允元，东岸筑于绍熙间知军州事陈宏规，并与旧府县志乖迕，辨见沿革门。

捐修广济桥第二洲并重建巧圣庙记

潮之广济桥右距城阓左抵山麓萃五方之商旅济百万之往来宋明各有创建国朝屡见增修乃道光壬寅七月洪水为灾鼍梁击断虽迳日之造舟亦可为梁必如前之筑墩乃堪作柱太守刘公下车伊始正拟倡修忽奉调檄幸逢观察杨大人恫瘝在抱利济为怀劝乡绅之各行捐筑属署府以倡率兴修吴太守默尔图维独运捐廉之举翕然乡应乐看不日之成凡我同人仰列宪之慈衷伤行人之病涉援商集腋共乐酿金同心协力修东岸之二洲缔造经营方逾月而告竣且斯墩之上故有巧圣庙焉当阳侯肆虐桥圮庙倾四面波涛江舟尽没中流砥柱神像依然此皆赫濯之所钟精灵之所注者也兹仍旧基涓吉重修以妥神灵以邀神贶环绕山河奠苞桑之永固丹垩楹桷壮庙貌之观瞻所以赴功乐事一时见踊跃之忱咸称显应无疆奕世获乂安之庆

道光丁未冬月郡城布行众同人记

上碑高四尺七寸，广二尺二寸七分，正书，无额，首题目一行，正文十行，行三十二字，字大一寸二分，抬头高一寸，末年月署款一行，在东岸第二洲桥楼神龛下，道光二十七年立。记中所谓太守刘公即刘浔，吴太守即吴均，观察杨大人即杨文定也。

重修广济桥东岸第十二墩并重建茶亭记

潮郡东城外韩江绕之跨韩汕而绵亘者曰广济桥叠石为墩二十有三东岸则十三墩焉创于宋历明代以逮　国朝废而复修者屡盖中流激湍

所以障狂澜而通孔道惟斯桥是赖道光壬寅岁秋鲸波肆虐东岸墩决去其九乡先生咸筹款重建其时经费未敷爰排舟作度以便往来然此时特权宜计之而非经久之谋也岁丁未祥符　刘公浔来守是邦甫下车即商修筑旋奉檄调署韶南连道益拳拳于心事盖悬而有待钱塘　吴公均署分转兼摄郡篆承　观察文定杨公命劝绅民各效捐修之举遂分廉俸倡修第三第八第九等墩此其痌瘝在抱揆诸苏子瞻之寓惠捐犀蔡君谟之守泉种蛎殆不是过耳我同人仰体列宪仁慈黾勉助修第十二墩敛以蝇头之利整兹鼍背之梁由是冠盖骈阗轮蹄辐辏亦可以共庆安澜无虞病涉矣墩上旧有茶亭墩倾亭圮尽付波臣兹因筑墩而并建之觉桥济涉而茶济渴斯诚为济之广也乎是役也经始于道光二十七年丁未九月朔日越明年戊申五月望后之六日工竣我同人乐贤守利济之心之有造于潮者不浅也于是乎书道光二十八年岁在戊申季夏朔日潮郡糙白米行众同人记

上碑高四尺二寸，广二尺二寸，正书，无额，首题目与正文相连，并年月署款共十二行，行三十二字，字大一寸二分，在东岸第十二洲茶亭之内。

广济桥十洲亭记

嘉平镇三属盐行重建广济桥第十洲记

钱塘吴公尝摄吾梅州牧伯予等饮和食德久矣岁道光丙午权潮桥分司转运予等为水客鬻盐轮饷复隶分转公优恤逾于常转先是广济桥为水冲溃历五年议修者甚众丁未公以分转权守郡事既熟筹所以复之者谓事难于经始而易于观成也爰首捐廉修第三第八第九三洲其第一第四第五第六四洲崩损者亦公为之修补而吾梅邱万兴者为分转海运亦先自捐费修复第七洲工尚未竣初桥圮时官民捐资几万余金迄无成咸以为观成未知何日矣自公经始以来行所无事筑复及修补者已八洲可以利涉自时厥后潮市米行布行各修复一洲分转海运数人复认修一洲予等尝为公部

民今鬻盐转运又隶公宇下会议就行盐每票输费若干合嘉应平远镇平三属水客共修复一洲并呈请分转派司桥工□事四人邱君慎猷黄君国诗辜君利权李君鹏程代为董理于丁未二十七年十月二十一日兴工至本年五月二十四日工竣予等嘉平镇三属旧皆为程乡县潮州治后析为三至 国朝雍正十年改程乡为嘉应直隶州而以平镇二县属之然则予等固潮民也今虽析治而 吴公固尝为嘉应州牧伯今又权分转兼署郡事予等荷 吴公教养而体恤之者已异于常则所以副 吴公教养而体恤之者自异于众也工已竣谋筑亭为往来徒旅憩息之所洞为第十洲即以名其亭吾闻蓬瀛之境三岛十洲潮为古瀛洲十洲亭盖亦蓬瀛之一胜景也夫是为记清道光二十八年岁次戊申秋八月

上碑高四尺六寸,广二尺四寸,正书,额曰嘉、平、镇三属盐行重建广济桥第十洲记,横列二行,行八字,字大一寸六分。首题目一行,曰广济桥十州亭记。正文共十五行,行四十四字,抬头高二字,末年月日署款一行,字大八分,在东岸第十州亭壁上。

子来局修复广济桥第十一墩记

窃惟事既有经始情可验乎子来盖我潮郡东门外韩江绕城江上有桥名曰广济为行人孔道缓水势而息狂澜惟斯桥是赖是桥也创于宋代自元明迄国朝修圮叠见乃道光壬寅七月洪水滔天而东岸十三石墩决去者九冲坏者四过客皆叹其病涉迨岁丁未祥符 刘公浔守潮正在议修旋升任不果时观察为文字杨公廛念桥墩既倾往来不便谋诸吴公议以修复 吴公名均字云帆浙江钱塘人也以分转兼权郡篆慨然以修桥为己任即捐俸先倡全筑者三墩稍葺者四墩于戏有斯遗爱感人孰不争输恐后哉予等各自乐施共成美举故以子来名局藏乎经始之功认修复第十一墩并第九墩第十第十一第十二各洞桥梁木料栏干等项呈请道府宪仍谕经始公所熟理桥工司事邱君慎猷黄君国诗辜君利权李君鹏程并添谕米行修桥司事

杨君大省董其役其承谕经管题缴银数者则瑞兴当陈君先造也其在苏安山督办石块至桥应用者为　列宪前谕督办各墩石块之李君廷铭也墩南北并新建两亭以为行人暂憩之所于道光二十八年十月初八日兴工越明年四月望后之三日告竣计费镪三千九百七十五元维时占利涉于同人美成功于既济爰纪其事以勒之石

　　道光二十九年岁在己酉闰四月　　　日立

　　上碑高四尺九寸，广二尺四寸五分，无额，正书，文凡十三行，首题目一行，末年月署款一行，共十四行，行四十字，字大一寸，在东岸第十一洲壁间。

重修广济桥东岸第十二墩并茶亭房舍记

　　潮城东门外有广济桥焉西岸十墩属于郡守东岸十三墩则分转宪属焉创自宋以逮　国朝间虽废而复修者屡莫如道光壬寅水患之甚东岸之墩崩去其九彼时　吴公讳均署分转兼摄郡篆乡先生咸议修复艰于经费东岸之第十二墩吾同人则　请捐修焉曾年岁之几何而墩又复崩且碁石冲去更有甚于壬寅经费之大适分转宪　川如汪公甫下车遂援壬寅之请修者谕令吾乡同人修焉当是时有谓众人之桥吾独任之无乃劳逸不均乎又谓修筑之说不亦难为继乎吾同人则不然夫传有曰公家之利知无不为忠也又曰且人之欲善谁不如我今造千万人往来之桥若忠与善则我不敢惟尽力以奉上而已是役也经始于癸酉春季石墩茶亭一仍其旧式于是乎略记至文言之胜前人尽详今不赘及尔

　　同治十二年岁次癸酉季春望日潮郡糙白米行同人记

　　上碑高四尺二寸半，广二尺二寸，无额，正书，题目正文连年月署款共十四行，行三十六字，字大一寸，在东岸第十二墩壁上。

广济桥碑

上碑在县城东门街口，高五尺，广二尺三寸，中书'广济桥'三大字，字大一尺五寸，字体略似夏承碑，左题王韦庵书，右题督工驿丞秦祖，碑阴别有管工粮户卢仕六字。

洪水止此碑

雍正《海阳县志》："广济桥畔旧有大碣，镌'洪水止此'四字，传为韩湘子笔，故从前少水患。康熙年间，郡守张自谦建榷馆其上，为董工役所占，已连年水灾，撼城折桥，当事觉之，遍求不得，盖已为役盗鬻，石上琢灭。"

按：近岁重修凤凰台，于近台基水处，得一缺石，篆书"洪水止"三字，不著书者姓名。当即此碑。志谓为石工琢灭，殊属虚构。今日移置凤凰台下。

又按：上各碑文，俱依原刻行款录入，不加标点，私意在存其真，谨发其凡于此。

五 文征

散文六篇

广济桥记 明 姚友直

郡治东并城，南曰恶溪。旧有修桥，累石为墩二十有三。深者高五六丈，低者四五十尺，墩石以丈计者数千百万余。上架石梁，间以巨木，长以丈计者四十五十有奇。中流惊湍，尤深不可为墩，设舟二十有四为浮梁。栏楯铁练三，每练重四千斤。连亘以渡往来，名曰济川。考之《图经》，肇建或经二三守，须数岁始成一墩，更数守历数十余岁，桥始成。其途通闽浙，达二京，实为南北要冲。其流急如马骋，而汹涌触之者，木石俱往。水落沙涌，一苇可渡。水涨沙逸，数里旷隔。虽设济舟，日不能三四渡。咫尺之居，若千里。女士不得渡，有日夜野宿，以伺其便。军民病涉，莫此为甚。自宋至是，因循不能修复者，殆百余岁。凡登途而望者，莫不痛恨，以为斯桥不复，终古苦涉矣。宣德乙卯冬，我韦庵王公莅任后，百废皆作。渡溪拜昌黎，顾桥遗址，询诸僚吏。潮卫指挥赖君荣作而言曰："斯桥之毁，累经修筑，不能为工。岁溺人畜，不可数计。非德望若昌黎伯，神化宜民者，不能也。惟公所至有声迹，而斯桥之兴，不在于公而谁欤？"公乃揆诸心，谋诸众，毅然兴作新之怀。命耆民之贤者，化财经途。尊官巨贾，捐金弃玉者相踵籍，而海邑泪潮揭程之民趋赴之者，各殚其财力，若有鬼神阴来相之。于是慎简官属，若海阳县令李衡等，赞其计；选耆民董公许懋等，出纳赍费。于以购木石，募工佣，凡墩之颓毁者用坚磐以补之；石梁中断者，用梗楠樟梓之固巨者以更之。中流狂澜，触啮不能为梁者，仍设以浮舫，紫以铁缆，无陷溺之忧。桥之上，乃立亭屋百二十六间。屋之下、梁之上，镘以厚板，板上侧卧二层甓，用灰弥缝之，以蔽风雨寒暑，以防回禄之虞。

环以栏槛，五采装饰，坚致倍蓰于旧。不期月告成。四方之人，骤闻者，疑而骇，若不之信。更名其桥曰广济，取济百粤之民，其功甚大也。又间联屋作高楼十有二：由桥西亭而东行，楼之一，西曰奇观、东曰广济桥；楼之二，西曰凌霄、东曰登瀛；楼之三，西曰得月、东曰朝仙；楼之四，西曰乘驷、东曰飞跃；楼之五，西曰涉川、东曰右通。是为西矶头。西厓抵矶，凡楼屋计五十间。矶叠级二十有四，按二十四气，以便人畜上下。过浮梁者，下由浮梁东行至穷处，曰东矶头，亦叠级二十有四。为楼之六，西曰左达、东曰济川。上级越楼，由亭西而东行，为楼之七，西曰云衢、东曰冰壶；楼之八，西曰小蓬莱、东曰凤麟洲；楼之九，西曰摘星、东曰凌波；楼之十，西曰飞虹、东曰观滟；楼之十一，西曰浥翠、东曰澄鉴；楼之十二，西曰升仙、东曰仰韩阁。楼之上重檐，又曰广济桥。东厓至矶，凡楼屋七十有六间。桥之穷矣。仰韩阁之东，有祠曰宁波，塑宁波神，以安水怒。祠之后，曰碑亭，四邑民献颂太守王公功德碑，列于两序。四方来观者，咸曰：斯桥实为江南第一。（康熙《潮州府志》十二艺文）

按：姚友直，会稽人，太史。

重修广济桥记　明　陈一松

潮滨海而郡，重溟垒嶂，磅礴萦纡，揽有江山之胜，盖自昔称瀛州云。郡城之东，大江注焉，广可三里许，为闽粤通律。其源出长汀，千余里建瓴而下。时遇霖潦，涨发，则倚马兴望洋之嗟。旧有济川石梁二十一，跨于两间，中络浮槎二十四，以往来行者。故老相传，昌黎韩公乞神于江，江为涸数日，因得而经始焉。然往牒亡稽，而《韩集》仅载江涸鳄徙事，或者殆谓是欤？迨至我朝，桥毁于代迁，人苦于胥溺，更数十守莫能理。宣德乙卯，韦庵王公守潮，政务举废。乃并四县之力修之，规制增备，坦焉利涉。所济既众，遂更名曰广济，事具姚太史记中。今去其时且百五十年矣。惊涛骇浪，震撼击冲，砥柱就倾，梁存仅半，江流稍溢，辄虞陷没，而行道之人复病矣。万历六年，圣天子御宇锐精明作之功，遴擢张公自民部尚书郎来守吾潮。下车修百姓之急，顾而叹曰：桥其坏乎？不治，废且尽，人溺犹己，况方内通衢耶？乃谋诸寮朱君辈，暨海阳令徐君，议合，奏记当道前少参李公。今摄事大参孙公闻而韪之。得所捐赌金三百两，筮日程工，量财纾急。转以巨木，夹以周栏。圮者固而险者平，力加缩而功加倍。砆焉亘焉，鳌驾海上，而虹飞岭表。去来如织，不震不惊。工始于某年春二月朔，迄两月而告成。公率寮属落之，谓不可无识岁月。于是郡人陈某曰：尝读《周礼》职方氏掌达天下之道路，以通其财利。孟轲氏以舆梁徒杠为为国之政。则是役也，庸非斯民之急，而王政之所先乎？余不佞，居恒窃怪世之领方州者，类多从事廨宇台榭，以粉饰能声；甚或藻绘溪山，为游观无益之作；即沟浍隍堑，民所恃以为命者，亦且视为不急之务，又安有所谓道路桥梁耶？夫道弗若塞，春秋讥之；而津梁聿新，君子以为能举废。以今观于斯桥，创自昌黎，历数百年而大修于韦庵，又百余年而载修于我公。时我举赢，役不劳众，以援斯民之溺，以昭同轨之治，以光绍二公芳迹于不坠，岂废兴固其有会耶？是可以观政矣。公以爱民真实之念，弘济人利物之施，凡急人之病，所振起废坠，未可缕纪，兹特其一耳。睹河思禹，自今以往，宦辙之所驱驰，货客之所奔走，与夫四方衔命使者，经过是桥，平平荡荡，莫不歌咏圣泽，颂公与两道及数君子之功。当与韩山凤溪，增为高深，其所济宁有涯哉？董是役者，海阳丞蒋子某也，例得并书云。（《玉简山堂集》三）

按：陈一松，字宗岩，号乔东，海阳人。嘉靖丁未进士，历官工部左侍郎。

重修韩公祠及广济桥碑记　清　曾华盖

潮之有韩祠，非一日矣。昌黎有德于潮，民思之不忘，故合山川草木皆号之以韩，而祀公于韩山之麓，以云报也。时代既殊，修废不一，而揆厥所由，莫不时平政理而兴，时乱政瘝而坠。则一时之兴革，固世道盛衰之攸关，吏治得失之所系也。迩年以来，鲸海翻波，浪烟频炽，四郊之外，民宇荡然，而祠亦与之俱荒。向之鸟革翚飞，俱变为窜狐牧马之所矣。岁在丁巳，刺史果庵林公祖，下车伊始，即喟然叹曰："予今者实牧斯土，而令先贤之榱桷弗光，谁之责也？"顾残疆初复，师旅云屯，橄糇征刍，日不暇给。越三载而山海销江，民用和集。乃以庚申秋，涓吉鸠工，至今春告成。植之蠹者易之，墉之圮者饬之，丹黝之漫灭者增饰之。自堂宇门庑，以及文昌阁、曲水流觞之属，莫不次第修举。轮奂既具，庙貌岿然，俨乎若对几筵而仰斗山也。至潮之东鄙，密迩闽漳，韩江一线，实为之限。其间旌轺往来，南旅辐辏，咸获安驱庋止，以免于褰裳濡足之患，则惟湘子桥是赖。自经寇焚兵蹂，桥之梁坏石崩，行人惴惴，以陨阱为惧。公又更其腐材，理其颓石，联编舟于中流，倚雕阑于南北。驺舆声喧，行旅踵接。恍乎若长虹之蜿蜒，跨清波而利涉者，在此修矣。以至于量费庀材，择人董役，一木一石，皆出诸俸入之余，不至累吾民。迹踵旧而增新，事虽因而向实创。公之功绩，更仆难数，此特见其一斑耳。慨自古治既远，循良之风不作。吏于其土者，大抵以官为传舍，而视其民若秦越，人之肥瘠，幸而不胻其生足矣。其谁能家视官，子视民，谋民之利，而不以扰民，且溯乎前之有功德于民者，而崇祀之恐不及也乎？吾于是叹公之造潮也深，而潮之邀惠于公也厚矣。夫祛弊兴利，而不尸其功者，贤守牧之事也。沐浴膏泽，欲言而口不能传者，小民之能也。颂德铭勋，以永声施于勿谖者，乡士大夫之责也。是安可以无纪为之？铭曰：猗欤昌黎，道重德大，力排异端，文起八代。直言朝宇，作刺海滨。延师敷教，立我蒸民。民思罔斁，祠公东山。山川草木，皆号曰韩。惟此韩江，环城若带。往来络绎，縶桥是赖。甲乙之交，四郊多垒。庙既荆榛，桥亦云圮。贤侯庋止，亦孔之忧。捐资饰材，是度是谋。经营既成，庙貌有赫。俎豆维馨，享祀不忒。为舟为梁，利济不匮。陋彼乘舆，斯为小惠。韩山苍苍，韩水汤汤。我公之绩，于韩有光。虹桥既奠，鳄渚永宁。亿祀戴德，请视斯铭。（雍正《海阳县志》卷十《文集》）

重建广济桥碑　清　吴兴祚

潮州为全粤东境，闽越豫章，经涂接壤。城东之水曰韩江，合汀赣九河之流，汇鳄溪，凭于广济门。宋州守曾汪作济川桥，袤广二丈，长丈一百八十有奇。中流急湍，深莫能测，于东西尽处立矶，矶各纳级二十有四，絙浮舟以通之，桥之制未有也。明宣德中圮，知府王源伐石建址，架木为梁，更名广济。弘治大水，梁坏，知府谭伦易以石。万历间，御史蔡梦说重修。崇正末，毁于寇，蔡元稍葺之。康熙二十一年，予以福建巡抚，奉命总督两广。明年，巡视海滨，遵碣石卫而西至潮，临鳄溪，登郡城，望广济桥，仅存石址，汪洋巨浸中，往来病涉，顾视有司，心焉慨叹。自维建国经野，王制所重，顺民察地，予之职也。乃捐俸，檄郡守林杭学，署游击程士鳌董其役。

庀材程石，者生李奇俊与有劳焉。期年告成，无夺民时，无取民财，无役民力，经营作新，用宁百姓。易大畜曰：何天之衢，释曰：畜极而通。今者梯航万国，南抵扶桑，北暨流沙，舟车所至，莫不攸往，则是桥也，周行如砥，泉货以通，民用以利，可以宣圣天子承天载物之治矣。（乾隆《潮州府志》卷四十一艺文）

重刻广济桥记　清　杨钟岳

曾在三山，阅闽志，有昌黎驱鳄成广济之句，传者讹也。唐元和十四年，昌黎韩公，刺潮八月，即去袁州，成广济则未遑也。特功德在潮，尸祝于桥之东，惟彼江山，及所树木，以公姓得名，思韩深哉。厥后附会一桥，从而呼湘子焉，皆传者讹也。然则广济何昉乎？

昉于宋也，考故志初名济川，其源自北，建瓴而下，汇汀漳惠三郡巨流，纵横湍驶，以入于海。形家言，泄而不蓄，宜有飞梁为绾带，庶足障回波砥狂澜也。况地近闽浙，百粤往来之冲，当春夏泛涨，潀浹澎湃，飞涛怒沫，不可向迩，行旅载道，轩辕络绎，鹄立待济者，顾东西两岸，弥漫如隔千里，一不奏功，而飘泛陷溺，不知所之，为此方巨患。宋州守曾、沈诸公，乃于东洲西洲分营焉，始基之矣，历年已多，洲坏梁断。有明宣德间，太守王公源垒石为墩，西计有十，东计十有三，架梁杂巨木，镘厚板。中以流急，墩乃止，因设浮舫，縶之铁缆，非为通岁楫，用杀水势也。经理既定，楼亭翼然，爰更名曰广济。弘治间，河流暴至，而梁又坏，延至正德中，乃合力易石焉，然屡受撼啮，随废随修，独是顺治庚寅大烬之余，石梁亭屋，存者有几？虽费诸君子修理之劳，而车骑错趾，邮简朝发夕至，以及牵挽负担，难言履若康庄矣。幸总制吴公，承天子命，控驭两粤，癸亥夏，巡视海口，抵潮郡，见自西自东，往还如织者，广济桥也，而石梁缺焉，不可以久。慨然曰：舍是无求民瘼矣！周官之法，徒杠舆梁，治之有司，是役浩大，恐重民困，非余独任不可。越二年，出万余锾，鸠工伐石，约所遗墩二十有奇，无不新增硫石以实其基，斜方棱角，甃砌坚致，乃跨石板，翼雕栏，修若干丈，广若干尺，悉循古制，而功倍之。经始于乙丑之冬，告成于丁卯之秋，仰观亭榭翚革，焕然一新。俯瞰长溪蜿蜒，恍在襟带，是歌是舞，肩摩汗而驰，以为若偃之苍龙也，垂虹之饮涧也，戴山之六鳌，复道之行空也，夫岂徒度世有津梁，亦形胜藉锁钥，畴能辅相天地，竖百世功，无扰于民。如吴公其人者。程子曰：古之仕为人，今之仕为己，如纤啬起见，皇皇择急，以保功名，留余以遗子孙，溺不由己，何有于人之病涉。公本至诚，而立远猷，万金一掷，毫无德色，是知有人而不知有己矣。我潮人士译余躬亲其事，不可无言传诸远，《春秋》常事不书，凡土木之役，匪惟不时害义，即得其时当于义，亦备而书之，盖重民力也。兹举不烦官帑，不费民缗，竭己以祛潮患，视古乘四载，奠九州，为国为民者何异，忍令久而弗传耶？维时留心督卒，赞勷有成，则有太守林公果庵。彼孙叔敖，楚贤相也，陂水一勺，犹存天壤；赵充国河湟之桥，汉史称之，今勒琬琰。皆出于中，爱戴感激，不能已复，然尸祝昌黎意也，将见有史氏之大书特书焉，其必自此日始。（《搴华堂文集》）

增修广济桥石墩记　清　胡恂

潮之水，以韩江为最，江上有桥，当闽粤孔道，自江以下皆泽国，缓水势而息狂澜，惟斯桥是赖。考江源自汀赣循梅诸山，千里建瓴，直逼郡治，怒流澎湃，如奔雷骋马，方舟莫渡。宋人筑洲架梁，命曰济川，不数年修圮叠见，故明宣德中郡守王君源，累石为墩一十有三，覆以屋亭，造舟二十有四为浮梁，更名广济。自弘治正德，迄我朝兴修者十数矣。康熙二十四年，制府吴公兴祚，捐金万余，尽易木梁而石之。既而水决，东洲石墩没者二。雍正二年，前守张君自谦，倡缙绅士庶仅修其一。予以菲才，承乏斯郡，相度川原，历览堤岸，深虑夫桥墩缺一，莫杀水势。下如东厢、西厢、登云、登隆诸堤，及饶平之隆都、澄海之苏湾、上、中、下三外，岁有冲决，庐舍田禾，皆不能保。因与同志商之，适前观察楼公清鳌开元寺租，可为修桥之费，请于大吏报可，与海阳令张君士琏，殚心经画，诹吉兴修。郡司马宋君桂，偕太诸生黄枢模、陈大业、林自菁、黄继茂，耆老杨楚臣等董其役，经始于雍正六年十月望后之三日，越明年六月四日工竣。计费镪一千八百二十三两有奇，邦之士大夫莫不共庆安澜，余亦藉兹稍慰，因援笔记之。（乾隆《潮州府志》卷四十一艺文）

赋二篇

广济桥赋 明 李龄

客有御风霆，游古瀛，鼓枻沧浪，驰骋金城，登西湖兮四望，攀凤凰兮抚苍冥，烟景纷以万状，山川郁而青青，极目兮千里，聊纵志以抒情。主人顾而谓曰，子徒知夫岭南雄观，在于吾潮，而不知夫吾潮胜状，在于广济之一桥。于是乘华辀，骖虬螭，驾彩凤，载云旗，朝雨沛以洒尘，凉飙肃而吹衣，纷总总其离合兮，溘埃风而至之。巍乎高哉，寥兮如飞梁度江，恍虏若长龙卧波，复道行空，俨然如乌鹊横河，鞭石代柱，崇台峨峨，西跨瀛城，东襟鳄渚，直走于韩山之阿，方丈一楼，十丈一阁，华棁彤榱，雕榜金桷，曲栏横槛，丹漆黝垩，鳞瓦参差，檐牙高琢，起云构于鸿蒙，倚丹梯于碧落，朱甍耸兮欲飞，龙舟萦兮如束，琐窗启而岚光凝，翠牖开而彩霞簇，灵兽盘题而蹲踞，青鸾舞栋以翔翔，天吴灵胥，拥桥基于水府，丰隆月御，列遗象于回廊。石苔斑兮欲驳，激琼波兮响琳琅，金浦烂其浴日，瑶瑊灿以凝霜，虽琼楼玉宇，不足以拟其象，而蓬莱方丈，适足以并其良，陋崔公之微绩，视洛桥兮有光。若夫殷雷动地，轮蹄轰也，怒风搏潮，行人声也，浮云翳日，扬沙尘也，响遏行云，声振林木，游人歌而骚客吟也；凤啸高冈，龙吟瘴海，士女嬉而箫鼓鸣也；栖台动摇，云影散乱，冲风起而波澜惊也。仰而观之，云连紫阆，列虹影于中天；俯而临之，澄波素练，吐屑气于深渊；顾而瞻之，冈峦崒嵂，左右驰突，列云屏于后先；远而望之，鹤汀凫渚，岸芷汀兰，纷竞秀而争妍。至于蓐收行秋，列嶂云收，明河涓皎，月影中流，浮金跃璧，辉目明眸，上下天光，万顷一碧，白露横江，琼浆夜滴，万象鉴形，渊炫澄碧，渔歌互答，此乐何极。羌终夕兮游玩，睿不知其偃息，有仙子兮扬翠蕤，驾两龙兮江之滨，百神森以备从，鸣玉鸾兮声謇謇。使湘灵兮鼓瑟，令王乔兮吹笙，歌九韶兮舞冯夷，张咸池兮奏云英,澹容与以逍遥,忽独与子兮目成。若曰潮乃邃古之瀛洲,幸与汝兮同游,山虽明兮,未若乎昆仑华岛之为优,水虽秀兮,难同乎瑶池翠水之悠悠。独斯桥兮形胜,与仙造兮同俦,地脉连而回萦,鳌极峙而不倾,淳风回而俗转,家礼乐兮人公卿。噫!微斯人兮,畴克以臻,言既竟兮,乘元云而上征,客既奇遇兮,乃反乎瀛洲之故城,收畴昔之逸游兮,卷淫放之邪心,服仁义以修姱兮,游道德之平林。既申旦以独坐兮,乃具告于主人,抚掌而叹曰:异哉!昔子房之游下坯也,遇神人而盘桓,相如之度升仙也,纷至今为美谈,子于是游,其亦可谓旷百世而一观。客乃歌曰:若有人兮金玉相,乘云龙兮佐尧汤,道既高兮德弥彰,捧纶音兮收潮阳,囿我民兮仁义乡,追昌黎兮参翱翔,五谷登兮人物康,运神规兮建河梁,俾万姓兮覆周行,功巍巍兮摩穹苍。聊作歌兮勒高冈,籍文烂兮星斗光,吁嗟王公之福吾潮兮。地久而天长。(《潮州耆旧集》卷一《李宫詹集》)

按:李龄,字景熙(一作景龄),潮阳人,江西提学佥事,首训白鹿洞学(见《白鹿洞书院志》四),有《宫詹遗稿》六卷。(《千顷堂书目》十九著录。全集今不传。)

广济桥赋 清 杨献臣

稽古郡于义安,览舆图之壮丽,城高枕于金山,郊平连于海底,溪徙鳄而犹清,江记韩而未替,峙双塔于云端,跨大桥于海际。曾汪肇基自宋,原号济川,王原重建于明,广更名济。(按:王原当作王源,"广更名济"句,当为"更名广济"之讹。)尔乃叠石为柱,修板成梁,广容车马,高纳帆樯,栏干陋乎内外,梯级判乎低昂,石矶三十六墩,镇鉎牛于两岸,梭船一十八只,贯铁索于中央,水面平铺,类鼋鼍之浮巨浸,波心横卧,若蟏蛛之贺汪洋。则有小阁凌烟,高楼映水,酒肆榕阴,茶高花紫,店连舟楫之多,货聚山海之美,横斜高处，依稀玉杵蓝桥，结撰空中，恍惚蜃楼海市。为通衢之大道，东连龙骨街头，合斯人之会归，西入凤楼城里。若乃千山排闼，四面围青，凤凰摩于天阙，莲花涌于沧溟，独秀孤峰，映银山之崚嶒，双旌峻石，表韩麓之蛤萤，日出则红生大帽，云开则翠见七屏，嶂辟黄田，影动青林之树，岭流白石，光连碧汉之星。当夫雨泽多，潦水涨，江面宽，潮声壮，上流化象之潭，下平凤洲之障，右绕东津之堤，左翻西湖之浪，汇汀梅之远水，尽赴桥门，合漳浐之细流，同归圯上，浩浩乎其游也无涯，渊渊乎其深也无状。至其江心水落，镜面波融，鸭涨侵绿，雁齿排红，风萧萧兮木叶，露湛湛兮苫丛，灯火高悬，恍探星桥于月窟，楼台倒浸，似邻鲛室与龙宫。河岸天寒，影落鸥鹭，秋溪夜静，声吼鱼龙，氤氲湘子祠前，烛影香烟共霭，潇洒宁波寺外，水光山色齐空。又如系缆石根，提舲泽漠，贾师雀尾之航，贵客螭头之艇，避雨之楫方归，挂风之帆已迥，争渡则舟子语喧，开关则篙工力挺，已大小而各殊，亦往来其不等。况乃行人杂沓，过客载驰，或担簦而负笈，或抱布而贸丝，或乘肩舆而至止，或荷蓑笠而来斯，或骚人登高而作赋，或逸士临流而咏诗，熙熙攘攘凡几辈，朝朝暮暮无已时。彼夫填鹤之事已虚，掷文之谈亦幻，折柳情尽，亦离别之可怜，独木行难，实倾危之足患，正羡胜于天台，或惊奇于蜀栈。孰若斯桥，当闽广之冲，会关河之间，鞭石不劳乎神仙，成功屡出于名宦，口碑载道，称前贤利物而济人，砥横中流，诵圣朝河清而海晏。（《百侯杨氏文萃》卷下）

按：献臣，大埔百侯人。

诗五十九首

湘桥钓师图为子未题　清　黄钊

沿江花闹蝴蝶蓬，过江人影骑长虹，跳波一撇雪花溅，鲤鱼尾胜猩唇红。彩霞明灭朱栏露，酒楼旧是题诗处，钓竿已落海东头，红棉十丈珊瑚树。奇怀四塞绮思孤，棕笠蕉衫来画图，水村渔侣入相忆，闲却鸳鸯一面湖。（《读白华草堂诗集》卷三）

按：黄钊，字香铁，镇平人。嘉庆乙卯举京兆试，曾掌教韩山、城南两书院，有《读白华草堂诗》三集、《赋钞》、《经馂史呴》等书。（光绪《海阳志》三十四有传）

湘桥　清　姚竹园

江流汹汹势莫当，洪波直欲破大荒，毒龙饥蛟时出没，鳞介猖獗天吴狂，吾就其浅矣，不能成徒杠，吾就其深矣，不得起浮梁。两岸居民病于涉，临流观望空彷徨，清夫赫然下一碣，气蹑水族皆逃藏，后人因得鞭巨石，虹桥飞跨虹影长。蝉联墩排二十三，如鼋如鼍架两旁，江栏画槛何堂隍，鱼贯船系一十八，如鲸如鲵锁中央。潮生潮落头低昂，昔日真畏途，今日成康庄，昏黑喜可通车马，老病无事相扶将。青压桥头桥上山，绿浸桥脚桥下江。是山是江总韩姓，昌黎遗爱在南邦。然则斯桥之成实属清夫力，桥名得不随韩湘？吁嗟乎！桥名得不随韩湘？（《韩江记》卷二）

按：姚瀚，号竹园，贵池人，侨居潮州三十余载。工诗，有《西湖渔唱》一卷（事迹详潮州《西湖山志》人物及《西湖记》）

湘居怀古　清　陈世骢

东江之水浩无垠，雷訇电击长流奔，春来并注古瀛郡，廿四桥洞波平吞。自唐以来罹此厄，猛兽夷狄同悲论，谁挽狂澜凭只手，不使百姓沦奇冤；南阳贵胄韩仙客，大书四字题桥门，河伯闻之不敢过，并制龙毒除蛟鼋。自此潮人绝水患，岁岁麻麦生郊原，神物信能伏魔怪，宋元明后犹留存。国初鼎定求民瘼，太守衔命宣朝恩，岂知榷商首卜地，古碣磨落随云骞。水势仍旧掀天至，峨峨雉堞量潮痕。吁嗟世上少仙笔，桥头独立伤离魂。（《西役纪程》卷上）

按：陈世骢，字守五，明经，澄海人，有《西役纪程》。

上七言古诗

广济桥晚眺　清　宋湘

广济桥边水，迢迢去更来；古今同落日，天地一浮杯。估客船何集？行人首不回；真怜沙际鸟，饮啄亦悠哉。（《丰湖续草》）

按：宋湘，字焕襄，号芷湾，嘉应人。嘉庆己未进士，曲靖府知府。道光五年，湖北督粮道。有《不易居集》《丰湖续草》《燕台滇蹄诸集》。（详《诗人征略》）

浮桥春涨　清　陈衍虞

鞭石今无术，松杉爇后梁；横江通亥市，击汰谢春航；网集驱鱼渚，槎浮暑路霜；（原注：谓盐也，盐赋有飞霜暑路之句）洞庭一夜怒，涉卬几彷徨。（原注：癸丑，风狂，桥圮）（《莲山诗集》卷七）

按：陈衍虞，字园公，海阳人，明征士廷策子。崇祯壬午举人。顺治乙未番禺教谕，迁广西平乐令。有《蔚园文稿》《莲山诗集》《昭潭集》。

浮桥春涨　清　曾华盖

三月春江满，望洋未有涯，驶流弃竹箭，暖浪夹桃花；依岸千家网，连天一叶艖，伊人何处问？极目赋兼葭。（《鸿迹猿声集》）

按：曾华盖，字文垣，海阳人。康熙庚戌进士，浙江寿昌令。有《喟莪集》。

湘子桥　清　陈王猷

对郭东峰见，飞虹落九苍，江声浮海气，人语乱鱼床。（原注：桥上有鱼市）断石谁堪续，丛碑不可详。独怜桥畔水，空碧似三湘。（原注：吴制军所重修桥石数十板，皆横四五尺，纵十余丈，已折之十之九。而桥上多去思碑。）（《蓬亭偶存诗草》卷七）

按：陈王猷，字良可，号研村。康熙辛卯举人，肇庆府教授。有《蓬亭偶存诗草》。

130

湘桥闲眺　清　古汝达

一塔如新笋，微微水面浮；沧桑今几变，鸿雁若为忧（自注：潮州连年水灾，饥民蚁集，桥亦倾圮）；户口当年最，人心此日偷！客中闲眺望，叹息屡搔头。

此是吾乡水，滔滔汇郡城，奔腾犹怒气，呜咽挟悲声；又作飓风暗，何当淫雨晴，江村无恙否？翘首不胜情。（《存斋诗钞》）

按：古汝达，字朴臣，镇平人。与黄钊、钟孟鸿相友善。有《存斋诗钞》一卷。

北上夜泊湘子桥　清　姚行轩

入暮泊湘桥，家乡百里遥，风鸣鳄浦树，月涌韩江潮，鼓角频惊梦，情怀正寂寥，不堪愁里听，檀板隔舟敲。（《远游诗钞》卷一）

按：姚行轩，字天健，澄海人。有《远游诗钞》十卷。

广济桥（原注：去岁被水冲圮过半，尚未修复）　清　黄钊

洪水何年竭，横流剧至今，鼋鼍神力大，乌鹊众情深；蜒艇萧

条甚，盐官疲累寻；公私财并竭，谁铸历山金。（《读白华草堂诗集》，《苴蓓集癸卯》卷七）

广济桥闲望　前人

广济桥边望，三峰笔架排，蛤灰当市屋，龙骨对河街，丹荔收园户，红蕉出蜓娃；樵风前渡好，千里半天涯。（原注：镇平至潮州五百里）（《读白华草堂诗》初集卷七）

湘桥晚眺　清　吴观墀

彩虹涵夕影，关禁不重开（自注：晚则闭桥），斜日赤如炙，暮山青欲颓，帆收湘子渡，烟锁凤凰台，两岸人声杂，风潮趁晚来。（乾隆《潮州府志》卷四十二艺文诗）

按：吴观墀，字枫人。杭州人。

湘桥步月　清　杨淞

万籁寂无声，江天霁色清，月光穿树出，人影贴波行，露重步微滑，凉生衣渐轻，谁家方夜宴？灯火一楼明。（《养和山余诗草》卷一）

按：杨淞，字镜川，光绪丁卯举人，署嘉定知县。

湘桥春望　清　陈方平

江桥薄暮望，春暝雨余天，城郭水云际，村庄烟树边，人归踏花骑，鹭立钓鱼船，铁笛声何处？凭栏忆昔贤。（《梅花书屋诗钞》卷下）

按：陈方平，字泽翘，号端厓，海阳人。咸丰辛酉拔贡。有《梅花书屋诗钞》二卷。（事迹详《柳堂师友诗录》）

湘桥春涨　清　杨少山

仙人何处遇，桥影一桁疏，春梦惊鸥鸟，风潮上鲤鱼，灯红摇水槛，榕绿护楼居，怕近城门路，垂竿有老渔。（《澹如书室诗集》约抄卷下）

按：杨少山，海阳人。有《澹如书室诗集》。

过潮桥　清　陈步墀

考古义安郡，游踪广济桥，断碑平水性（自注：桥畔有碑镌"洪水止此"四字，相传为韩湘子笔，今扑灭），遗庙隐山腰；此道中流柱，何人旧化潮？墩高好瞻眺，北斗在云霄。（《绣诗楼诗》卷四）

按：陈步墀，字子丹，饶平人。有《绣诗楼诗》五卷。

上五言律诗

浮桥楼　清　吴颖

万家连舸一溪横，深夜如闻鼙鼓鸣，桥下水随春雨长，城边沙与暮潮平。方传诸将能强战，又劝三农早力耕，遥指渔灯相照静，海氛远去正三更。（雍正《海阳县志》十二集）

按：吴颖，字莙雪。江南溧阳人，潮州知府。

湘子桥　清　曾华盖

利济何须郑相绍，大江稳渡架仙桥，一鞭残雪诗魂瘦，半幅斜阳酒幔飘；渚雾惊看虹卧久，天空疑见鹊飞遥，临流莫谩跨题柱，多病文园懒续貂。（《鸿迹猿声集》）

湘子桥　清　陈衍虞

沧江如练郭烟平，溪鸟江头弄晓晴，不向浮槎谋泛泛，还从卧玉

重行行；酒帘欲障征鞭路，柳绪长牵别袂情，驴背推敲思正苦，灞桥诗兴愧泓澄。（《莲山诗集》卷十四）

湘桥春望　清　饶庆捷

海口茫茫接紫霄，绕城春树入云遥，长堤风卷千声浪，远岸波平万里潮。驱鳄功收陈判府，射鲸心折李文饶，旧时烟瘴今何处，碧溆红泉映画桥。（《桐阴诗集》卷二《韩江草》）

按：饶庆捷，号曼唐，大埔人。乾隆四十年进士，曾掌教端溪、越秀两书院。有《桐阴诗集》。

浮桥（自注：即广济桥，东接双旌，西接凤城，横截韩江，涵罩百态）　清　郑昌时

渴虹垂影吼云隈，秋晓潮声春夜雷，玉海有人鲸背立，碧天如水雁行来，平分螺黛山光满，半截银涛雨色开，十八巨鳌联铁鞔，浮梁飞渡小蓬莱。（《韩江闻见录》卷九）

长桥榕荫　清　郑昌时

曰广济桥，创于宋，驾域中，其地水木清华，藏虹媚日，入书宜画，旧云湘桥春涨，湘桥，非湘也，俗传为韩湘子所造，立祠桥上，讹也。

迤逦长桥界碧溪，绿榕阴匝水东西，灵根络石非依土，密叶藏波不照泥，天上白榆虹映带，关前红树雁高低，扁舟暗掠雕栏过，云掩蓬窗翠鸟啼。（《韩江闻见录》卷九）

按：郑昌时，字平阶，海阳人。

湘桥晚眺　清　林峥嵘

乔四桥舟锁暮烟，鳄驱牛系始何年，垂杨不管离人恨，明白解留

估客舻；外国鲸鲵波塞海，中原雷浪气掀天，拟清画一通商贾，何日诏书尽布宣。（康熙《饶平县志》）

按：林峥嵘，字玉峰，号小岩。饶平人。嘉庆己卯进士，陕西乾州知州。有《砚田杆诗钞》。

湘桥晚眺　清　钟声和

天悬图画大江东，尽入津梁一望中，压槛春烟双峰合，绕城花韵百舟通，暮山野渡相依碧，落日残霞互映红，过客休将澶漫诮，亭间小立待长风。（《韩江记》二）

按：钟声和，字榕林。本闽人，后占籍海阳。咸丰中，户部主事。有《岭海菁华记》四卷，《研余近录》二卷。

湘桥　清　杨朝彰

韩江春入涨遥遥，十八梭船锁画桥，鳄渚月明逢昨夜，凤台风静睹今朝，琵琶岸上留余韵，灯火江中乱暮潮，乘兴还如天上坐，玉人何处教吹箫。（《百侯杨氏文萃》卷下）

晚过湘桥　清　曾廷兰

韩江江水水流东，莫讶扬州景不同，吹角城头新月白，卖鱼市上晚灯红，猜拳蛋艇犹呼酒，挂席盐船恰驶风，二十四桥凝目处，往来人在画图中。（《吟花别墅诗钞》卷上）

按：曾廷兰，海阳人。有《吟花别墅诗钞》。

广济桥　清　丘逢甲

垒洲廿四水西东，十八红船铁索中，世变屡新潮汐改（自注：潮昔至桥以上，故贾岛诗有"潮浸城根老树秋"之句，后仅至桥，成则去桥远矣），驿程依旧粤闽通。（自注：由粤入闽官道出此）五州鱼菜行官帖（自注：潮、嘉、汀、赣、宁食盐，皆由桥分运，故曰广济桥盐。又凡醃鱼曰鱼盐，醃菜曰菜盐，每鱼菜出，为行盐旺月），两岸莺花集妓篷，莫怪桥名工附会，江山原已属韩公。城东锁钥俨天然，雁齿红腰递接连，一水官如分界守（自注：凡守桥夫，及修费，桥东属知府，西属运同），四朝人不及桥坚（自注：桥创始于宋）；长消难准仙无竭（自注：城东旧有碑曰："洪水止此"，俗传为仙笔，后拓税厂失之，城遂屡有水患），开闭当关吏有权；何处骑牛寻醉汉，凤凰山上日云烟。（自注：潮谚云："凤凰山上无日无云烟，湘子桥上无日无神仙。"）（《岭云海日楼诗钞》）

按：丘逢甲，字仙根，又号仲阕。本寓台湾，后徙居潮州。有《岭云海日楼诗钞》十二卷，《罗浮游草》。

上七言律诗

湘子桥怀古　清　彭廷梅

当日潮阳吏与仙，忧耽家国两萧然，昌黎有句伤怀抱，为汝飘零十二年。

缥渺遥闻紫玉箫，碧空云尽水迢迢，不知跨鹤人何去？犹说仙踪在此桥。（乾隆《潮州府志》卷四十二艺文诗）

按：彭廷梅，字湘南。攸县人。

湘桥春涨　清　杨淞

一桥横亘锁烟汀，急溜朝宗去不停，春水依然仙踪杳，行人犹自说湘灵。（《养和山馆诗草》卷五）

湘桥　清　郑昌时

一桁虹桥界碧虚，春愁作涨燕飞初，红栏影里拈香饵，欲钓缄封

双鲤鱼。（自注：湘桥有仙鱼，可定春水信，其鲤鱼亦嘉美，称"桥边鲤"云。）（《韩江闻见录》卷九）

广济门　前人

临水洞开广济门，门头杰阁俯江邨，鱼庄蟹舍知何处？昨夜新添烟雨痕。（自注：东门曰广济门，通水利。）（《韩江闻见录》卷九）

广济桥　前人

廿四城东架石桥，浮梁十八水迢迢，只今空待潮溲信，港口沙高不上潮。（自注：即城东广济桥，昔年海潮至此，故贾岛有"海浸城根老树秋"句。）（《韩江闻见录》卷九）

湘桥晚眺　清　钟声和

寂寞藏身斗室中，闭门敢诩做申公（自注：申公鲁人，为楚王戊傅，不合，归鲁家居。教书终身，不出门）；而今暂假看书眼，傍晚骑驴出郡东。

彩虹百尺巨鼍扶，斜倚阑干细做摹，北阁斜阳鳄渡舫，分明一幅辋川图。

江风轻拂碧波翻，双鲤吹波带墨痕，拟买扁舟坐垂钓，鼕鼕庙鼓送黄昏。

日落金山起暮烟，聚蚊一饷意惘然（自注：韩文公赠张秘书诗："虽得一饷乐，百如聚飞蚊"），清夫也恐予归去，故遣筝琶奏画船。（《三余诗草》卷六）

前湘桥晚眺诗嫌其未备为补赋八首　前人

广济门前架石梁，中央一庙塑韩湘，休嫌过客声嘈杂，有女如云荐晚香。

东西桥角竖铁牛，这为洪涛薄岸浮，近日沧桑胥变换，儿童拍手闹沙洲。（自注：西畔洲，桥迩成沙渚，薄暮儿童相戏其间。东坡诗："儿童拍手闹黄昏"）

身轻步稳跨长虹，随意行歌水镜中，漫说诗情老弥胜，举头遥见落霞红。

天公好送夕阳来，南畔浮云顿拨开，正喜渔樵人去尽（自注：东坡虔州诗："薄菖渔樵人去尽"），川亭坐看凤凰台。

巧圣官旁长暮潮，何人倚槛教吹箫？个中风致须深领，仿佛扬州廿四桥。

西晖照水色澄清，薄暮红舷载酒行，擘岸江风何处起，耳边送到棹歌声。

为认鳝堂望眼赊，旧栽榕树傍门斜，故人一去无消息（自注：院门榕七株甲寅土寇戕其六，故人林子寿户部主讲时补栽之。著有《补榕诗》十首），但见枝头集暮鸦。

丞相祠前翠作堆，人家无数在山隈，闲游未罄无穷兴，共道牛羊已下来。

湘子桥　前人

晨晖旭旭上红船，浪息云消绝点烟，若坐桥头谈往事，当须修德结仙缘。（自注：潮谚云"凤凰山头无日无云烟，湘子桥上无日无神仙"。又前明某观察湘桥遇仙诗有云"若说有神仙，功德积三千"。）

湘桥晚眺　清　杨少山

暮红水急暮山青，十里归云掩画屏，清馨数声山寺晚，林梢时露一痕灯。

夹岸炊烟起暮愁，晚风催送钓鱼舟，半溪落叶平沙外，一抹斜阳红上楼。

　　板桥人去屐声哗，万树榕阴噪暮鸦，惊散游鱼波底影，一钩新月动芦花。（《澹如书室诗集》约抄卷上）

湘桥即目　清　黄兆荣

　　雨洗桥梁一道新，溪云淰淰黯花津，剪来半幅潇湘景，付与春矶垂钓人。（《警枕诗钞》卷一）

　　按：黄兆荣，字采南。嘉庆庚午举人。有《警枕诗钞》四卷。

湘桥晚眺　清　林大川

　　湘江湘水韵潺潺，有客登临眺未还，一抹晚烟无限好，新诗又在夕阳山。

　　数点渔灯古渡头，黄昏系缆木兰舟，渔人趁晚来垂钓，箬笠蓑衣占上游。

　　淡淡烟云罗碧寥，匆匆暮霭送江潮，欲行不得回头处，犹忆仙踪在此桥。（《钓月山房诗草》卷三）

　　按：林大川，字利涉，号莲舟，海阳人。有韩江、西湖两记。

广济桥晚眺　清　周易

　　蟹舍鸥庄画不如，棹讴声出暝烟虚，六篷船泊灯初上，鳄渡秋风唤卖鱼。

　　一水东流接杳冥，湿云飞掩夕阳汀，凤凰台榭遍秋草，三十二峰相对青。（《味菘园诗钞》卷一）

　　按：周易，字芷沅，又名子元，揭阳人。光绪间拔贡。有《味菘园诗钞》四卷。

湘桥即目　清　曾廷兰

雨霁岚光万叠青，斜阳十里印晴汀，浩船过去宁波寺，一个桥洲一画亭。（《吟花别墅诗钞》卷下）

湘桥春涨　清　谢锡勋

柳径阴阴步不停，红船栉集过回汀，大江东去无边水，照见裙腰一带青。（《小草堂诗集》卷二）

按：谢锡勋，字安臣。光绪乙丑举人，长乐县知县。有《小草堂诗集》《潮州荔枝诗百首》。

上七言绝诗

六　杂志

济川桥，府城东门外，广五丈，长百八十丈，横跨鳄溪。（《广舆记》十九。案：鳄溪即指韩江，此本明《一统志》八十。）王源除怪石记：明宣德乙卯，源奉敕祛除民害。指挥李侯通、陆侯雄等佥曰："城西山屹立二石，一大数十围，高数丈，一仅及半。世号二蟾蜍，形象似白虎瞰城，主嚣讼火灾。欲去之，虽千夫力，不能胜。"源曰："昌黎驱鳄，吾能除此。"腊月既望，命检校谨孚、典史王礼、驿丞秦祖、粮老彭刿等，率百人扑碎，琢为广济桥用……正统元年七月七日，龙岩王源启泽韦庵题。（潮州《西湖山志》七，按此碑在西湖山绝顶，倒卧，记文半没土中。）

广济桥，在郡城东门外，为闽粤往来要冲。绵亘一百八十丈，分东西两畔，中间浮船一十八只。西属潮州府，稽查税务；东属运同，掣放引盐。东畔桥墩十五座，自墩脚起量，高三丈八尺，墩面横直各宽七丈二尺。浮船九只，每只长四丈六尺，中宽一丈一尺，架板二十块。凡遇损坏，奉部咨行，随坏随修。其工料银两，在于杂项内动支。桥之下，为海运湾泊之所，设盘查馆一处。每年地租银五两，在于杂项内动支。设掣配座船一只，放关座船一只，收买花红盐罝船一只，巡哨船一只，司事一名，书办一名，巡役十名，听差一名，桥甲六名，水手一十三名。在于该口各要路及河下桥栅等处，巡缉堵御水陆私枭。（《周府志》二十三盐法）

潮桥海运船户，共七十八名。从前河港宽深，海艚大船，直抵各场装运。近年止泊广济桥下盘查所前，掣签领载。转雇民间小船，或圆底船、开尾船，赴场载运。（同上）

雍正十二年九月二十日，水涨，漫过湘子桥。（《周府志》十一灾祥）

乾隆二年，夏六月二十五日，韩江大涨，水逾湘子桥阑杆一尺。

（同上）

九年秋七月，韩江大涨。初七日，水漫湘子桥。戌时大雨，讹言堤崩，妇女扶老携幼，奔拥入城，城外一空。（同上）

十五年庚午春四月初一日，大雨，韩江涨，水漫湘子桥。（同上）

光绪二十四年五月，端午，韩江大水。竞渡，广济桥西岸第三墩，游人拥观，折槛坠水死者数十人。（《卢县志》二十五前事略）

康熙十三年，刘进忠反清。四月二十二日，进忠父寿瑞举兵。时清将沈瑞率兵驻潮，进忠逐沈，沈狼狈出城，渡湘子桥，妇女堕桥死，弃辎重无算。（《周府志》参《卢县志》前事略）

咸丰三年，府报叠至，知县汪政、县丞陈坤选带勇目杨清臣、卓兴、张保、胡佳、邱兴等劲勇一千四百名，驰救。六月二十六日抵郡。汪政巡察险要，见广济桥撤去梭船，曰："如此则桥东乡民无退步，必从贼，贼踞桥东，府城不可守也。"仍饬扎回梭船，桥东民心始固。七月初一日，陈亚十率其党三千余人，乘夜攻城。汪政、陈坤、刘镇、金国樑督兵出战。我军从广济桥进，贼从韩山而来。鏖战数时，毙贼百十人，贼乃退。（《潮乘备采录》）

广济桥东西有鈇牛二，铸自雍正二年，取丑艮土止水之义。曾闻金入水逆游，鈇牛昔泛于江，溯数仞得之。（《卢县志》四十六杂录）

湘子桥以文公侄得名，附会神仙，习俗可哂。桥之半有湘子庙，旁有铁牛，则铸以镇水者。故有二，已逸其一。桥跨韩江，发源汀水，即鄞江，流行七百里入海，春夏水涨，势甚浩瀚，桥每患冲圮云。（《粟香二笔》卷六）

凤城海滨，得无水患者。湘桥建立，湘子手书"洪水止此"四字碣也。碣为仙迹，水不能灾。后修榷馆，失石所在，水遂上岸入城。澄海令张浦云请乩仙，湘子降乩，复书"洪水止此"一碣，姚竹园有诗，后半专道湘子降乩事："浦云先生牧民者，痛惜灵桥难再得，欲除水患弥水灾，思结仙缘得仙方。衙退斋戒净乩坛，神降月夜天为黑，歘忽风霆起笔端，衙差舆隶皆震慑。蓬振沙惊落满盘，仙机一泄仙迹出。先生念笑起填朱，仆役传工催刻石，从兹韩江澄静如练不扬波，永脱一方鱼腹劫，保我群黎登荏席。"（《韩江记》二）

湘子庙在桥头，棉阳令东园韩凤翔庙联云：演经登第通仙籍，书碣弥灾颂帝功。余按庙有湘子卦，本从周易演出，我郡人占之最验。姚竹园有诗道其事："君不见韩湘登第正年少，绝妙匡时好才调。懒展经纶向紫宸，仰瞻俯察欣高蹈。研穷天地搜其根，推测阴阳探其奥。虽未及孔周，或恐过程邵。云游南海悯南人，昧于世事惟祈祷。撞钟伐鼓吹云螺，鸡占鼠卜都堪笑。因将周易汇成编，《河图》《洛书》括其要。八卦运动鬼神机，三钱跌破乾坤窍。是爻是象如星罗，是臧是否同烛照，推往察来无不宜，万民鼓舞嗟神妙。变化神奇，无事筮与龟；吉凶悔吝，远胜笨与筊。成都昔日君平祠，潮州今日韩湘庙。"（同上）

宁波古寺，最宽大，在湘子桥头，中祀十八罗汉及二十四桥墩神。昔有若愚上人，与孝廉陈衍虞交。寺壁有衍虞长排律诗，今摘录："江流方洴溧，山貌正纤浓。闹不撄云市，幽常借鬣松。远公曾遁迹，高坐偶留踪。玉版参禅定，花曼绕院封"等句。（同上）

章邱东园韩凤翔，所咏湘桥古迹，乃湘子桥、湘子像、湘子碣、湘子卦也。今录湘子桥诗："桥庙留卦签，桥碣取止水。韩江千卅年，桥名归湘子。碣虽沦波中，庙还矗月里。墩角铸铁牛，梁腰刻石鲤。到潮而到桥，乃尽粤水美。我来寻遗踪，仙风拂袂起。"又七律四章，棉阳介人赵圭锡，有次韵诗录左。湘子桥，"虹桥跨练久名扬，争及韩江泽纪湘。止水只今传立碣，排船自昔驾浮梁。月明弓影行鱼聚，风静鲸波大鳄藏。万古往来欣到涉，济人功德并公彰。"湘子碣："卧虎跳龙笔似杠，桥头立碣怒潮降。真书四字消洪水，片石千秋压大江。亭刻鸢鱼原合一，碑留鹦鹉恰成双。何堪旧迹终湮没，却借仙乩奠海邦。"湘子卦："功深学易忆当年，八卦排成手自编。动静机参周孔后，阴阳秘启邵程先。龟占悉达生民务，象验如操觉世缘。闻说入祠祈祷者，人人赞颂羡真仙。"湘子像："不意桥成迹已分，登堂就日复瞻云。七年神像欣重见，九邑英灵喜再闻。道貌长留人景仰，香烟直结气氤氲。曾因拜祝觇模范，科第鬈龄独羡君。"（同上）（按：据林氏云，凤翔所咏湘桥古迹，乃湘子桥、湘子像、湘子碣、湘子卦，是所谓湘桥古迹一书，乃诗歌题咏耳！）

韩江有谚曰："凤凰山头，无日无云烟，湘子桥上，无日无神仙。"盖桥上北望，乃凤凰山。山极高，瞬息云烟百变。如虹桥卧水，若贯霄汉，人迹往来辐辏，不无仙人混俗也。桥东西共廿四洲，相传昔时有一醉客，日携酒十八梭船上，既酩酊，或随卧东西两洲铦牛侧。中酒歌曰："骑马不及骑牛好，陆马难追水牛走。湘子桥头水牛生，骑牛翻身朝北斗。"一日水涨，客且醉，未醒，忽水面浮一大水牛至，客翻身骑之，北望冲凤凰山顶云路，冉冉飞去，人始知其为仙。（《韩江闻见录》五）

广济桥分东西洲，其东来第三洲，有神鱼。洪水至洲若干尺，则神鱼出，仅见其尾长尺许，摆弄波心，有戏取之者，设罾网捞之，见已得矣，出水则无。（《韩江闻见录》七）

初起湘桥，匠人刻一石鲤于桥墩，而咀咒之。后遂出鲤，鲜美异他处，为潮品第一。（《韩江记》二）

弘治间，郡守谭伦修桥。石梁长三丈余，宽厚皆三尺。工构天架，数十人挽石一条，而莫能上。一日正在用力挽石时，而三斗汉适至，身长一丈，黑面虬须，势若奔马。从旁笑曰："如许众人，赪面汗背，犹不能升一条石块耶？"众怒其妄，命试之。遂登架独挽而上，毫不吃力。众股栗而闻于官，后遂用三斗汉尽挽其余。桥成赏钱数十千，食尽而去，莫知所终。（同上）

开府前昔有卖豆汤者，一日仰卧府楼上，思欲打睡，朦胧间，耳边忽听有人相谈。一曰："明日午刻，湘桥三洲头，当有乞仙到。"一曰："乞仙既到，便好同游。"惊起察之，四面无人，惟两木猴，蹲立楼槛。知有异，诘朝依时而往，果见有乞儿，在湘桥三洲头乞食。知是仙，便跪求度。乞儿曰："汝何以知？"答以木猴。乞儿曰："伊肯以仙告汝，汝须以槟榔答之，然后度汝。"去而复回，乞儿突然不见。再返府楼视之，木猴头上槟榔，悉化为钉，而木猴遭锭矣。（同上）

相传湘子桥，昔有卖竹节连环者，一圈套一圈。久无人买。适巡道少君过，以三文买一归署。巡道见之，骇曰："凡物那得有此，此殆仙人之游戏也。"再往湘桥，杳无踪迹矣。方识真仙。乃作歌曰："若说无仙缘，何又桥头遇。若说有仙缘，何到桥头去。有缘与无缘，吾甚昧其故。功德积三千，再盼仙来度。"（同上）

广东俗语云："到广不到潮，枉向广东走一遭；到潮不到桥，枉向潮州走一遭。"盖以潮州繁盛，不亚于广州。湘子桥下之六篷船，比于珠江之紫洞横楼也。余两至潮州，见其民殷物阜，洵称富庶。湘子桥在东门外，桥宽而长。东西石墩二十三，两旁店铺比栉。中段以红船十八只，为浮桥。所谓六篷船者，往来官商皆乘之，如钱塘江中之江山船，即九姓渔船，舍此无他船可乘也。然六篷船，则朴质不华，首尾直通，无前后内外舱之别。征歌载酒，无自问津。湘子桥头惟有烟水苍茫，青山相向而已。此则昔盛而今衰，非所见之逊于所闻也。（《粟香二笔》卷六）

湘江即韩江，以湘子得名。一带六篷，皆花林也。姚竹园有湘江词。（《韩江记》二）（词长不录，按《韩江记》所载六篷船唱妓歌台甚详悉，亦不具引）

附　录

一、韩湘异闻录五则

（一）唐吏部侍郎韩愈外甥，忘其名姓。

幼而落拓，不读书，好饮酒。弱冠，往洛下省骨肉，乃慕云水不。历二十年，杳绝音信。元和中，忽归长安，知识阒茸。衣服滓弊，行止乖角。吏部以久不相见，容而恕之。一见之后，令于学院中与诸表话论。不近诗书，殊若土偶，唯与小臧赌博。或厩中醉卧，三日五日，或出宿于外。吏部惧其犯禁陷法，时或勖之。暇日偶见，问其所长。云："善卓钱锅子。"试令为之。植一铁条尺余，百步内卓三百六十钱，一一穿之，无差失者。书亦旋有词句，以资笑乐。又于五十步内双钩草"天下太平"字，点书极工。又能于炉中累三十斤炭，支三日火，火势常炽，日满乃消。吏部甚奇之。问其修道，则玄机清话，该博真理，神仙中事，无不详究。因说小伎云："能染花，红者，可使碧，或一朵具五色，皆可致之。"是年秋，与吏部后堂前染白牡丹一丛云："来春必作含棱碧色，内合有含棱红间晕者，四面各合有一朵五色者。"自劂其根，下置药而后栽培之，俟春为验。无何，潜去，不知所之。是岁，上迎佛骨于凤翔，御楼观之。一城之人，忘业废食。吏部上表直谏，忤旨，出为潮州刺史。至商山，泥滑雪深，颇怀郁郁。忽见是甥迎马首而立，拜起劳问，扶镫接辔，意甚恳勤。至翌日，雪霁，送至邓州。乃白吏部曰："某师在此，不得远去。将入玄扈，依帝峰矣。"吏部惊异其言，问其师，即洪崖先生也。东园公方使柔金水玉，作九华丹，火候精微，难于暂舍。吏部加敬曰："神仙可至乎？至道可求乎？"曰："得之在心，失之亦心，校功铨善，黜陟之严。仿王禁也。其他日复当侍起居，请从此逝。"吏部为五十六字诗以别之，曰："一封朝奏九重天，夕贬潮阳路八千。本为圣朝除弊事，岂将衰朽惜残年。云横秦岭家何在？雪拥蓝关马不前。知汝远来应有意，好收我骨瘴江边。"与诗讫，挥涕而别。行入林谷，其速如飞。明年春，牡丹花开数朵，花色一如其说。但每一叶花中有楷书十四字，曰："云横秦岭家何在？雪拥蓝关马不前。"书势精能，人工所不及。非神仙得道，立见先知，何以及于此也？或云，其后吏部复见之，亦得其月华度世之道，而迹未显尔。（《太平广记》卷五十四引《仙传拾遗》）

（二）韩愈侍郎有疏从子侄自江淮来，年甚少，韩令学院中伴子弟。

146

子弟悉为凌辱，韩知之，遂为街西假僧院令读书。经旬，院主纲复诉其狂率。韩遽令归，且责曰："市肆贱类，营衣食，尚有一事长处，汝所为如此，竟作何物？"侄拜谢，徐曰："某有一艺，恨叔不知。"因指阶前牡丹曰："叔要此花青紫黄赤，唯命也。"韩大奇之，遂给所须试之。乃竖箔曲尽遮牡丹丛，不令人窥。握窠四面，深入其根，宽容人座。唯赍紫矿轻粉朱红，旦暮，治其根。凡七日，乃填坑。白其叔，曰："恨校迟一月。"时初冬也。牡丹本紫，及花发，色白红历绿。每朵有一联诗，字色赤紫分明，乃是韩出官时诗，一韵曰："云横秦岭家何在？雪拥蓝关马不前"十四字。韩大惊异，侄乃辞归江淮，竟不愿仕。（《酉阳杂俎》前集卷十九）

（三）韩愈侄孙湘，字清夫。落拓不羁，愈勉之学，乃笑作诗，有"能开顷刻花"句。

愈曰："汝能夺造化开花乎？"湘遂聚土覆盆，良久曰："花已发矣。"举盆乃碧花二朵，叶间有小金字，乃诗一联云："云横秦岭家何在？雪拥蓝关马不前。"愈未晓诗意。湘曰："事久可验。"

愈贬潮阳，途有一人，冒雪而来，乃湘也。湘曰："公忆花上句乎？乃今日事也。"愈询地名，即蓝关。再三嗟叹！曰："吾为汝足成之。"其辞曰："一封朝奏九重天，夕贬潮阳路八千。欲为圣明除弊事，肯将衰朽惜残年。云横秦岭家何在？雪拥蓝关马不前。知汝远来应有意，好收吾骨瘴江边。"（《青琐高议》）

（四）愈有从侄孙湘，字清夫，号元阳子。

清修寡欲，未入名场，落拓不羁，纵游山水。长庆初，湘及第。愈教湘应举读书，似乃兄荣。湘对曰："孙与公所好各异。"后愈贬潮州，路经蓝关，积雪满地，马不能前。适湘至，为扫除其雪。怀中出药丸一枚，与之，曰："服之可御瘴。"言毕，飘然而去。（《道缘汇录》。按：钱基博《韩愈志》曰："人知有湘而不知有湘，知其兄而不知其弟。盖湘湘二字，形近而讹。而列仙班者即此字曰清夫之湘，而湘无与焉。"）

（五）韩湘字清夫，愈犹子，落魄不羁。

愈强之婚宦，不听，学道仙去。愈谪潮，至蓝关，湘来近，同传舍。愈仍留之，作诗云："才为世用古来多，如子雄文世孰过，好待功名成就日，却收身去卧烟萝。"湘答曰："举世俱为名利醉，伊予独向道中醒，他时定是飞升去，冲破秋空一点青。"湘答此诗竟去。（《全唐诗》小传。《卢县志》列传十二）

二、韩湘子辨四篇

（一）饶堂《韩湘子辨》

世传韩湘子为八仙之一，究不知牵合附会，昉自何人。乃近代演为杂剧，有冒雪度叔事。惠潮所在昌黎庙，亦塑湘子像，乘云在侧，并有所谓张千、李万者，作步雪状，谬妄相寻，不可解也。即如《潜确类书》云：湘少学道，落魄他乡，久而始归。值昌黎生辰，宴，怒之。湘曰："无怒也，请效薄技以献。"因为顷刻花，每瓣金书一联云："云横秦岭家何在？雪拥蓝关马不前。"昌黎不悟，遣之去。后果谪潮州，至蓝关，乃悟云云。此沿误之由也。按《河阳志》：湘字清夫，登进士，官大理寺丞。世称仙举，而商山亦有碧天洞、湘子岩诸托迹处。不知《昌黎集·祭十二郎文》言"汝之子始十岁"，即指湘，又指北渚，乃公侄老成之子，兄弇之孙也。明陈继儒《神仙辨》云：《贾岛集·寄韩湘诗》有"过岭行多少，潮州瘴满川"之句。元和十四年，公赴潮，湘实从行。公有《宿曾江口示湘诗》二首可证，非不期而遇。而湘第进士，在长庆三年，去公贬潮时，后四年耳。官至大理丞，何有神仙之说？及考段成式《酉阳杂俎》云："韩侍郎有疏从子侄，从江淮来，公令院中伴子弟。数不遵公，责之，自言其艺能使庭前紫牡丹红白俱备。公奇而试之。调诸色，治其根，及一月后开，果始所言。且每朵有'云横秦岭'句一联。侄遂辞归江淮，竟不愿仕"。按此足以正湘子之诬矣。世有称广济桥为湘子桥者，尤属诞妄。无论公驻潮仅八月，未遑与作。且桥造于宋，唐时固未有桥也。以讹传讹，何所纪极耶？（乾隆《潮州府志》四十艺文）

（二）拙作《宿曾江口示侄孙湘诗》书后

上诗见《昌黎集》六，文公自泷水南行所作也。曾江者，沈钦韩《韩集补注》引《寰宇记》云："广州增城县，因增江为名。"陈伯陶宣统《东莞志》愈传亦载此诗。审诗中语，述南贬苦状，时湘尚未见公，故留此诗以示之。据姚合《送韩湘赴西江诗》（《姚少监诗集》）及贾岛《寄韩湘诗》，"过岭行多少，潮州瘴满川"句（《长江集》），则湘时确有岭南之行也。陈继儒《神仙辨》云："公赴潮，湘实从行。"按以左迁至蓝关诗"知汝远来应有意"语证之，湘

虽从公南迁，特行较迟耳。（拙著《仳仳居文录》）

（三）拙作《左迁至蓝关示侄孙湘诗辨》

诗云："一封朝奏九重天，夕贬潮州（瞿佑《归田诗话》作'潮阳'）路八千。欲为圣明（一作'朝'）除弊事（一作'政'），肯（钟伯敬《千家诗》作'敢'，《太平广记》引作'岂'）将衰朽惜（尤袤《全唐诗话》二'惜'作'计'）残年。云横秦岭家何在？雪拥（《考异》方作'掩'）蓝关马不前。知汝远来应有意，好收吾骨瘴江边。"（朱校《昌黎集》十）此诗旧多以为文公南迁至潮州境所作。龙川、长乐县志，俱载其地有蓝关，有韩公庙。作庙记者，谓公迁至蓝关，即此间。予谓：非也！诗曰"雪拥"，而岭南固无雪。曰"秦岭"，尤无地可指。所谓"收骨瘴江"者，乃公知湘远来从行，迟而未遇，意谓惟可至"海气昏昏之潮阳"收其骸耳。"瘴江"盖言将往之乡，非其时作诗之所。后人误解诗意，乃于长乐间造"蓝关"之地名，以强合之。抑何慎乎？《太平广记》引《仙传拾遗》云："愈忤旨，出为潮州刺史。至商山，泥滑雪深，颇怀郁郁。忽见是甥迎马首而立，拜起劳问……至翌日雪霁，送至邓州……愈为诗以别之。"按《仙传》所载之诗，即左迁至蓝关示侄孙湘，是所谓是甥，其事即韩湘也。如其所言，愈为兹诗，乃在商邓之间，非在潮州。则诗中之"蓝关"，不在长乐明矣。今以"秦岭家何在"一语为证，公作此诗当在秦岭道中，时初去长安。《韩集》旧注："蓝关即秦之峣关，在今蓝田县。"足立喜六《长安史迹考》峣关与武关章云："过秦岭，分东西二道。东道曰蓝田县，越蓝关，踏破深谷与群峰者十余日，经武关，出龙驹寨，更下，至汉水，于是进抵湖北省。山间石上，镂刻韩退之贬潮州时途中所咏：'云横秦岭家何在？雪拥蓝关马不前'之诗句。"按此刻固出乎后人所镌，然文公作此诗当在此地。此亦其佐证也。（同上）

（四）拙作《韩湘辨》

《唐书·宰相世系表》："湘，愈侄孙老成长子，字北渚，累官大理丞。"《韩集》注："湘，字北渚，老成之子，公兄弇之孙。"（《宿曾江口诗》注）是湘盖宦进之士。自段成式《酉阳杂俎》称："韩愈侍郎有从子侄从江淮来，自言其艺，能使庭前紫牡丹红白俱备。每朵有云横秦岭句"。而韩愈《徐州赠族侄诗》有"击门者谁子？问言乃吾宗。自云有奇术，探妙知天工"语，妄者遂牵为一事，谓疏从子侄及族侄即指湘。不寤湘为愈侄孙，愈诗题屡曰示侄孙湘，固已明言之，其非疏从子侄或族侄甚明。后世述异者，因段说益加附会。而愈过蓝关诗，所示之人，乃有神仙之目，惟所载各异。《太平广记》引《仙传拾遗》谓为愈外甥，忘其名姓；刘斧《青琐高议》、陈仁锡《潜确类书》，则直谓为侄孙湘。《道缘汇录》谓愈从侄孙湘，字清夫，号元阳子，则又讹湘为湘。其尤妄者，则虚构事实，为《韩仙传》一书，（宝颜堂秘笈本）署唐瑶华帝君韩若云自撰。以韩会为父，以韩愈为叔，诬言欺世，弥不足辨。惟《全唐诗》小传，载湘为愈犹子，与《韩仙传》同误，殊可异也。今备论诸家异说，与其致误之由，用祛俗士之惑云。（同上）

原载中山大学文科研究所《史学专刊》第一卷第一期，广州，1936年。后收《潮州丛著初编》，《广州市立中山图书馆丛书之三》，1938年。复编为《广济桥史料汇编》上篇，香港：新城文化服务有限公司，1993年。

潮州韩文公祠沿革考

潮州之有韩文公祠，由来久矣。祠址迁建，不止一处。恽敬《潮州韩文公庙碑文》曰："潮州韩文公庙有二。其一在城南，宋元祐中，知军州事王涤始建，苏文忠铭之，今城南书院是也。其一淳熙中，知军州丁允元迁城南庙于城西（按：'西'字当作'东'），即忠祐庙也。"①余按城南书院、忠祐庙二祠，皆历年久而名著称者。

然前乎此之韩祠，盖别有刺史堂、金山、圣者庵三祠焉。考韩祠凡五迁，其初在刺史公堂后，宋咸平二年，陈尧佐始辟。郭子章云"陈文惠倅潮，辟王室东为祠"者是也。次迁于金山，至和甲午，郡守郑伸建，自为记泐石。王象之《舆地纪胜》所谓"金山有《韩山祠记》、《郡守题名》，并刊于石"者是也。又次迁于州城之南七里，郑昌时《韩江闻见录》谓为圣者庵故址。即恽氏所云"元祐五年王涤建，苏文忠铭之"者也。淳熙己酉，丁允元又迁于韩山麓。即恽氏所谓"忠祐庙"者也。元至正丙午，总管王翰以圣者庵故祠遭兵火，鞠为茂草，乃择地于城西南，前临方塘，后依小金山，曰大隐庵者迁焉。即恽氏所谓"今城南书院"者也。自刺史堂、金山、圣者庵三祠废，而忠祐庙与城南书院二祠，益为世所称。彼三祠者，遂无闻焉。是祠沿革，明郭子章曾为《韩公二祠沿革》一文以志之②，而语焉不详。恽氏《庙碑》仅称城南书院、忠祐庙二祠，且误合圣者庵、城南书院二祠为一，尤考之未周。是皆不足以尽悉是祠迁建之颠末。今刺取志乘，旁以碑记为证，撰成斯篇。俾留心粤东文献者，知所考览焉。③

---

① 《大云山房文稿二集》卷四。

② 顺治《潮州府志·古今文章》。

③ 潮阳、揭阳、澄海皆有韩祠，兹所不论。

宋元间韩祠之兴废

宋咸平二年己亥（公元999），通判陈尧佐，始辟韩文公祠于刺史堂正室之东。

陈尧佐《戮鳄鱼文》："乙亥岁（按：乙亥当作己亥。宋真宗元年为戊戌，尧佐倅潮，辟韩祠在二年，正为己亥也。乙己二字，形似易讹），余在潮州，建昌黎先生祠堂，作《招韩词》，载鳄鱼事以旌之。"①

《舆地纪胜》一百："陈文惠公为韩公祠，为文以招之，曰《招韩词》。"

《宋史》二八四《陈尧佐传》："通判潮州，修孔子庙，作韩吏部祠，以风示潮人。"

《广兴记》十九："韩公文庙，府治后。"

光绪《海阳县志·建置略》四："韩文公祠，即昌黎伯庙。宋咸平中，通判陈尧佐，始建于金山麓。苏轼《碑》中称'庙故在刺史堂后'。（按：苏碑原文作'刺史公堂'，此脱一'公'字。）刺史堂，即今镇署。其地后依山麓，当即指此。"②

按：郭子章《韩公二祠沿革》引《三阳志》称："宋咸平二年，陈文惠公倅潮，辟正室之东为韩公祠。"据此，尧佐辟韩祠，实在咸平二年。《海阳县志》仅云咸平中，盖未详也。尧佐所建之祠，据郭氏言，乃在正室之东。按正室即刺史公堂，苏轼《碑》所谓"庙始在刺史公堂后"者也。今合郭苏两氏之说观之，是祠址，当在官署内公

153

① 见乾隆《丰顺县志》八《艺文》，乾隆《潮州府志》四十一同。
② 顺治《潮州府志》九："潮州府旧署，在金山之麓。通衢置堠，唐韩愈有《路旁堠》诗。"

堂后座之东。顺治《潮州志》九："思韩堂在府治后，宋知州孙叔谨建。堂东亭曰'叠翠'，陈尧佐书。北曰'独游'，今废。"叔谨，宝庆三年知潮州，后尧佐二百二十余年。其筑思韩堂，或因尧佐韩吏部祠旧址。果尔，则吏部祠南宋时已废矣。

又按：《古今图书集成·职方典》，顺治、康熙、乾隆《潮州府志》，雍正《海阳县志》，均云韩公祠在河东韩山，宋咸平中，陈尧佐始辟为祠。是以尧佐所辟韩祠，在韩山矣，甚谬。（后人碑记，如许锡龄康熙十六年《韩文公祠堂记》，谓祠在州东三里，韩山之阳，宋咸平中别驾陈文惠公尧佐建立，亦误。）

至和元年甲午（1054），郑知州伸建文公祠堂于金山。十二月为记刊于石。

《明一统志》八十："韩文公庙旧在金山。"

光绪《海阳县志·金石略》："《郑伸文公祠记》：'至和甲午岁，建文公祠堂。知州事郑伸、权监押史□、签判陈□[①]、知县欧阳景、推官雷应昌落成之，时十二月知吉记。'……右刻在金山南面独秀峰前。正书。谨案，《宋史·陈尧佐传》：'通判潮州，作孔子庙、韩吏部祠。'……郑伸所建，想沿其址。惟王汉以大中祥符间，始开金山，尧佐判潮，在咸平二年，核计岁月，尚在其前。当时金山榛莽未辟，或疑未必即有祠堂。然据苏文忠《碑》称：'韩庙旧址，在刺史公堂后。'刺史堂，今为总镇署，金山正在其后，王汉《金城山记》所谓'其地逼近廪库'是也。据此与《舆地纪胜》所载合。知苏《碑》所称故祠，盖即指此。特《舆地纪胜》称'韩山祠'，不称'文公'，差异耳。然《舆地纪胜》别载金山亦称韩山，象之宋人，

---

① 此缺字，据《筑城碑》，当系陈应。《筑城碑》末云："圣宋至和二年乙未岁二月初吉，虞庠博士知郡事郑伸磨崖识之。侍禁权监押史职殿直监押师永安佐著签署判官陈应推官雷应昌。"碑初载吴《府志》九，其后林、胡、周各《志》并载之。

论必有据。金山之称韩山，必以韩祠得名。则韩山祠，即文公祠，亦不足疑也。"

按：郭子章《韩公二祠沿革》引《三阳志》云："陈文惠倅潮，辟正室东为公祠，寻迁于金山。"是韩祠实初在正室之东，而后迁于金山也。按今金山有郑伸始建文公祠堂碑，则迁祠者，当为郑伸无疑。《县志·建置略》谓"尧佐所建韩祠在金山之麓"，又《金石略》谓"郑伸建韩祠，乃沿尧佐所建韩吏部祠故址"，说殊未当。余谓郑伸所建韩祠在金山，而尧佐所建者，则在刺史堂正室之东。与金山无关。郭子章所引故《志》，即其确证。而苏轼《碑》云："庙始在刺史公堂后，民以出入为艰。"其所谓"公堂后"者，当指官署内公堂之后座。以州治所在，故民有出入之艰也。王汉《金城山记》："金城距州治二百步，而闾阎占其南。"果如《县志》所言，则韩祠处山麓，已在郡署之外，民亦何致艰于出入？且王汉以大中祥符六年始开金山，而尧佐倅潮，则在成平二年，先王汉已十四年。尧佐所建韩祠，果在金山，则王汉《始开金城山记》中，何无一语言及，是皆可证尧佐所建韩祠，与金山无关也。依上述地址及年代之辨证，知郑伸所建文公祠，非沿尧佐故址。又考尧佐建祠，在真宗成平间，郑伸建祠，则在仁宗至和间。至和后于成平，则尤为郑伸建祠金山，在尧佐辟正室东为祠之后之证。与郭子章所引故《志》"寻迁于金山中"事正合。

元祐五年庚午（1090），知州王涤迁城南七里。期年，庙成，苏轼撰《碑》。

苏轼《潮州韩文公庙碑》："庙在刺史公堂之后，民以出入为艰。前太守欲请诸朝作新庙，不果。元祐五年，朝散郎王君涤来守是邦……卜地于州城之南七里。期年而庙成。元丰七年（1084）诏封公昌黎伯。故榜曰昌黎伯韩文公之庙。"

《舆地纪胜》一百："昌黎伯庙。韩愈元和中，贬潮州刺史，至今庙食。皇朝元祐五年，封昌黎伯。庙旧在州后，今移水南。"

《韩江闻见录》卷九："志称：'宋知州王公涤，移刺史公堂后文公庙于此。'抑余又闻故老云：'王所建庙，在州南七里，今圣者庵也。后毁于火。'"

按：王涤，字长源，莱州人。元祐五年知潮州。①

又按：《王忠文公集》二十七有《寄曾潮州诗》，其题目略曰："曾潮州到郡未几，首修韩文公庙，次建贡闱，可谓知化本矣。"曾潮州者何人，集中既未明言，旧府县志亦不载。考十朋殁于乾道七年（1171）。②则此诗当为乾道七年以前所作。乾道七年前，潮州郡守曾姓者，有曾楷，治平间任。③曾造，乾道元年（1165）任。④曾汪亦乾道间任，在曾造之后。⑤楷，爵里及治绩无考。造，赣州人，其在潮政绩，惟顺治《潮州府志·官师部》载其曾建放生池而已。汪则以首创广济桥墩著名。三人者府县志皆无传。其修韩祠事，末由详悉。曾造，《放生池记》称"其莅兹邦政事条举，期年而治"。与此诗题所云"到郡未几，修韩祠，建贡闱，可谓知化本"者，颇相合。然遍检《忠文公集》，绝无与曾造往复之文。谓十朋所赠诗曾潮州为造，殊无确证。至于曾汪，则《十朋集》中有曾知郡汪答书二通。⑥其一

---

① 阮《通志》二百三十八《宦绩录八》、周《府志》三十三《宦绩》并有传。

② 汪应辰撰《墓志铭》云："乾道七年三月除太子詹事……三上章乞致仕，乃诏以龙图阁学士致仕。命下而公薨。"据是十朋之卒，正在乾道七年。

③ 见阮《通志·职官表》。

④ 《放生池记》云：乾道乙酉，守臣曾造来守是邦。乙酉即乾道元年。

⑤ 周《府志·职官表》列曾汪于宋敦书之前。敦书，乾道七年任知府。据是汪任知府当在乾道七年以前也。阮《通志·职官表》，汪乾道七年任广南东路转运使。疑汪即以潮州军州事转官转运使也。

⑥ 见卷二十及二十三。

云："昔游宦于乐成，最留心于乡校。"又云："龙虎成名，功实归于常衮。"隐然以曾汪治绩比之常衮退之。虽不明言其书寄汪于何处，以是语推之，当为汪在潮州时十朋与往复之札也。唯汪在潮曾否重修韩庙，亦迄无实证。谨志疑于此，以俟博识者详考焉。

又按：诗题所谓"首修韩文公庙"者，当即指修王涤所创城南祠。盖其时韩山祠犹未建也。

淳熙十六年己酉（1189），知州丁允元始建昌黎祠于韩山。

郭子章《韩公二祠沿革》引古《三阳志》："淳熙己酉，丁允元以溪东之山，乃韩公登览之地，手植木在焉，乃建庙于其地。"

刘克庄《潮州修韩文公庙记》："淳熙己酉，丁侯允元又徙韩山，夷石为庙。"

《明一统志》八十："韩文公庙……宋迁韩山，封文公为昌黎伯，赐额忠佑。"

<small>按：丁允元，字叔中（一作牧仲），常州人。淳熙中，以忠谏谪潮州。[1]</small>

庆元五年己未（1199），知军州事沈杞建盍簪亭于州南七里韩祠故址。

光绪《海阳县志》二十六《古迹略一》："盍簪亭在城南书院。谨案，郭子章云：'沈杞即墟创亭。'其称曰墟，盖指州南七里之故址也。"

<small>按：沈杞，字廷幹，常州人。吴《府志》四《官师部》有传。据阮《通志》十六《职官表七》，杞实于嘉泰年间知潮州军州事。</small>

---

[1] 阮《通志》二百三十八《宦绩录八》、周《府志》三十三《宦绩》有传。

淳祐三年癸卯（1243），知州郑良臣因盍簪亭地，改祠堂，建斋舍，以课诸生，匾曰"城南书庄"。

郭子章《韩公二祠沿革》："淳祐癸卯，郑良臣以韩公有功于潮，书院独缺，相故地而开创焉。外敞二门，讲堂中峙，匾曰'城南书庄'，后堂匾曰'太山北斗'，公之祠在焉。"

按：郑良臣，福州人。淳祐二年（1242）任知州。（郭棐《粤大记》、阮《通志》二百三十八《宦绩录八》、吴《府志》四《官师部》、周《府志》三十三《宦绩》并有传。）

又按：黄佐嘉靖《广东通志·陈圭传》云："曾新原道堂，匾其前楹曰'书庄'。"顺治《潮州府志·官师部·陈圭传》亦云："修建原道室，署曰'书庄'。"是皆以匾"城南书庄"者为陈圭，与郭氏《沿革》所载异。

淳祐五年乙巳（1245），郡守陈圭即祠址建南珠亭。

顺治《潮州府志》九："南珠亭，宋太守郑厚建。"

光绪《海阳县志》二十六《古迹略一》："南珠亭，在城南书院。宋淳祐间，知军州事陈圭建，祠本郡九贤，取韩愈别赵德诗意而名。"

按：陈圭，字表夫，兴化人。（阮《通志》二百三十六《宦绩录》，吴《府志》四《官师部》，周《府志》三十三《宦绩》并有传。）

淳祐十一年辛亥（1251），郡守刘希仁以韩山之韩祠地湿屋老，捐俸倡修，属郡文学吕大圭掌其事。已而去官。

宝祐元年癸丑（1253）季秋，新庙落成。

刘克庄《潮州修韩文公庙记》："淳祐辛亥，刘侯希仁……属郡文学吕君大圭修废，捐俸楮三千以倡。俄而刘侯去。众曰：'役巨费阔且奈何？'会臬使吴侯燧，行部全侯昭孙至郡，各助楮三千；倅樊君应亨、海阳令王君衢翁各半之。仕于州与游于校者皆有助。吕君又裨以俸金。自门及奥,轮奂新美。柱若壁之用土木者,皆易以石。糜楮四万,以宝祐初元季秋落成。"

　　按:宝祐元年,新建韩山韩文公庙。据刘克庄《记》,倡修者刘希仁、佐其事者吕大圭外,尚有臬使吴燧、上阁外补全昭孙、临川樊应亨、温陵王道翁诸人。刘希仁、全昭孙,里籍俱无考,阮《通志》十六《职官表七》仅载其淳祐间曾知潮州军州而已。[①]樊应亨,阮《通志》、周《府志·职官表》皆云抚州人,淳祐间官潮州通判。王道翁、吕大圭,据潮州西湖山石刻《陈炜题名》,皆清源人。吕又名圭叔,王又名宏道。(按:阮《通志》、周《府志·职官表》,宋海阳县令有王衡翁,宝庆间任。光绪《海阳县志·金石略》,宝祐甲寅(1254)《陈炜题名》按语云:"王衡翁,见阮《志·职官表》,惟载衡翁宝庆中知海阳县事。宝庆无甲寅,据此知甲寅乃宝祐二年。阮《表》误也,当从石刻订正。"按:《县志》卷九《职官表》一仍列衡翁于宝庆间,又卷三十三《列传一》,据雍正《海阳县志》,亦谓衡翁宝庆间任,修南堤,与按语乖忤。作宝庆者自是疏忽。以衡翁为知县当在宝祐年间,语甚明核。予按湖山原刻所署年号正作宝祐甲寅,而王衡翁乃作衢翁,《县志》作衡翁,实讹。《潮州西湖山志》亦依《县志》作衡翁,未能辨正。吴《府志》九录此题名作王道翁,道字不误。)至吴燧,旧志皆无考。此记可补其阙。

至元十五年戊寅(1278),州南韩庙,经兵燹后,亭院无存。二十一年甲申(1284),重建韩山书院,祀孔子及诸贤,而以韩祠附。

　　吴澄《潮州路韩山书院记》:"愈潮州刺史,其后潮人立庙以祀。宋元祐间庙徙州城之南七里……皇元奄有此土,室屋灰烬于兵。

---

① 周《府志·职官表》有希仁而无全昭孙。

至元甲申，韩山书院重兴。即庙之故址，为先圣燕居，先师衮郦沂邹四国公侍，而韩子之专祠附。"

按：郭氏《韩公二祠沿革》云："至元戊寅兵火后，亭院无遗。迨廿一年甲申，复建书院，山长以一员主之。寻立夫子燕居室于公祠之前。"所言至元间重建韩祠之始末如此，而未言建者为何人。惟下文云："城南祠，元至元间，郡守王用文创祀。"则似建者为王用文。考《明史·陈友定传》，用文盖王翰，仕元为潮州路总管。周《府志·职官表》，王翰为潮州总管，在至正二十五年。郭氏以王用文为官在至元，实误。是说光绪《海阳县志》曾辨之。

元泰定三年丙寅（1326），郡长亚中马合马，委教授何民先重建韩山韩祠。

郭子章《韩公二祠沿革》引古《三阳志》："淳熙己酉（1189），丁允元又迁于州东韩山之麓……庆元丁巳（1197）赐今额，己未（1199）进封公爵。泰定三年，郡长亚中马合马委教授何民先重建。"

按：亚中马合马。周《府志》无考，据此可补其阙。何民先泰定间潮府教授，见周《府志》三十一《职官表上》。

至顺二年辛未（1331）夏，总管王元恭（按：阮《通志》作允恭）以州南韩祠营缮多缺，命韩山书院山长陈文子计其费，撤旧构而新之。五月经始，九月落成。三年壬申（1332）七月，临川吴澄为之记。

吴澄《潮州路韩山书院记》："至顺辛未夏，总管王侯至。（按：此文录自光绪《海阳县志》三十一《金石略二》，查同书十九《建置略三》亦有些文，于此句下多"偕其长阿里涉、其贰师赖哈蛮协谋"十四字。）命山长陈文子计其费，爰撤故构，新韩祠燕居。

位置相直，宽袤齐等。后有深池，广十丈许，备土实之，建构堂其上，匾曰'原道'……夏五月经始，九月落成。海阳县长忻都实董其役。"

郭子章《韩公二祠沿革》："至顺辛未夏，郡守王元恭议改创新祠，迁公像于燕居堂之后。以天水先生赵公德、文惠陈公尧佐坐堂上左右配亭。两庑之东西，则以前代贤守王涤、李迈、丁允元、廖德明、郑良臣、林寿公、陈圭从祀，所以表有功也。书院之前，复创故南珠亭，祀本郡九贤，所以崇有德也。书院后有池，广十余丈，深亦丈余，复傲工填塞，建堂于其上，匾曰'原道'。堂之两庑，辟二斋，西曰'由道'，东曰'进学'，以为诸生肄习之所。董是役者，海阳宣差忻都、山长陈文子、直学郭宗苏。"

按：王元恭，字敬居，蠡州人。至顺二年为潮总管。[1]忻都，大德间任同知。[2]陈文子、郭宗苏，旧志无考。

又按：光绪《海阳县志》十九《建置略三》称，韩山书院，至顺四年总管王元恭拓建。考至顺止三年而已。《县志》谓四年殊误。

至正十二年壬辰（1352），城南韩山书院毁于火，祠亦废。

按：刘嵩《重建韩山书院记略》："韩山书院，故在城南外七里许。至正壬辰火，遗址鞠草，名存实亡。"考王元恭所构韩祠，实在书院内，书院既毁，祠亦必废。

至正二十六年丙午（1366）冬十一月，总管王翰迁州南七里之韩祠于城西大隐庵。明年春正月落成，晋安刘嵩为记。由是州地七里之韩祠遂废。

---

① 阮《通志》二百四十一《宦绩录十一》有传。
② 周《府志》三十一《职官表上》。

刘嵩《重建韩山书院记略》："丙午岁，灵武王公以江西省左右司郎中兼郡守事，追修故典，相其地非礼法之所，乃毁城西大隐庵而迁焉。经始是岁冬十一月，迄工明年春正月。"

顺治《潮州府志》九："鸢飞鱼跃亭，元王朝建。正统三年，知府王源修。在韩山书院前。"光绪《海阳县志》二十六《古迹略》："鸢飞鱼跃亭，在城南书院池中。元至正间，总管王翰建。戴希文诗：'西郭云连沙树晚，前池风荐水花凉。'即谓此也。"

按：王翰，庐州独山人。至正二十五年（1365）潮州路总管。[①]据刘嵩《记略》，王翰重建书院，赞之者有同知骆希仲，通判逯文约，推官周泌，经历黄庄、黄英，知事赵祐，教授林仕猷，太史元学宾戴世昌，山长吴期诸人。

又按：光绪《海阳县志》十九《建置略三》："王翰迁书院于大隐庵，在至正三十四年。"考至正仅二十八年，《县志》谓三十四年，殊误。

又按：郭子章《韩公二祠沿革》云："城南祠，至元间，郡守王用文创。祀韩文公、赵天水先生、陈文惠公。"郭氏误王用文于至元仕潮，辨已见前，至称其创祀韩文公庙。光绪《海阳县志·金石略二》言："其云创祀者，以由州城南始迁大隐庵始也。若仍故址，安得云创。"按：自王翰新建韩祠于大隐庵，而州城南七里之韩祠废。然大隐庵之祠，仍名城南，故人每与州南七里之祠混。

自此以后，潮州韩祠，仅有韩山、城南两处而已。

---

① 事迹见《明史·陈友定传》、阮《通志》二百四十一《宦绩录十一》、周《府志》三十三《宦绩》。

明以后韩山城南二祠之沿革

韩山祠

明永乐十三年乙未（1415），知府雷春、训导邓祐重修。

按：永乐十三年重修韩祠者，郭子章《韩公二祠沿革》谓为知府雷春、训导邓祐。然周《府志》二十五《祀典》，仅举雷春，而不及邓祐。阮《通志》三十三《职官表二十四》、周《府志》三十一《职官表上》，雷春，福建汀州人，永乐七年（1409）任知府。至明代潮州训导，无邓祐名。据郭氏文，可补其阙。

宣德二年丁未（1427），佥事顾立重修，教谕袁均哲记。

按：明宣宗二年（1427）重修韩祠者，郭氏《韩公二祠沿革》引古《三阳志》谓为顾立。考阮《通志》二十《职官表十一》，顾立，余姚人，监生。宣德元年（1426），任按察司佥事。郭氏又云，教授袁均哲作记。考袁氏《记》今无传。检周《府志》三十一《职官表上》、光绪《海阳县志》三十一《陈察附传》：均哲，建昌人，宣德五年（1430）任海阳县教谕。依是知袁氏以五年庚戌到任，而撰记当在丁未后也。

正统四年己未（1439），知府王源增修。海阳丞江仪凤建"泰山北斗"亭于庙前。八年（1443）四月，源撰记刊于石。

王源《增修韩祠之记》："正统元年（1436），巨飙作，挠韩祠。堂庑亭榭，瓦木尽拔，几成荒墟。源廓其规制，岑缉宫围，夷置阶庑。海阳丞江仪凤，又益'泰山北斗'亭于当途。"

按：郭氏《韩公二祠沿革》谓王源建祠，在正统己未。己未为明英宗四年。考王源撰记泐石，则在八年（1443），相去四年，据是王源盖于四年建祠，而八年始刻石记其事也。

又按：王源，字启泽，龙岩人。永乐二年（1404）进士，宣德十年（1435）知潮州。事迹具《明史·循吏传》、阮《通志》二百五十一《宦绩录二十一》、周《府志》三十三《宦绩》。江仪凤，开化人，正统间任海阳丞。[①]

天顺五年辛巳（1461），参政刘炜重修，并立韩文公祠石坊，自为记泐石。

刘炜《重修韩文公庙记》："今幸备员广东，得拜祠像……惜堂宇萧颓，门庭荒落，不能不为公所慨。少间，潮之缙绅，同知余佑、通判许绸、义官黄尚年、郭吾辈，闻余兴此，即罗拜于前，而曰：'存此举，佑等素心也，但未有倡之者耳。'于是城之耆彦陆英、陈鼎，郡庠生方舆，邑庠生戴明，咸率先以总其事，就各捐资鸠工。□日立石扃以表门楣，易栋梁以新堂殿，辟廊庑以便祀祭，重灰土以坚故基。复构旁所，以乐余享。"

《古今图书集成·职方典》一千三百三十八："天顺五年，参政刘炜立石坊，题曰韩文公之祠。"[②]

按：刘炜《记》称"立石扃以表门楣"，即《图书集成》所谓"立韩文公祠石坊"者。炜重修韩祠泐石之年，据碑记所载，为天顺五年辛巳，与《府志》同。惟郭氏《韩公二祠沿革》，独异其说，谓刘炜重修韩祠，为天顺壬辰（1472）。考英宗复位，改元天顺，自丁丑迄于甲申在位共八年。以干支之名，合年数推之，八年中，不应有壬辰。疑壬辰或为壬午之讹。盖炜立石在辛巳冬十二月，迟算一月，

164

---

① 见光绪《海阳县志》十《职官表二》。
② 顺治《潮州府志》三同。

则为壬午。谓修庙在壬午，说犹可通。

又按：刘炜，慈溪人。《明史》、阮《通志》二百四十四《宦绩录十四》、周《府志》三十三《宦绩》有传。余佑、许纲，旧志俱无考。

成化二十年甲辰（1484），御史徐瑁重修，侍讲江朝宗记。

翁方纲《粤东金石略》："苏轼《韩文公庙碑》，明成化二十年春三月重刻于石。提举广东市舶前翰林侍读学士古渝江朝宗撰记，叙重建祠宇刻石之事，云苏《碑》经兵燹倾圮，弗立二百年。"

按：徐瑁修庙，周《府志·祀典》不戴。瑁，直隶永平人，进士。[1] 江朝宗，字东之，四川巴县人。景泰辛未（1451）进士。[2]

弘治十七年甲子（1504），知府叶元玉重修。正德十年乙亥（1515），按察副使林廷玉记其事。

乾隆《潮州府志》二十五《祀典》："韩祠，宏治十七年甲子，知府叶元玉重修。"林廷玉《重修韩文公祠记》："正德四年（1509）春，余……以按察使董岭南学政。三月，抵潮试士。视学毕，谒文公庙，见其创制崇广……因叩敦惟是图，时张守时泽进曰：'前守叶廷玺也。'"

按：叶元玉，字廷玺[3]，福建清流人，成化辛丑（1481）进士。以户部郎谪潮州，《福建通志》有传。考周《府志·职官表》，元玉为潮州守，在弘治十三年（1500）。张时泽为守，在弘治十八年（1505）。[4]是元玉修此祠，适当其去官之年。

① 见阮《通志》十八《职官表九》。
② 事迹详阮《通志》二百六十《谪官录二·黄谏附传》。
③ 周《府志》误作廷璧。
④ 阮《通志》三十三《职官表二十四》同，惟张时泽误作张时济。

嘉靖二十五年丙午（1546），知府郭春震重修。

《古今图书集成·职方典》一千三百三十八："嘉靖二十五年，知府郭春震修，土垣易以石，额曰'泰山北斗'。"①

按：郭春震修韩祠事，郭氏《韩公二祠沿革》、周《府志》十五《祀典》亦载之。春震，字以亨，江西万安进士。嘉靖二十四年任知府。周《府志》三十三《宦绩》有传。

万历三年乙亥（1575），副使金淛重修，郡人刘子兴撰记。县丞柴钲泐之于石。

刘子兴《重修韩文公庙碑记》："万历二年（1574），藩大夫松涧金公饬备于岭东，展谒公庙，瞻慕久之……遂檄郡县葺而新之。既逾年，讫工。郡守汪君属兴为记……其勤于程督，则县丞柴君钲。"

按：刘子兴此记，泐石之年，为万历三年乙亥，与郭子章所称乙亥正合。金淛，浙江东阳进士。万历元年（1573）任海防兵备道。②《记》中所称郡守汪君，其名审，江西弋阳进士。万历二年任。③柴钲，仁和人。④

万历三十七年己酉（1609），知府金时舒重修。林熙春撰记。

林熙春《重修韩祠碑记》："金公始欲专其力于韩庙，会藩臬入贺，以资望当行，乃属守陈公应堂、丞桂林杨君可成、别驾刘君昭、理豫章黎君道灿。相与协谋曰：'今日之事，民力竭矣，经费余实任之。第日入粤入虔，时不可失，谁与共此者？其惟良二千石及相君力

---

① 顺治《潮州府志》七同。
② 见周《府志》三十一《职官表》。
③ 见阮《通志·职官表》二十四、周《府志》三十一《职官表上》。
④ 见光绪《海阳县志》十《职官表二》。

166

也。'檄署邑令皖城阮君以临，宣令而布之民。仍与参车张文栋、
□□□，父老林逢器□□役，自春三月经始，于五月讫工。自原道堂
以及庙门，莫不坚完。自一览亭以及曲水，莫不爽垲。材无杂瑕，工
无浮食。材无□绌，民无□劳。适金公虔旋，辄偕郡邑落之。"

　　按：金时舒，字邦泰，福建晋江人，进士。万历二十四年
（1596）任潮州知府，后升海防分巡道。①陈应堂，福建泉州南安进
士。万历三十六年（1608）任潮州知府。②杨可成，临淮举人，任海
防同知。黎道灿，南昌举人，任推官。俱在万历二十四、二十六等
年。③刘昭，字建明，四川富顺贡生。万历三十四年（1606）任潮州
通判。④阮以临，字象原，桐城人。万历三十六年，由普宁知县摄海
阳令。林熙春《城南书庄草》云："岁在丁未（1607），古皖象原
阮公以天子命来侯吾潮之普宁，戊申，摄海阳令。"考戊申为万历
三十六年，而光绪《海阳县志·职官表二》谓以临三十七年（1609）
任，与此异。以临，阮《通志》二百五十一《宦绩录二十一》、周
《府志》三十三《宦绩》并有传。

**崇祯三年庚午（1630），知府黄日昌捐俸重修。六年癸酉
（1633）正月，自为记泐石。（据碑刻）**

　　按：黄日昌重修韩祠，周《府志·祀典》不载。日昌，字源
简，福建晋江进士。崇祯三年知潮州。阮《通志》三十三《职官表
二十四》、周《府志》三十一《职官表上》、阮《通志》二百五十一
《宦绩录二十一》有传。

---

① 　见阮《通志》三十三《职官表二十四》、周《府志》三十一《职官表上》。
② 　并见阮《通志》、周《府志·职官表》、《潮州职官名记碑》。
③ 　见周《府志·职官表》、光绪《海阳县志》三十一《金石略二》。
④ 　见周《府志·职官表》。

清顺治十四年丁酉（1657），知府黄廷献（按：周《府志·祀典》作廷献。《职官表》作廷献，《职官表》误）**重修。而以唐进士天水先生赵德配享，列像于祠堂之左。**

康熙《潮州府志》三："顺治十四年，知府黄廷献修。吴颖题额曰'百世师'，仍于城南行祀礼。以天水赵德配享。"

按：黄廷献，辽东人。顺治十二年（1655）任潮州知府。[1]吴颖，字见末，号茧雪。江南溧阳人。顺治十五年（1658）以刑部郎中出守潮州。[2]

又按：光绪《海阳志》二十《建置略四》"韩祠"云："入国朝，在城南者，顺治十四年知府黄廷献重修。以唐进士赵德通判陈尧佐配。"以廷献所修祠为城南，殊误。

康熙十九年庚申（1680），知府林杭学重修。郡人曾华盖撰记刊于石。

曾华盖《重修韩公祠及广济桥碑记》："潮有韩祠非一日……岁在丁巳（康熙十六年，1677），刺史果庵林公祖下车……以庚申秋捐吉鸠工，至今春告成。□□植之，蠹者易之，墉之圮者饬之，丹黝之漫灭者增饰之。自堂宇门庑，以及文昌阁曲水流觞之属，莫不次第修举。"

《古今图书集成·职方典》一千三百三十八："康熙十九年，林杭学重修。祠故有官埔田地八十三亩七分，年带租银一十八两二钱，坐饶平县漳溪社金屋厝岭等处，又守邑魏绍芳捐俸一十五两，邑人翰林杨钟岳捐俸十二两，买揭阳县杨钟元户内下田七十一亩。年带租粟

---

① 见阮《通志》五十《职官表四十一》、周《府志》三十一《职官表上》。

② 乾隆《潮州府志》三十三《宦绩》有传。施闰章有《潮州知府吴君墓志铭》，见《愚山文集》二十，又见《碑传集》九十。

七十石，官民米二石零八升，坐落盘溪都大白寨等处，为每年香火之
资。"

按：魏绍芳，直隶文安举人，康熙三年（1664）任巡道。^①林杭
学，字宇武，江宁人，康熙十六年知潮州。^②

又按：钟岳有《募韩祠缘田序》称："丙午冬（康熙五年，
1666）与当邑缙绅，各捐资，卜吉，再塑再修之，使僧董其事。"是
为韩祠驻僧之始。

**康熙三十四年乙亥（1695）仲秋，巡道鲁超题"功不在孟子下"
一额于庙内，今尚存。**

按：鲁超，号谦庵，会稽人。副贡生，康熙三十一年由通政出为
惠潮道。后擢广东布政使。^③

**同年，知府张克嶷以祠为僧典守，不合儒道，乃易民人。嗣以民
不谨，逐去，仍属之僧。**

乾隆《潮州府志》三十三《宦绩》："克嶷由庶常历部曹知潮州
府事。始至，谒昌黎祠。有僧来迎，询为守者。笑曰：'昌黎有灵，
岂能容此。'立驱之。"又二十三《祀典》："祠初招僧典守。康熙
年间，知府张克嶷易民人。嗣以不谨，逐去，仍属之僧。"

按：张克嶷，字伟公，山西闻喜进士。康熙三十四年知潮州。^④

四十六年丁亥（1707），大中丞范时崇重修。十月，潮州知府江

---

① 见周《府志》三十一《职官表上》。
② 阮《通志》二百五十八《宦绩录二十八》、周《府志》三十三《宦绩》有传。
③ 阮《通志》二百五十六《宦绩录二十六》、周《府志》三十三《宦绩》并有传。
④ 阮《通志》二百五十八《宦绩录二十八》、周《府志》三十三《宦绩》并有传。
方苞有《潮州知府张君克嶷墓表》，见《望溪集》，又见《碑传集》九十八。

都许锡龄将去任，撰《韩文公祠堂记》泐于石。

按：大中丞范公重修韩祠事，仅见许锡龄撰《祠堂记》，他书皆不载。范时崇，奉天人，康熙四十五年（1706）任巡抚。①许锡龄，江苏江都人。岁贡生，康熙四十五年任知府。②

雍正十二年甲寅（1734）秋八月，知府渝州龙为霖于羊城得退之书《白鹦鹉赋》，归而摹泐于是祠之东壁。

按：龙为霖，字雨苍③，四川巴县人。雍正十年（1732）任潮州知府。④

乾隆二十四年己卯（1759），知府周硕勋重修。徙祠内大士像于祠左，以唐进士赵德、宋知军州事丁允元、通判陈尧佐、清学使惠士奇配祀。重立苏轼撰《韩文公庙碑》，惠潮嘉兵务道梁国治书字。

乾隆《潮州府志》二十五《祀典》："僧于祠左奉大士像，朔望妇女焚香络绎。知府周硕勋、运同马兆登、知县金绅佥议建小庵于山麓，徙大士象居之。"⑤

按：周硕勋，湖南宁乡举人。乾隆二十一年由廉州府调任潮州。⑥马兆登，乾隆间盐运使司运同。金绅，字尔佩，浙江山阴人，举人，乾隆二十一年任海阳县知县。⑦

---

① 见阮《通志》四十三《职官表三十四》。

② 见阮《通志》五十《职官表四十一》、周《府志》三十一《职官表上》。

③ 见《雨村诗话》十一。

④ 阮《通志》二百五十八《宦绩录二十八》、周《府志》三十三《宦绩》有传。

⑤ 依据光绪《海阳县志》大士庵虽徙，仍在韩祠左。

⑥ 见阮《通志》五十《职官表四十一》、周《府志》三十一《职官表上》。

⑦ 光绪《海阳县志》三十三《列传二》有传。

嘉庆二年丁巳（1797），海阳县令韩异又葺治之。

按：恽敬《潮州韩文公庙碑文》云："潮州韩文公庙有二，其一在城南……其一淳熙中，知军州丁允元迁城南庙于城西，即忠佑庙。自前明至本朝，春秋祀事，皆行于城西。嘉庆二年，知海阳县韩君异葺治之，阳湖恽敬为碑文邮之潮州。"韩异修韩公祠，府县志并失载，今据恽氏《碑文》补入。

十六年辛未（1811），知府温承志重修韩文公祠之门额（据碑刻）。

按：温承志，山西太谷人。贡生，嘉庆十一年（1806）任潮州知府。①

道光二十四年甲辰（1844），海阳县知县史朴重修。②

按：史朴，直隶人。进士，道光十七年（1837）任知县。③

光绪十三年丁亥（1887），广东总督张之洞巡潮，檄知府巴陵方功惠动帑大修。移祠左大士庵于山坡，拓宽界址，而翼以亭阁，山麓架石桥以便往来。其规模瑰丽倍于昔。④

二十八年壬寅（1902），方功惠撰《记》，书而刊诸石上。

民国十五年（1926）五月，潮安县长刘侯武募千金重修。韩山师

① 见阮《通志》五十《职官表四十一》。
② 光绪《海阳县志》二十《建置略》。
③ 见光绪《海阳县志》十一《职官表上》。
④ 光绪《海阳县志》二十《建置略四》。

范学校校长惠来方乃斌撰《记》，广东省教育厅厅长许崇清刊于石。

十八年（1929）二月，韩山师范学校校长将祠改建为附属小学，辟教室二，办公室、成绩室各一间。

二十五年（1936）四月，潮安县长辛煜桥恢复祀典，定岁春秋分后三日致祭。广东民政厅厅长林翼中作《记》，刊于石。

城南祠

明永乐间，指挥赖洪重修。增塑宪金梁公像。

《韩公二祠沿革》："永乐甲申，增塑宪金梁公像，指挥赖洪重建。斯院前有池亭，扁曰'鸢飞鱼跃'。"

《献征录》："梁观没于官，潮人哀思之，塑像韩山书院祀之。"

按：韩山书院即城南祠[①]，梁观，永乐十六年为广东按察佥事，分巡潮州。[②]《沿革》谓永乐甲申塑梁公像，甲申乃永乐二年，时梁公犹在。疑甲申为甲辰之误，盖永乐二十二年也。

正统三年戊午（1438），知府王源重修书院前"鸢飞鱼跃"亭。[③]

天顺七年癸未（1463），参政龚毅市地拓之。[④]

---

① 吴澄《韩山书院记》云："取城东之韩山，以号城南之书院。"此城南书院名韩山之故。

② 阮《通志》二百四十五《宦绩录十五》、周《府志》三十三《宦绩》并有传。

③ 顺治《潮州府志》九。

④ 《韩公二祠沿革》。

嘉靖间，教谕陈察建原道。邹守益为《记》。

邹守益《记》云："虞山陈君，原习自太常卿贰，谪署海阳县之教事，恻恻思进诸士于道……乃请于前郡守山阴王君袍，深以为然。始与郡丞萧君世科、郡倅陈君硕，计赀庸而授厥事。既先后代去，功未用就。今郡守莆田丘君其仁继至，亟谋诸郡丞，刘君秉鉴，力图厥终。胥相葺祠宇，复侵田，以树风声。鼎建原道堂，辟斋舍，以居诸士。"①

按：城南祠自元王元恭拓建，仍旧为韩山书院。吴澄《记》云："建堂其上，扁曰'原道'。两虎辟斋舍，馆诸生。"则陈察之建原道堂，盖沿前规。陈察，常熟人，海阳教谕。王袍，字子章，浙江山阴进士，嘉靖二年任知府。邱其仁，字主静，福建莆田进士，嘉靖九年任知府。刘秉鉴，安福人，嘉靖间同知。陈硕，晋江举人，嘉靖间通判。并见周《府志·职官表上》。萧世科，无考。

万历五年丁丑（1577），巡道副使夏道南重修后堂，曰"明经馆"，潮阳林大春书。②

按：夏道南，余姚进士。万历五年海防分巡道。③

十一年癸未（1583），知府郭子章重修，名堂曰"浩然堂"。

《韩公二祠沿革》："城南祠，虽集诵读，裂为蓬荜。予守潮，命海阳典史林汝瀚督工修葺，以光俎豆……查匿田八十四亩，上之巡道副使郑公岳，批发祠中。并祠前塘租，永为修葺之资。郑公来祀，扁其堂曰'三代遗英'（对联不录）。后仍为明经馆，子章扁其堂曰

173

① 康熙《潮州府志》十二《艺文》。
② 《韩公二祠沿革》。
③ 见周《府志·职官表上》。

'浩然堂'（对联不录）。浩然堂左右官房，为斋宿所。前门内贮二碑：一刻苏文忠公手书《韩庙记》，元总管灵武王那木罕立，碑阴刻元至正丙午《重修韩山书院记略》，晋安刘嵩记，张泰书。一刻吴临川澄《韩庙记》，碑阴刻文信国题双忠庙《沁园春》。门前仍扁'韩文公祠'，门外新砌屏扁曰'泰山北斗'，潮阳林大春书。庙中原有文公并赵天水二土像，子章以其似浮屠，敬为藏之，易以木主。"

按：子章，字相奎，泰和进士。万历十年，任潮州知府。[①]郑岳，山东长乐进士，万历九年海防巡道。林汝瀚，福建侯官人，万历十二年海阳典史。[②]载潞《藤阴杂记》载：京师土地神，俱祀韩愈。赵瓯北有《谒祠长歌》，句云："幸未改塑浮屠像。"注："潮州有公像，作浮屠形。郭青螺易以木主。"即本此文。

清顺治四年丁亥（1647），署巡道曾弘重建。[③]

《韩江闻见录》："城南书院，国朝顺治四年巡道曾公宏，又题额曰'昌黎过化'。"

康熙二十二年癸亥（1683），巡道仇昌祚、知府林杭学重修，改明经馆为原道堂。昌祚为记。[④]

仇昌祚《重建韩文公祠原道堂碑》："潮州府韩文公祠后，旧有'明经堂'一匾，藏久颓圮。数十年来，无复议及修举之者。予奉简命，监守是邦，奋然起修复之志。检涩囊得若干缗，兼谋诸府县同志，共得若干缗。卜日兴工，起于某，竣于某。落成之日，乃更'明经'之旧名，而易以'原道'之新额，盖因韩子之有原道论也……爰

---

① 周《府志·宦绩》有传。

② "瀚"字，周《府志》与《海阳县志·职官表》皆作"翰"。见周《府志·职官表上》。

③ 康熙《潮州府志》三《学校》。

④ 光绪《海阳县志》十九《建置略三》刊于石。

伐贞珉，揭诸亭表。"①

按：昌祚，山西曲沃贡生。康熙十八年由同知升巡道。

嘉庆三年戊午（1798），知府韩义重修。②

按：韩义，乾隆五十五年知海阳县③，后升知府。④

又按：康熙三十年，巡道史起贤于城东蔡梦悦祠别建韩山书院，城南祠之韩山书院遂仍名城南，专为海阳生童肄业之所。院凡三楹，前为文公庙，中为讲堂，后祀文昌。同治十年，巡道张铣重修书院。光绪二十七年，奉文改为学堂。⑤入民国，改为县立第一小学校。庙祀日废。

175

附录一　韩祠著述考

叶氏性谈氏伦《韩祠录》三卷⑥

未见　（道光《广东通志》一百九十《艺文略二》注曰"存"）

《四库全书总目》六十《史部传记类存目二》："《韩祠录》三卷。浙江巡抚采进本。明叶性、谈伦同编。性里籍未详，官潮州府同知。伦，上海人，天顺丁丑进士，官至工部右侍郎。然是编前有翰林院检讨盛端明《序》，称性编《录》未成，以述职北上。伦时为潮州知府，因续成之。考书成于正德甲戌，上距天顺丁丑已五十八年。

① 康熙《潮州府志》十五《艺文》。
② 光绪《海阳县志》二十《建置略四》。
③ 见《凤台记》刻石。
④ 光绪《海阳志》三十三有传。
⑤ 见光绪《海阳县志》十九《建置略三》。
⑥ 光绪《海阳县志》二十九《艺文略》。

且作《序》之端明，为弘治壬戌进士，上距天顺丁丑亦四十六年，与伦似不相及。即伦老而尚序，亦不应七八十岁尚为知府，后乃忽至九卿。疑为别一谈伦，名姓偶同也。其书首载韩愈道像，及韩山书院、鳄鱼、韩木诸图。次《唐书》本传，及愈谪潮州时所作诗文。次记祠制、祭仪，乃后人碑记、诗赞。末载赵鼎《得全书院记》、陆秀夫《马发祠记》，以皆在潮地，故并录之。其《南珠亭记》一篇，则又以潮之人物代兴归于愈云。"

按：此书《四库提要》据盛端明《序》称，叶性编《韩祠录》未就，谈伦续成之，因题叶性、谈伦同编。道光《广东通志》及光绪《海阳县志·艺文略》，亦皆以叶、谈著录。今从之。叶性，闽县举人，正德间潮州府同知。谈伦，四川邻水人，正德八年潮州府知府。并见乾隆《潮州府志》三十一《职官表》。此之谈伦，与《四库》所称天顺丁丑进士之谈伦，姓名同，而实各为一人。

又按：黄虞稷《千顷堂书目》八《史部》有谈钥《韩祠录》六卷，又《附录》一卷。著者姓名，称谈钥，而不及叶性，与《四库》异，而卷数亦不同。二书或不类，惜未见其书，莫能详之。虞山钱曾《述古堂藏书目》三，有《韩祠录》六卷，不著撰人名姓。疑即《千顷堂书目》所收者，但阙《附录》一卷。又钱谦益《绛云楼书目》一亦有《韩祠录》，不详撰人及卷数，未审即此书否。

王氏思《韩祠录》

未见

郭子章《韩公二祠沿革》："韩祠有二，一在河东韩山，一在城南……二祠沿革，近志未备，即王翰林思《韩祠录》亦未载。"

按：据郭子章《韩公二祠沿革》：《韩祠录》叶性、谈伦所编外，尚有王思撰。王思，正德九年以言事谪潮州三河驿丞。谈伦则正德八年为潮州知府。二人官潮州，年相接。似王思《韩祠录》，即谈伦所编者，与《四库》著录同书。考《四库》称谈伦续编叶性《韩祠录》，成书于正德甲戌为明武宗九年，亦即王思谪三河之年。时王思初到官，谓其即为知府编纂未完之书，亦足成理。果尔，则《韩祠录》盖历叶氏、谈氏、王氏纂辑始成。然郭子章《韩祠沿革》，举此书著者姓名，不曰叶性，不曰谈伦，而曰王思。岂仅举完编者姓名，而略始编者与？今姑两存，用俟再考。

郭氏子章《韩公二祠沿革》

存

此文初见载于顺治《潮州府志》十二，其后各府县志皆载之。乾隆《潮州志》四十一录此文，多删节。题作《韩祠沿革》，盖简称也。文颇长，其末附载《告韩公文》并韩祠田塘租谷，殊嫌冗蔓。惟屡引及《三阳志》。不特宋元间韩祠建置事迹，赖以有征，即久沦之古志，亦藉以尝其一脔，则不能谓无裨于考史也。

附录二　韩亭考

韩亭，旧址为揭阳楼，唐韩昌黎登览地，梅宛陵所谓"更寻贤侯迹，书上揭阳楼"是也。[1]俗呼为侍郎亭。[2]或以其在韩山上，称韩山亭，又简称韩亭。[3]咸平二年，陈尧佐倅潮，登韩山，有诗曰："侍郎亭下草离离。"似咸平中是亭犹在。大中祥符三年，王汉为潮州军

177

---

① 《送胡都官知潮州诗》。

② 《舆地纪胜》一百。

③ 顺治《潮州府志》、郭子章《沿革考》云："唐韩愈刺潮之日，尝建揭阳楼。故《图经》以为今之韩亭，即其地，是必有据。"

州事，重辟金山，自为《记》云："韩公曾即此山为亭，以便游览，人呼曰侍郎亭。今亭已久坏。"明亭已自大中祥符间颓圮矣。《明一统志》称："韩亭元延祐中张处恭建。"然宋孝宗时，杨诚斋有《题韩亭诗》。溯此而上，哲徽之际，刘允有"惆怅昌黎去不还，小亭牢落古松间"句（允绍圣四年进士，故云哲徽间人）。是亭自王汉之后，废而复兴者屡。至元延祐，又有修造之举。刘子兴《重修韩庙记》："庙左有亭曰侍郎，宋景炎间毁于兵燹。"似此亭在景炎前尚存。郭氏《韩祠沿革》引古《三阳志》言："元至正甲申，郡守张弼建思韩亭，知事张宗元记。"阮《通志》曰："韩亭亦名思韩。"是韩亭至正（1341—1368）间又有修建矣。自明以来，废兴莫由详考。清乾隆时，亭尚存。郑昌时《侍郎亭诗》注："亭在韩祠左，多木棉花。"其胜概可知。同光之世，亭又鞠为茂草，迄今竟无修复之者。

　　按：《纪胜》一百云："韩亭在州衙。"别有"侍郎亭"条云："侍郎亭在州东山，又曰韩亭。"是宋时名韩亭者，有二也。

　　又按：阮《通志》云："韩亭亦名思韩，后人沿讹有谓思韩堂在东山者，然亭与堂有别也。"按：思韩，堂名，见《舆地纪胜》所引《潮阳旧图经》，盖北宋时建者。

　　　附录三　韩木考

　　韩木为韩祠一胜迹，潮州八景有韩祠橡木之名。今木已朽矣，而州人想慕者，久而弥殷。今辑录前贤记载于此，以存故实。其词赋歌咏，详见鄙著《韩山志》中，兹不具。

　　（一）潮东山有亭，唐韩文公游览所也。亭隅有木，虬干鳞文，叶长而傍棱。耆老相传，公所植也。人无识其名，故曰韩木。旧株既老，类更滋蕃。遇春则华，或红或白，簇簇附枝，如桃状而小。每值士试春官，邦人以卜登科第之祥，其来旧矣。绍圣四年丁丑，华盛，倾城赏之。未几，捷报三人，盖比前数多也。继是榜不乏人，繁稀如之。最盛者崇宁五年、宣和六年也。 今不花十五载，人材未遇，或时运适然。^①

按：此文撰者，顺治《潮州府志》十二、雍正《海阳县志》十一皆作王大宝。康熙《潮州府志》十二，误"宝"字为"宾"。其后雍正、乾隆二《府志》及《古今图书集成》，皆沿其讹。予别有考证，详《潮州艺文志》卷十一"王元龟遗文"条。绍圣四年进士，海阳三人，张参、刘允、陈洵仁；潮阳二人，杨献章、陈仲达。崇宁五年进士，惠来三人，林经国、郑民宪、夏侯履道；海阳一人，郭瑶臣。至宣和六年进士，海阳二人，刘昉、张希傅；饶平一人，张昌裔。^②王尚书所谓登第最盛之崇宁五年、宣和六年，今可考者，不过兹数人而已。

（二）韩文公曾即东山为亭，以便游览，人呼为侍郎亭。渡恶溪，陟峻岭，嘉葩美木。亭已久坏，惟一树独存。^③

（三）韩木，《图经》云：邦人以此卜登第之祥。其奏名多寡，视瑯花之繁稀。有无亦如之。^④

（四）潮州韩文公祠，有异木，世传退之手植。去祠数十步，种之辄死。有题文公祠者，云"韩木有情春谷暖，鳄鱼无种海潭清"者是也。^⑤

（五）昌黎韩文公谪潮州守，从乡中带一木种，栽之潮州隔江山

① 王大宝《韩木赞》节录。
② 俱见周《府志》二十六《选举表》。
③ 王汉：《金城山记》。按：此树即韩木。
④ 王象之：《舆地纪胜》一百。
⑤ 周紫芝：《竹坡诗话》。亦见李调元《南越笔记》卷四、《图书集成·职方典·潮州府外编之三》。

中。其叶厚而长，开花，白如柑橘实，人称之曰"韩木"。宋时科举年，潮士每以此觇科举之事。开一花则次年一人登第。开五七花，则五七人登第。此亦可谓之瑞木也。①

（六）予尝校士（韩）山祠，求韩公手植木不可得。今山中橡树，特其所遗种耳。详子章《韩山校士录序》。序曰："癸未秋月，予偕二三僚友，苍梧何君、石门梅君、滇南王君，聚诸文学诸生，讲业韩山之阳。日亭午，振衣山椒，求《志》所称韩木，不可得。予惟鲁桧秦松，今尚蓊翳，岂唐之枝而潮独遗？稍倦，坐翠微。父老折木枝，并进其实。予熟视，橡也。以视三君，三君曰：'橡也。'橡凡植，在在著地，潮人何神其名曰韩木？且韩子奚取焉？父老曰：'不然。潮无橡，橡始韩子。韩枝橡兹山，移其种之地，不橡也。故名曰韩木。木花于春，簇簇附枝而桃，邦人以卜科举兴衰。'"②

按：此文见顺治《潮州志》十二。《校士录序》，见乾隆《潮州府志》四十《艺文》。考林熙春《谭艺录序》曰："忆壬午、癸未之间，先师郭司马守潮，曾镌《韩山校士录》。予实《录》中黉下桐也。"③壬午、癸未为万历十年、十一年，即子章知潮之年。

（七）唐昌黎韩公，以刑部侍郎谏迎佛骨谪岭南，为潮州刺史。既去，潮人祀公于郡城之东江浒山麓，有祠在焉。祠之中，轮囷盘屈，老干而无枝者，又有木存焉。迄今阅千百年，潮人于橡树之苍苍蠹蠹，如虬龙之攫拏而不可方物者，名为韩木。相传斯木为韩公刺潮时所手植，故不曰橡木，而曰韩木也。④

---

① 《夷坚续志·后集》二。

② 郭子章《韩江韩山韩木》篇节录。

③ 文见《城南书庄草》七。

④ 张玿美：《韩木记》。按：文见雍正《惠来志》十八《艺文中》。

（八）潮城之东有双旌峰焉。峰之下，有树一株，曰橡木。桃其花，而红白。并簇簇附枝，郡人以之卜科名。峰为韩公刺潮故游处，木乃公所植。潮人不忘公，故号其峰曰"韩山"，木曰"韩木"。闻乾隆甲子岁，橡木花稠，是科潮人科甲特盛。今存古迹。有故干盈尺，且化石，作漆光色。为大埔李明经诗捷所取，略作立体，奉为韩公像。庚午辛未，余司事重建韩山书院及修公庙于双旌峰麓。李拟以此木奉于院中书楼，题为橡木楼。以闻当道，未果行。李尝属余题咏，余有句云："花开八代文章丽，干倚南天星斗高。"盖据其花繁以符者为言，又云："飘香几阅科名盛，化名不知霜雪深。"则纪故干之实也。[1]

（九）橡久不花。乾隆九年，岁次甲子，花忽盛开。或红或白，簇簇附枝。士民欢忭，咸称文明之兆。是科中谢文在第二十人，国朝乡榜以甲子为最。[2]

按：此事周《府志》、光绪《海阳县志·前事略》并载之。谢文在二十人，俱详周《府志》二十七《选举表下》。

原载《潮州丛著初编》，广州，广州市立中山图书馆，1938

---

① 郑昌时：《韩江闻见录》一。
② 林大川：《韩江记》一。

潮州宋瓷小记

谈中国陶瓷史者，每称及"广窑"，大抵指阳江所制而言。阳江窑起于南宋，至明时徙南海县石湾村。旧时所谓"广窑"，无异以阳江为代表，然广东东部与江西、福建接壤之韩江流域，设窑烧瓷，为时极早，惜乎言瓷史者多未之及。

惟程哲《窑器说》云："广东窑出潮州府，其器与饶器类。"①寥寥数语，无关重要。程氏书盖止论明瓷，于宋代潮窑产品，尚无所知。自1922年于潮安城西南羊鼻冈发现治平、熙宁时制水东瓷佛，上有揩书"潮州水东"及"匠人周明"姓名字样，潮窑始为人所乐称道。水东佛像四尊，故友罗原觉著《谈瓷别录》特记其形制，以彰其事，文载《岭南学报》②。余以州人，且曾撰《韩山志》，韩山即水东窑所在地，故于潮窑原委，向略究心。薄有记录，1955年夏旅东京时，为小山富士夫教授取去，由长谷部乐尔译为日文，载于陶瓷协会出版之《陶说》二四，该文屡见学人征引。近二十余年，考古工作之蓬勃，对潮瓷发掘益多，兹就所能记忆者，参以新知，以明潮窑之历史背景，撰为小记，藉供谈宋瓷者之采览焉。

一 窑址之发现

韩山去潮州城东一里，一名笔架山，以唐时潮州刺史韩愈曾登览得名。韩山迤东北三四里一带山地，产瓷土极丰，其地露出流纹岩层中，长石成分特富，伴生之石英，又每结集成簇；其岩石经风化后，石英易于析出，由长石变化之纯洁磁土，采掘淘洗，极为方便。故自唐、宋时，已有开采，如黄金塘、康厝山、白岭、猴伯岭，及飞天燕之磁土，皆有名于时，至今犹有人采掘，为烧瓷之用。北宋窑址

---

① 《美术丛书》初集第三辑。

② 第五卷第一期。

即在此一带地区。故老相传，自韩山前山仔垒村至山后，宋时有窑九十九，窑长二丈八尺五寸，夙有"百窑村"之目，潮州城厢附近，居民每于其他掘得碗罐之类。西人斐利（Malcolm F.Ferly），曾调查福建、广东古窑址，亲至笔架山采集磁片，所得甚夥，著有《中国古代窑址》（*An Ancient Chinese Kiln-Site*）一文①，称其平生在中国所见之古代窑址，以笔架山窑址为最大，残片遍布几及一英里而外，河边积土十余尺均与陶片结合。1954年3月，因韩山学校建筑校舍，发现宋代窑址。经勘查结果，据称"由笔架山东南山脚，至西北涸溪塔山脚，约四五公里均属窑址，并在笔架山东约一公里多整窑址地区，发现砖砌窑口一个，宽约1.50公尺，砖被火烧，变成红褐色，内部砖满黏褐色釉。又在笔架山拾回各种瓷片。此古窑遗址之正式发现，在目前乃为首次"②。

曩者，余于《韩山志》与《潮州志》二书中，尝考查瓷土之产地及窑址所在之村落。瓷土除笔架山极为佳良之外，大埔高陂一带，距韩江之东岸约十里亦产磁土；其中以山坪、雷公坪之土质最良，故高陂制陶业异常发达。其他产地，尚有丰顺之横居山阳坑墟、饶平之九村，而惠来梅林之陶土，向亦负盛名。潮州窑址之分布甚广，而乡村之名称亦冠以陶窑之文字者亦夥，例如：

潮安县　百窑村（即水东窑）。

　　　　南窑村（现在竹蝌，离县城六里，在意溪西南）。其他
　　　　　桑浦山间，昔时亦有瓷窑云。

饶平县　砌窑村（宋代属于海阳县太平乡，后为宣化都大港之瓷
　　　　　窑村）。

---

① 载《亚细亚杂志》，1940。

② 载《文物参考资料》，1954（4）。

澄海县　陶瓷村（县北三十里处）。

丰顺县　瓷前寨（距县城七十里处）。

惠来县　北溪窑山（县志载称：在县西北六十里，山名员墩，临一小涧，庵美角乡人，搭茅屋水碓，舂泥陶碗，备乡邑器用）。

大埔县　窑子里（南接大麻）。

青碗窑（西连黄坑村，为高陂、同仁两区交通之要地）。

碗窑溪（区署南边约十里）。

窑脊村（溪口附近）。

碗窑村（余粮坑附近）。

近年发现之古窑址，大抵即在上述区域之潮安县境。

▣ 窑名之考证

水东北宋瓷佛像座，四围有铭文。治平四年（1067）像云："潮州水东中窑甲，弟子刘扶，同妻陈氏十五娘，发心塑释迦牟尼佛，永充供养，为父刘用母李二十娘，阖家男女，乞保平安。治平四年丁未岁九月卅日造，匠人周明。"共六十三字。又熙宁三像文字略同。"水东中窑甲"一名，颇值得研究。"水东"即指韩山一带之地。韩山在潮州城东，宋时人又名东山[①]，以靠韩江东岸，故名"水东"。余曾于韩山麓废关帝庙内，发现清顺治间潮镇总兵郝尚久所立庙碑，题额曰："溪东关帝庙碑记。"清初碑记称"溪东"，与此北宋佛像称"水东"，正相符合。"中窑甲"者，考韩山后临韩江滨一带村落，北宋时有"白瓷窑"之名。潮州城内开元寺有"潮州静乐禅院政

---

① 见王象之：《舆地纪胜》。

和四年"铜钟，其上款识舍钱人姓名，中有一行云：

> 白瓷窑住弟子刘满、王长、慎德、邝一娘各舍钱五贯文，各祈
> 平安。

政和为徽宗年号，后于治平。其地名曰"白瓷窑"，即因窑址所在而取名。《永乐大典》潮字号引元《三阳志》："郡以东，其他曰白瓷窑，曰水南。"明黄佐《广东通志》记庄典墓在韩山东白瓷窑，郭大鲲墓在郡城笔架山白瓷窑。庄典墓址在今韩山后，近黄金塘。合此三条，可知宋、明时所称之"白瓷窑"，正当今窑址发现之处，以其擅制白瓷，故以此为名；后人讹白为百，遂有"百窑村"之称。①嘉靖郭春震修《潮州志》谓："海阳县东厢统五村：曰东津、水南、南窑、仙田、恶溪。"光绪《海阳县志》有地名"南窑村"，谓"即今竹蝔，距城六里之涸溪西南处"。观最近查勘宋代窑址，在笔架山至涸溪塔山麓四五里之地，竹蝔正近涸溪，旧称"南窑村"，以证"中窑甲"之名，则宋时可能就窑区所在，以划分中部及四方各村落，故有"中窑""南窑"之称；至"白窑村"则为其总称也。于此可见宋代潮州窑址之广，及瓷业发达之程度矣。

三　潮窑之衰落

潮窑盛于宋，周明所造佛像，技巧之精，即其明征。惟入元以后颇衰弱，制作亦大不如前。最大原因，以予推测：宋时潮窑集中于笔架山，为取磁土便利之故。笔架山地带，当宋时，许氏、刘氏两盛族住居于此，有"山前许、山后刘"之目。许氏之先，自泉州迁潮。有许申者，大中祥符初，举贤良，仕至广东转运使。孙开义，官明州观

---

① 近日发见窑址共数十处，余以为百窑村之"百"字，仍是约辞。

察使，广南西路兵马都监。曾孙珏，娶太宗曾孙女德安县主，一门鼎盛。山后刘氏居桃坑及东津，至今尚为巨族。刘氏之先，有曰嵩者，自唐末偕清海军节度使至广州；子颖，移居于潮。其后有曰允者，登绍圣四年（1097）进士，历知化州、桂州。允子昉、景。昉官荆湖南路转运副使，直龙图阁。景知台州、南雄二州。昉子四人，景子九人，皆显仕。造佛像之刘扶，其父名刘用，其子名刘育，泐钟之刘满，皆住百窑村，当系其族人。许、刘二氏俱宋时潮州巨室，当元兵来潮，韩山前后，颇遭蹂躏，居民星散。[①]水东瓷业，或因此而中落欤？

四 潮窑在瓷史上之地位

北宋瓷器有长文者不多，有备记窑名、制造年月、供奉人及塑像匠工姓名者尤少。如此治平、熙宁佛像，实为仅见。[②]瓷器铭文最长如余姚唐大中四年瓷壶，有铭四十三字。

潮窑出品，有北宋英宗治平四年时物，后于江西景德镇瓷仅六十余年（景德1004—1007）。胎质莹白，釉作卵青色，色制介于定窑与景德窑之间，已如是精致，则其设窑可能更早。前潘氏抱残室藏瓷杯，牙白色釉，杯身锥拱花卉，杯内有底款"宣和内府"四字篆字，据谓系潮州出品。[③]如是，则潮窑在当时亦为进御之物。1954年，潮安北郊发现两窑址，有青黄釉碗及莲花纹圆瓦当，共三十二件，与西安大明宫所出圆瓦当相同，故可定为唐代之物。[④]又刘景墓经于1958年由广东省博物馆加以发掘，随葬品有影青缠青花白胎青釉瓷碗，为

---

① 钞本《韩山许氏族谱》载其事甚详。
② 瓷器上刻画年月文字及匠者姓名者，晋器有之。见《桯史》"晋盎枆"条，惟不记窑名。
③ 有图，见《广东文物》第二辑。
④ 《考古》，1964（4）。

宋潮州窑之典型制作，又圆形盖面作墨书"五谷龙"三字之陶盒，素面无花纹，胎色灰白而不釉，火候极高。[①]小山富士夫引仁和寺本《唐本草》"白瓷屑……广州良，余皆不如"句，至欲改广州为"潮州"[②]，以潮州之白瓷，在北宋时已有其极高之成就故也。笔架山之瓷片，亦有雕刻莲瓣之碎片，陈万里亲临其地考察，加以仔细分析，认为瓷片种类虽有青釉、黄釉等，但以白釉及影青二者为主，水东窑之产品，大致如此。[③]潮瓷最引起人之兴趣者，为近宋龙泉型之双鱼瓷碟，一般已目为潮安产品。附图乃香港中文大学文物馆藏品，标明出自潮安，屈志仁君近日在中大举办之东南亚贸易瓷研讨会中宣读论文，亦提出龙泉与潮瓷有密切关系之见解。以予所知，此类双鱼青瓷碟，1956年曾在长沙发现[④]，与此完全一样。据称在湘南桂阳于1955年曾出土有二十余件，如是湖南此一批龙泉双鱼碟，可能来自潮州。[⑤]惟查龙泉县金村出土之南宋龙泉青瓷中亦有双鱼洗[⑥]，则此类瓷碟，自应属于南宋。潮安城南洪厝埠出有梅子青双鱼碗碎片，究在何代？其划有皇祐及治平年号之压锤，出土地点乃在城北郊竹竿山古窑址。洪厝埠则在城南，其他原为南山寺，据嘉靖《潮州志》："南山寺即广法寺，在南厢一里，洪武间建。"[⑦]则洪厝埠之遗物，恐难及于北宋，潮之双鱼碟，与浙江龙泉，孰先孰后？仍待研究。潮州梅子青间有开片之冰纹，观治平四年九月佛像，冰冻开片，微近哥窑，则此种开片技巧，北宋时水东窑工，已惯用之。

189

---

① 图见《考古》，1963（9）。

② 《中国陶瓷》上，36页。

③ 《文物参考资料》，1957（3）。

④ 图见《文物参考资料》，1956（8）。

⑤ 南宋初，潮州水东人刘昉官潭州安抚使，必带有潮人来湘。

⑥ 见朱伯谦等：《龙泉窑址发掘的主要收获》，载《文物》，1963（1），图十二。

⑦ 陈万里谓南山寺建于宋绍兴，未详所本。

唐代青釉凤头壶残片，据冯先铭云：近年于潮州韩山及广州西村窑址，屡有发现，凤头壶为吸收波斯作风之制作，泉州海上贸易，唐宋甚盛，故广东潮州亦有发现。[①]此类凤头壶如果为本地产品，合北郊发现之莲花纹圆瓦当二事论之，唐代潮州瓷器与外地最少已有相当交往，瓷业发轫甚早，故北宋中期，水东窑制作遂有此种成就，非偶然也。

附　徐让《陶瓷史上古潮州》（节录）

昔日曾为"御赐品"

广东陶瓷工艺，历史悠久。晋代的广东白瓷，就曾经作为帝王的"御赐品"，赏给大臣诸葛恢。晋陶渊明《搜神后记》，也有关于广东白瓷用作驱邪的记述。事虽属于志怪，亦足说明广东白瓷在晋时已很有名。去年（1954）粤东潮州地区所发现的古代陶瓷遗址——百窑村、洪厝埠、凤宪埠、竹竿山四处，对于广东的陶瓷史，提供了许多新的资料……

"龙泉窑"与"三王坝"

潮州南郊春社楼附近的洪厝埠，除了有"青釉带黄"的六朝期瓷片出土之外，还有一系列釉色浓淡不一的器物，从这些器物的胎质、造型、釉色各方面，用类似式方法排列起来，它的发展是由"青釉带黄"而到"杏黄""草绿"，最后是"梅子青"。这类"梅子青"器物，是和现代一般人认为"龙泉""哥窑"之类的器物同属一种类型的。市上的这类器物，过去没有人知道究竟是何处所烧，只从釉色和器物内底的"双鱼"来判断是"龙泉""哥窑"器[②]，而洪厝埠出土

190

---

① 《文物参考资料》，1958（2）。
② 南宋浙江处州章氏兄弟同造窑，兄造者名"哥窑"，弟造者名"章窑"。

的"梅子青"当中，就有一块碎片，碗内底有残存突出的鱼，因为破碎的关系，只有鱼一条，原来该是"双鱼"的，这个发现，很耐人寻味，就是说：在广东方面，市上所称"龙泉""哥窑"，其实是潮州的产品。潮州"梅子青"和浙江"龙泉"器，细分起来，釉色和暗花虽然相同，但潮州较"龙泉"稍微闪黄；胎质则"龙泉"带白，潮州带灰；火候的坚实程度是相等的。又潮州"梅子青"间有开片（即冰冻纹），"哥窑"也有开片，"龙泉"则无开片，这也是互有异同的地方。市上的古董商，还有一种分别，是将这类古瓷中有铁色护胎釉的才叫"龙泉"，没有的则称"三王坝"，现在由洪厝埠古周的发现，说起来"三王坝"也其实是"宋潮州"。

潮州北郊两古窑

潮州市北郊窑上阜的韩江大堤工地上，发现了两个可能是北宋时代的古窑。形制是斜坡式的；在火口里面，是一条斜坡的火栈；后为拱顶的穹窿窑室，内有气窗、烟筒。这种结构和现在广东各地的瓷窑不同，是南方烧柴的古窑特点。离窑上阜一里多的竹竿山，有厚达一公尺的制陶瓷工具的压锤、匣钵、渣饼等堆积物，其中的两个压锤，划有"皇祐二年"（1050）、"治平丁未年"（1067）等字，可以证明竹山陶瓷遗址最低限度是北宋的古窑。如从出土瓷片来看，还可能上至唐代。又竹竿山和潮州西门外八里路的凤宪埠，出土的匣钵划有吴、许、莫、蔡、张、余等陶工姓氏，这种情况，只有在福建宋代建州窑址才发现过，可能为南方古窑的特征。①

原载《选堂集林·史林》，香港，中华书局，1982

---

① 《大公报·新野》，1995。

潮州出土文物小识

此次广东省博物馆与香港中文大学文物馆合办南汉至清文物展览，展品中潮汕地区出土文物占有相当分量，循览之余，顿引起乡梓之思。虽诸位专家论著说明，周详精辟，已无遗蕴，然涉及史迹方面，尚有不少可以补充者。爰不揣固陋，略举数事，以供谈助：

▉ 南汉宫砚

广州东郊石马村南汉墓出乾和十六年砖，有瓷器多件（展品一一五）。王渔洋《池北偶谈》记其"故友陆汉东卿孝廉有小砚，是南汉刘𬬮宫中物，有𬬮宫人离非女子篆铭"。陆卿，饶平人，原名漾波。余家旧藏有其《回风草堂集》与《吴越百吟》合为一册，清初刻本，陆卿与渔洋以诗交往。渔洋深惜是砚，汉东殁后不知流落何许。此次展品有宋砚二（展品四十四、四十五），联想及此，因附记之。

▉ 王大宝铜镜（展品三十九）

镜在大宝墓出土，有铭文云："临安府承父陆家真炼铜照子。"大宝于宋高宗建炎二年（1128）廷试第二。时宋室南渡，初建都于钱塘，此镜必在浙所得者，当是临安府镜匠所造。大宝《宋史》有传，又明潮州知府王源亦为其撰传。曩年见《王氏族谱》，载其建炎二年龙飞榜，主司本拟为第一，时车驾驻扬州，偶次名李易为扬州人，遂取易，以之居二，故其诗有云"对策丹墀中上游，天颜抚谕逊龙头"之句。潮州府城大街有坊曰"榜眼"，即为大宝置者，"文革"时已拆去矣。大宝封开国男，食邑海阳登瀛三百户，乾道六年四月十三日卒，御葬于登瀛神前山，登瀛领有今之龟湖。郭春震嘉靖《潮州志》："登瀛都，统龟湖、山洋、曲湾三村。"

此次展品又有揭阳渔湖及黄岐山出土之宋代铜镜（展品四十），

则必为当地铸造。潮剧《荔镜记》演陈三（泉州陈伯卿）磨镜故事，宋镜形状，可于展品观之。

三　桃坑刘氏与笔架山窑

广东潮州宋墓有纪年者以1958年发掘乾道八年之刘景墓最受人注目，彭如策有文记之。[①]曾广亿《陶瓷》一长文引《广东通志》卷六十三称："刘景为广东潮阳县人。"按景乃刘允之子。嘉靖《潮州志》七《人物志》："刘允字厚中，海阳人。子昉，龙图阁学士；景，举贤良方正。孙纹、渭、滋、渔、少集，皆绳绳继美。"吴颖顺治《潮州志·科名部》：

> 海阳刘允，默子，绍圣四年第三甲。
>
> 海阳刘昉，允子，宣和六年第三甲……
>
> 海阳刘少集，昉孙，乾道八年第四甲……

往年曾见钞本《桃坑刘氏族谱》："刘景，海阳人，赐爵开国男，食邑三百户。刘渔，景次子，荫官食邑三百户。"昉与景俱为刘允之子。《夷坚志》卷十四"开源宫主"条记其事云："刘允，潮州海阳人。……（临绝前）呼二子昉、景。……潮人陈安国尝叙其事。昉后更名旦……知潭州，景尝知台州。"又同书庐陵人张敦梦医条，记其侨寓潮州，与提举刘景事。据上诸记载，刘景为刘允之子，当是海阳人。宋初潮州领海阳、潮阳二县。《宋史·地理志》："宣和三年，新置揭阳县，绍兴二年，省揭阳潮阳并入海阳"。故刘景当为海阳人，作潮阳者非是。据《刘氏族谱》，刘氏族居韩山（笔架山）后之东湖，其地方称桃坑，刘氏蔚为盛族。允子昉、景，昉子四人，景

---

① 见《考古》，1963（9）。

子九人，皆一时显仕。

潮窑所以集中于笔架山，以其附近白岭出产瓷土之故，北宋有治平四年（1067）款佛像铭云："潮州水东中窑甲，弟子刘扶……为父刘用……造，匠人周明。"潮州城内开元寺之"静乐禅院"政和四年（1114）钟款云："白瓷窑住弟子刘满……舍钱……祈平安。"白瓷窑为地名，在笔架山，刘扶、刘满疑皆刘允、刘景之族人，笔架山窑所在地，为桃坑刘氏聚族之区，故有刘姓多人制造供养。倘以刘景作潮阳人看待，则显违事实。惜《桃坑刘氏族谱》抄本，经乱久佚不可复问，兹就记忆所及参以旧作《潮州宋瓷小记》补述于此。

四　关于吴六奇与郝尚久

诸展品以大埔湖寨墟出土吴六奇墓诗铭（辅助图片五）最有史料价值。其殉葬遗物已见杨豪简述[1]，墓志铭之额泐刻康熙六年七月十四日谕祭，铭辞出杨旬瑛手笔，旬瑛福建人，进士，任广东巡按御史。[2]书丹者杨钟岳，澄海人，著有《搴华堂文集》，梁佩兰选阅，并为撰序，康熙壬申刻本。篆额者罗万杰，揭阳人。甲申后祝发入山，著有《瞻六堂集》，余家旧藏为乾隆乙酉馀轩刊本，前沈德潜序，称其人格可与熊鱼山、方密之、金道隐比伦。其次女嫁吴六奇之子启镇，故称为姻弟。六奇有子十一人，皆与当时权贵结为姻亲，如启师即聘海澄公黄梧之女；又有女适潮州镇总兵刘伯录。伯录，辽阳广宁人，顺治十年以都督同知任潮镇总兵。

志多记六奇征讨功绩，如钟凌秀、张文斌等征抚之事，可参吴颖顺治《潮州志·兵事部》"钟凌秀之变""张文斌之变"诸条。六奇

---

① 《文物》，1982（2）。

② 《广东通志》四十三《职官表三十四》。

归附清在己丑之冬即顺治六年（1649），时清兵南下。《清史稿·尚可喜传》云："七年正月，尚可喜克韶州，下英德、清远、从化诸县，明将吴六奇等迎降。二月师陈广州……复招潮州守将郝尚久、惠州守将黄应杰，皆以其城降。"六奇与尚久同时降清。继而尚久杀车任重，九年，结寨金山顶。此墓志云："潮将郝尚久据潮以叛，清藩统帅至讨。"尚久以顺治十年三月，正式叛清奉永历正朔，自称新泰侯。王昶撰《陆振芬传》亦称曰新泰侯。吴颖云："郝尚久之变"条所记亦同。[1]《清史稿·耿继茂传》："（顺治）十年，潮州总兵郝尚久据城叛，继茂与端南将军喀喀木、总兵吴六奇合军讨之，围城逾月。城将王立功为内应，树云梯以登。尚久入井死，余贼尽歼，潮州及饶平、揭阳、澄海、普宁诸县悉平。"是役六奇与有功焉，故墓志特表之。

六奇早年与查伊璜之事，见《觚賸》《聊斋志异》《香祖笔记》，已近小说家言。此墓志记其一家子女及姻亲关系，足为地方志征献之助，故略为考证以供参考。

郝尚久事迹，《明季潮州忠逸传》为立专传，余弱冠于溪东关帝废庙搜得尚久于辛卯（顺治八年）所立之碑记，自署籍贯古汴守潮州等处总兵官，盖与六奇同降清后所建者。此碑省州县志均不载，全文收入拙作《固庵文录》中。

原载《广东出土五代至清代物》，香港，中文大学文物馆，1989

---

[1] 乾隆《潮志》作"新泰伯"，误。

《潮州先贤像传》序

亭林有言，士之求友也，或一方不可得，则求之数千里之外；今人不可得，慨想于千载以上之人。昔之撰次氏姓，记其言行，为《尚友录》者，其用意与此相仿。夫数千里之外，苟志意相契，追思怀慕，往往声应而气求。况夫钓游之地，桑梓之乡，前贤声光之所届，耆老提命之所被，其感召奋发，更何如耶？至于千载以上之人，邈焉莫及，仰止高风，徒深遐慕。故或图其遗像，悬诸座隅，仿佛旁皇，时若或见。庶几如日月之丽天，瞻仰而不坠。诗云："虽不能至，心向往之。"其尚友之意，不尤深且远乎。地方名贤之有像传，以张胜《桂阳先贤画赞》为最先。近日番禺叶氏、贵阳凌氏，或摹有清学者，或图黔中人物，以像合传，流布海内，扇扬芳烈，识者多之。予曩窃有志于此。民国三十一年，避地揭阳，以语邑宰陈暑木，访诸故家，得乡贤遗像二十余帧。维时寇氛压境，兵火仓皇，董理无暇。未几，予走桂林，兹事遂废。今年春，汕市民教馆长吴长坡，倡为先贤遗像展览之议。兵燹之余，故家藏像，诸多散佚。吴君辗转搜求，夺之蠹简丛残中，得七十余像，发其光华，以为普及之教，其用心可谓微矣。会之日，士女争观者，肩踵相接，浃旬不休。吴君感群情之向往，念征集之艰难，爰议先就像中遴其中若干刊为《像传》，以垂久远；而以其事谋诸潮州修志馆。时余谬董馆政，闻之跃然，喜宿愿之获践也。用为系以传略，溽暑键户，斟酌群书，汰繁正讹，阅月而功毕。吾州之学，启自赵德，惜乎图像无存，是编以年代先后为次，自唐大颠禅师至清曾右丞刚甫，凡三十人，并缀各传援据书目于卷末，备参稽焉。曾怪近世教民之法，略近而详远，侈陈九州之博大，父母之邦，反漠焉若不足以措意。思古之情不发，怀旧之意未纾，数典忘祖，学者所为深屏营也。是书之刊，俾吾州前代巨人长德，于此一帙中，得以朝夕亲炙。申仰止之诚，偿尚友之志，启爱乡之心，长思齐之念，随在皆足发人深省。百世之下，倘有闻风而兴起者乎。是为序。

民国三十六年九月潮安饶宗颐撰

原载《大光报·方志周刊》第四十三期，汕头，1948

方继仁先生墓表

先生讳继仁，潮安县塘东乡人。家世服贾，至君恢弘前业，懋迁偏汕厦港遢等地。善观时变而知物，其诚壹所致，每操奇赢，于纷纭中独能见几而作，皆智有以过人也。性豁达，于乡，分羡以惠贫窭，兴学以牖大众，建亭以荫行旅，浚渠以益灌溉，为之不遗余力，乡人至今颂德弗衰。五十以后，杜门养疴，自以先圣曾荀，知命始学，乃奋发淬砺，泛览群书；下及历代诸儒学案，剌取其中嘉言懿语，以类相次，成《勉学粹言》十五篇，印二万册，分馈亲友。

世衰学敝，有志者十不得一，其能措心人伦日用，晓然于常道之如布帛菽粟不可须臾离者，更非数数遘，求如君者亦可以风矣。君既热心教育，先是州人有倡设潮州大学之议，君拟斥资购峇石一带屋宇为助，未及行，而君浮海不归，每为余嗟叹道之。晚岁创模范英文中学，自为监督。平生行义惟恐后人，而不求人之知。戚鄌待举火者无算。浮屠营建精舍，有所求，未尝不诺，其好施予，盖天性也。君于一九六五年七月十日疾终，积闰七十有七，葬于柴湾佛教坟场，嗣子方齐等请表君墓。君本通儒术，多识前言往行以畜其德，复悲悯为怀，深契舍无量之义。博学孱守，兼综檀施，用能心虚智寂，行业湛然，倘所谓耆年解脱者欤。故书于墓以为表，以见西方沤和之教，与儒同有适化导达之用，于事理固无相违也。

1965年秋同邑饶宗颐拜撰

附：

灰涵继志亭碑记

方继仁

灰涵/继志亭/今年春，继仁奉先君灵柩回梓安葬。遵遗训，虞/礼节亲友燕会之费，以充善举。既斥资凿惠民/涵，兼充实本区各学校图书设备。复建雨亭五/间于凤埠、乌树、桥头、灰涵、莲花地，为行者庇风/雨所。孟夏经始，阅六月而亭次第成，统名之曰：/"继志"，誌我之为此，盖继承先志，亦以明继仁之/志也。夫礼困时制宜，时难年荒，省虚糜以备世/用，未始非达权通变、利物和义之道。后之人或/有以此举为是而效之者，蔚成风俗，则州里旧习/应兴革者，有不待劝而兴革之，斯继仁之愿/已。是为记。　潮安方继仁撰　饶宗颐书/中华民国三十七年岁次戊子十月三十日。

203

该碑现藏于潮州市饶宗颐学术馆，高 106 厘米，宽 64 厘米。
碑额横书阴刻，篆书。正文竖书阴刻，行楷，共 12 行，每行 18 字

宋代潮州之韩学

宋世崇尚韩文，一如诗家之尊杜，蔚为风气，柳开号"肩愈"，石介著《尊韩篇》，北方之儒重倡尊王攘夷之说，欧阳修因之作《本论》。宋世文章，实以韩愈为中心，姑名之曰"韩学"。以各地韩集之刻本论，有潮本、京本、蜀本、杭本、饶本、闽本等，至朱子之《考异》为一大总结。

潮州当地从事韩学最早，唐时充任潮州乡校之海阳人赵德，在李汉结集韩文之前，已编选韩公文，以教于乡，名曰《昌黎文录》。宋吕大防、朱熹皆据其本以入校。《考异》称："吕夏卿以为《明水赋》、《通解》、《崔虞部书》、《河南同官记》皆见于赵德《文录》，计必德亲受于文公者，比他本最为可信；而李汉不以入集。"此《外集》之文见于赵德书者。《滂喜斋藏书记》载大观初，海阳刘允以韩庙香火钱刊《韩集》，即以京、浙、闽、蜀刊本及赵德旧本为据。元《三阳志》所载有大字《韩文公集》并《考异》一千二百板，中字《韩文公集》九百二十五板。此宋时潮本《韩集》之大略也。潮本久无传，陈振孙曾见之。若《与大颠三书》，《直斋书录解题》云："潮本《韩集》，不见有此书，使灵山旧有此刻，集时何不编入？可见此书妄也。"惟《东雅堂韩集注》引杭本注云：唐元和十四年刻石在潮阳灵山禅院，宋庆历丁亥江西袁陟世弼得此书疑之，因之滁州谒欧阳永叔览之曰：实退之语。《考异》云：杭本不知何人所注，疑袁（陟）自书耳。

此三书东坡、放翁皆深辨之，放翁言："尝得此书石刻，语甚鄙，不足信也。"如放翁言，宋时确有石刻。按元和十四年即韩公贬潮之岁，据《袁州谢表》："其年十月二十四日准例量移袁州刺史。"彼与大颠留衣服为别，当是本年十月间事。若此三书刻石在元和十四年，必出颠师亲手，颠师风格高峻，纵有贻书，何劳泐石？观南唐保大间泉州《祖堂集》所记："侍郎令使往彼，三请皆不赴。"可以见之。疑三书之依托，即由三请而生。直斋所见潮本无此三书，彼疑灵山旧无此刻。然放翁明云"得此书石刻",当出宋人所为。灵山禅院者,据海阳许申撰景祐元年十二月碑记云:"天圣七年诏改以护国禅院为开善禅院。"袁陟得此书,正在天圣灵山禅院赐号后十八年。东坡谓有"一士人……又诬永叔",殆即隐指袁氏。欧公《集古录》跋尾称:"文公与颠师书……其后书'吏部侍郎潮州刺史',则非也。……颠师遗记虽云'长庆中立',盖并韩书,皆国安重刻,故谬为附益耳。"是杭本注所称"元和十四年刻石",明为谬妄。欧公所记,"长庆中立",然于称韩公官衔有误,颇纠其违矣,谓为国(宋)初重刻,则近是矣。

东雅堂本廖莹中注引《考异》谓《外集》中《与大颠书》"诸本皆无之,唯嘉祐小杭本有之"。顾嘉祐蜀本刘煜所录者,并无《与大颠三书》。则始以此三书入集,实肇于嘉祐之小杭本,正在袁氏之后。刘允于大观初刻韩集,所据诸本中有浙本,浙本即是杭本。考北宋时杭本有二:一为真宗大中祥符二年杭州明教寺刊本,时未有《外集》。一为仁宗嘉祐七年刊本,赵希弁《郡斋读书附志》言"以嘉祐壬寅所刊杭本是正"者也。小杭本当为后者,直斋云潮本无此三书,则所见之"潮本"必为刘允之大观本;而刘允所采之浙本,必为明教寺本而非小杭本可知矣。

方崧卿又注云:"今(灵山)石刻乃元祐七年重立。"东坡为潮州守王涤撰《韩庙碑》,在元祐五年,元祐在嘉祐后近二十年,重立之事,潮州地志无考。廖莹中注云,"灵山石刻,张系所撰,其间载韩问大颠云西国一真之法,何不教人"云云。张系未详何人。前此袁陟所见,只刊三书,不及韩公与大颠问答之语。后来乃有所谓《韩愈别传》者,今《灵山正弘集》所误题为《大颠别传》"孟简集"者也。考元《三阳志》碑刻一项内只有"韩文公像,方略刊",及"《昌黎伯庙碑》,东坡撰并书",并无灵山寺《与大颠三书》及问答、《别传》之石刻。康熙癸酉,本果撰之《正弘集》亦不记三书刻石之事。郭子章于万历十年知潮州府，著有《潮中杂纪》十卷，其书《艺文志》上记开元寺佛书，内有《大颠传》一书，又著录《心经注》，僧大颠注。考《正弘集》第一篇即为《潮州大颠祖师本传》，末题"大德五年辛丑住山比丘了性拜编"，郭青螺所见之大颠传或即此文，盖元时僧了性所撰。又《潮中杂纪》卷四有《韩公与大颠书及昌黎别传辨》一文，郭氏从朱子之说，信《三书》为真。而于《别传》则谓"诬公太甚，不可以不辨"。略云："夫以徐君平戏作之书，而今潮寺所刻者，诬为孟简，既诬作欧公跋，又诬作虞伯生（集）赞。而薛林桥序之首篇，亦无一语为韩公辨诬。是何视僧道高视退之过卑也！"是此《别传》果出于灵山石刻。洪兴祖《辨证》引吴源明语，直指为徐君平少时之戏作。宋四时志磐《佛祖统记》亦引苏轼云："近世所传《退之别传》，深诋退之。……吾友吴源明云，徐君平见介甫不喜退之，故作此文耳。"志磐加以按语述云："至若《别传》之辞，诚为凡鄙，是不能逃东坡之鉴也。"志磐此书成于理宗宝祐戊午，《别传》之妄，禅门宗匠，亦斥其非，无劳饶舌。原文题作《退之别传》，许景衡《横塘集》十五《答义仲书》，及刘谧《三教平心论》下引，均作《退之别传》。见于明觉岸《释氏稽古略》元和十四年下则作《韩子外传》，如郭子章言，彼所见潮寺所刻，正诬为孟简作，与《正弘集》同，而《正弘集》复误题作《大颠别传》，自出僧人妄改。宜其见讥于《四库（提要）》也。薛侨为揭阳薛侃之弟，曾事阳明，于此竟无所辨正。此题孟简作之《别传》，石刻今已湮灭，侨为制《序》，似明时又曾有刊本也。

《与大颠三书》及《别传》皆出好事者所为，宋明人记之，明确有据，宋时潮阳灵山僧乃屡为刻石，未详其故。

宋人亦以退之与大颠往来事，作为绘画题材。南宋四川双流人邓椿著《画继》，在"铭心绝品"中列举其同乡广都宇文时中家，藏有《退之见大颠图》。据《式古堂书画汇考》，水丘览云为《昌黎见大颠图》。《杭州志》："水江南能画米家山，兼工写照。"即其人也。明教大师契嵩居武林灵隐寺，坐化于神宗熙宁五年，其《镡津集》中《非韩》共三十篇，已言及韩愈问大颠、三平击床事。水丘，杭州人，谅是所闻于契嵩者流，故图其事。契嵩与潮人屡有交往，《镡津集》中《送林野夫归潮阳序》，言及卢元伯，元伯即卢仝也。

《三阳志》所记石刻，有"韩文公像，方略刊"。方略，泉州人，建炎初知潮州。邵博《闻见后录》称："旧于湿城孔宁极家，见孔戣《私记》一篇，有云退之丰肥喜睡。……近潮阳刘方明摹唐本退之像来，信如戣之记。"孔戣与韩公交好，韩集中《论孔戣致仕状》《孔戣墓志》《海南神庙碑》皆涉及孔戣事迹。戣之所记必极可信。方明乃刘允之子昉，南宋官龙图阁学士，家在韩山后之东湖。方略所刊文公像，未知即出于昉所摹之唐本否？

韩公刺潮，为时仅八月，驱鳄鱼，置乡校，教化所至，潮人思之深，至名其山曰韩山，水曰韩江，手植木曰韩木。宋咸平二年四川陈尧佐为潮通判，有诗云："侍郎亭下草离离。"而其诗题曰《韩山》，则咸平时其山已姓韩矣。南宋初杨万里过潮诗句："亭前树木关何事，亦得天公赐姓韩。"海阳王大宝亦有《韩木赞》之作。木实橡木，郭子章于《韩山校士录序》考证至详。东坡为王涤撰《韩庙碑》，称其"来守是邦，凡所以养士治民者，一以昌黎为师"。嘉靖郭春震《潮志》，即假此数语为涤立传。其实不独王涤为然，历任州刺史、州倅，无不以韩公为师。韩以驱鳄名，宋人亦有《戮鳄》之作。陈尧佐之作《戮鳄鱼文》，即其著例也。尧佐摹仿韩公，显而易见，即韩公本人之作，唐人有谓其多由前贤脱胎者，契嵩《镡津文集》十六引余知古《与欧阳生论文书》称其"作《原道》则崔豹《答牛享书》，作《讳辨》则张诏《论旧名》，作《毛颖传》则袁淑《大兰王九锡》，作《送穷文》则扬雄《逐贫赋》，作《论佛骨表》则刘昼《诤斋王疏》"。知古，唐文宗时人。检《全唐文》卷七百六十只收其《谢段公五色笔状》一篇。契嵩所引，可补其缺。《驱鳄》之作，有谓似相如《论巴蜀檄》，当另有所本。段成式《酉阳杂俎》亦有《送穷文》。叶梦得谓："《毛颖传》仿南朝俳谐文《驴九锡》、《鸡九锡》而少变。"周密举姚熔作《喻白蚁文》即仿《驱鳄》。特出文章之作，往往出于夺胎换骨。若乎《谏迎佛骨表》，余知古谓其仿刘昼。邵博则谓乃广傅奕之言。余尝举晋世蔡谟亦辟佛，有文云："佛者，夷狄之俗，非经典之制。"即昌黎"佛者夷狄之一法"之所本。古今文人，互相摹仿，昌黎亦从此中锤炼得来，不足为奇也。

两宋莅潮官吏，蜀士及闽贤为多，于昌黎崇奉最力。庆元以后，莅潮诸仕宦，不少为朱子门人，如通判廖德明是。故朱学亦传播及于潮。潮刊大字《韩集》中，有朱子《考异》，朱子著述亦在潮镂板（为《中庸辑略》《朱子家礼》）。廖德明更以"遥碧"变名"拙窝"乞朱子书匾，并濂溪《拙赋》刻石，则又与理学结缘矣。元明以后，理学地位益隆，韩公在潮之地位遂与日月争光，此与仕宦理学关系尤为密切。余将于另文《宋代潮州名宦之尊韩与师韩》中详之。

综上而言，宋代潮州之韩学，可称述者，学有三端：一为潮本《韩集》之刊刻；二为名宦之尊韩，而多所兴建；三为大颠与韩公来往事，演为灵山问答。好事者假托《三书》及伪制《退之别传》，潮州禅门为之上石。第三点站在佛氏立场，意欲正韩与化韩，可谓韩学之反面。缁流之渲染，为韩学添重重公案。然契嵩之《非韩》不以佛拒儒，而以儒衡儒，持之以中道，其言曰："苟不以圣人中道而裁其善恶，正其取舍者，用庸人之私。"立论较为宽博。至于宗门所记，欲抑韩以自高，事涉矫诬，反为不智。《三书》及《别传》出于好事之妄作，对韩公与颠师实无所加损。灵山泐石，未久而已磨灭，传讹日滋，不能不为之刊正，非好辨也。

又记：欧阳修于庆历元年时为谏议大夫，慕韩愈之斥佛老，著《本论》三篇。四年，左迁滁州，明年，经庐山入东山圆通寺，谒祖印禅师居讷（师出蹇氏，梓州中江人），与之论道，折中儒佛，蜀沙门祖秀特记其事作《欧阳外传》，苏庠及张浚为序。文中大旨具见《佛祖统记》四十五，释氏辈以欧公之见祖印，比之韩公之见大颠。作《欧阳外传》者，为祖印之同乡僧祖秀（秀住潭州得法于黄龙新禅师）。若《退之外传》则出于徐君平之手。东坡谓据其友吴源明之言，洪兴祖从之，说必可信。因知《韩子外传》，一如《欧阳外传》，出于宋人侫佛者之所为，自是一时风气。至韩公之《答孟简书》据志磐《统记》，兼载孟简复书，有"彼杨墨老氏之书，于理偏虚，非中道要切，释氏之教则不然，大明善恶之异路"一段，亦是重要文献。以《韩子外传》嫁名于孟简，洵属无知。元华亭念常作《佛祖历代通载》于元和十四年，潮州刺史韩愈到郡……因祀神海上，登灵山遇禅师大颠以下问答，全录《外传》，一字不易。其识见远不如志磐矣。

志磐称："退之《与大颠三书》具存本集……谓之妄撰，恐成过论。"朱子正同此说，惟疑有脱误。郭子章云："明潮郡丞车份谓韩《答孟简书》云自山召至州郭，未尝言以书请之，则书为后人所托。潮阳林井丹又谓车太泥，可以造庐留衣，独不可以书遗之乎？海阳林东莆直指朱子之说，可以折衷欧阳、苏二家之论。"此为明时乡先辈之说。车份会稽人，弘治庚申以同知修《潮州志》五卷，时海阳盛端明为诸生与纂修事，车说或出盛氏之手。井丹为潮阳林大春，尝修《潮阳县志》，东莆即林大钦，有《东莆先生集》。诸家均未细辨潮本《韩集》何以不载此三书，亦未知陈振孙之论。其说可代表地方人士之意见，故附记之。

原载《韩愈研究论文集》，广州，广东人民出版社，1988

211

宋代莅潮官师与蜀学及闽学

——韩公在潮州受高度崇敬之原因

韩愈地位之受到高度推崇，起于唐季皮日休作《请韩文公配飨太学书》，只建议韩公宜配食孔圣庙而已。及石介著《尊韩篇》，列出十四圣人、五贤人，以为"吏部《原道》，自诸子以来所未有，可以上继孟、荀、扬、王（通）诸氏"。欧公著《本论》，效其辟佛，兼尊重韩文。至北宋中期，韩公在学术及文学上之地位，逐渐被肯定。元丰七年（1084）诏封昌黎伯。南宋庆元己未（1199），复进封公爵。

韩公刺潮，为时仅八月，驱鳄鱼，置乡校，垂询民间疾苦，教化所被，潮阳之地遂有"海滨邹鲁"之称。[1]潮人思之深，至名其山曰韩山，水曰韩水，登临之处曰韩亭，手植之木曰韩木。观咸平时，通判陈尧佐已有"韩山"之咏，则山川之被韩姓，北宋初已然矣。

唐代莅潮官吏，其中不少为佞佛之士，如常衮即其一也。代宗时，衮以翰林学士与开府鱼朝恩及大兴善寺不空暨义学沙门良贲十四人，奉诏主持新译之《仁王般若经》《陀罗尼念诵轨仪》[2]，与韩公思想大相径庭。唐世潮州刺史，地方志官师部所载凡十人，祀名宦祠者六人，韩愈之外为常怀德、李皋、常衮、刘暹、杨嗣复，官阶不在韩之下。又以宰相身份贬潮者，常衮、杨嗣复外，又有李德裕，今皆为人所淡忘。惟韩愈深入人心，建有专祠，历久而弥显。迹其渊源，大抵出于仕潮州诸名宦之提倡。

宋代韩学最盛之地区有蜀、闽两处。蜀士于韩公多有专门著述，如金堂人樊文霖，宣和六年（1124）进士，著《韩氏年谱注》，朱子《考异》引称曰"东蜀樊氏者"。南渡而后，高宗时，晋慈人文说著《韩集详注》，书今存北京图书馆，眉州青神杜莘老为之序。又淳熙

---

① 见陈尧佐：《送人登第归潮阳》诗。
② 《惠灵序》，见《大正藏》，第十九册，513页。

三年丙申（1176）临邛韩谆著《韩集全解》，朱子《考异》引之，称为临邛韩氏者。故蜀士仕潮者多以尊韩为倡导，举其著例。

（一）宋咸平二年（999）通判陈尧佐初立韩公祠。《三阳志》："忠佑庙即韩文公庙也。尧佐辟正室之东为公祠。"尧佐撰《戮鳄鱼文》云："己亥岁，予于潮州建昌黎先生祠堂，作《招韩辞》，载鳄鱼事以旌之。后又图其鱼为之赞。"此文载于吕祖谦《宋文鉴》卷一百二十五，世多传诵。又为仰韩堂，《三阳志》云："其亭额，陈文惠（即尧佐）笔也。文惠倅郡之日，实名之复记之也。"尧佐，四川阆中人，尧叟之弟，端拱元年（988）进士。其仕潮不过官州倅，竟效韩公著文驱鳄，开地方官尊韩之先例。傅增湘集《宋代蜀文辑存》，收尧佐文十篇，若《仰韩堂记》等均不传。《三阳志》，陈文惠公祠有二，一在仰韩堂，与韩公并祀。碑刻有陈文惠公像。宋时官吏画鳄鱼为图，尧佐之外，又有王举直，见江少虞《宋朝事实类苑》卷六十九，云其知潮州，"钓得鳄鱼，其大如舡，画以为图"。吴颖《志》作王举元，皇祐间人。

（二）元祐五年（1090）知州事王涤建韩文公庙，榜曰"昌黎伯庙"，苏轼为撰碑。王涤，莱州人。东坡与涤书，称其寄示韩庙图，又称其先伯父与陈文惠相知。东坡眉山人，其家与尧佐向有交往，彼对潮州之认识，当从尧佐诸文字获知详细，盖亦深受尧佐之影响。王涤有《拙亭记》，言"建韩庙以尊先贤"[1]。

（三）南宋乾道间，郡守临邛常祎建仰韩阁于广济桥西岸。《三阳志》五《桥道》："乾道七年，太守曾公（汪）造舟为梁八十有四只，名曰广济桥。……太守常公（祎）创杰阁于西岸以镇江流，名曰仰韩。以韩文公遗迹，实与是阁对也。……董是役者军事推官曹嵩。"按《三阳志》十二《文章》收有曾汪《广济桥记》，称：

---

① 文见《三阳志》。

"乾道七年六月己酉始经之，落成于九月庚辰。"此文为最早之广济桥记，以后诸潮志不收，资料极为可珍。曾汪为福建长乐人。又张羔《仰韩阁记》云："太守临邛常公袆……复计余绪，创杰阁于岸右。……福建舶使虞公似良以古隶扁之曰'仰韩'。"常袆籍临邛，与韩醇（著《韩集全解》）为同乡同时人。《三阳志》收其《潮州图经序》，末署淳熙二年（1175）七月。王象之《舆地纪胜》一百："《潮阳图经》，郡守常袆序。"《三阳志》收新修《潮阳图经》、《古瀛乙、丙集》三百二十五板，即指此书。此《图经序》可补傅增湘《宋代蜀文辑存》之缺。

以上为蜀人仕潮崇韩，有所建置之卓著者。若乎闽士仕潮者，以南宋为盛。上举曾汪而外，又有下列诸人：

（一）绍兴十四年（1144）潮州学教授莆田林霆建学舍，修补雅乐。时郡人东津刘昉记其事云："教官莆田林霆考古制，按音律，……潮学一新，士知古乐，教授林霆之力。"[①]霆于绍兴十四年典教于潮，诸生复为立祠于大成殿之东庑，迨宝祐（戊午）六年（1258），其孙光世守潮，遂卜地改创，建删定林公祠于郡学仰韩堂之侧。[②]

（二）庆元四年（1198），通判廖德明。《三阳志》："文惠堂创于赵君（善践），后增祠昌黎、濂溪。景定壬戌，通判程（应斗）重建。……以贤良许公（申）尝从文惠游，槎溪廖公（德明）尝倅此州，故并祠焉。前为堂，扁曰'梅竹旧游'。拙窝在文惠堂之下，旧名遥碧，廖公更今名，朱文公书扁。"后陈圭于韩山书院增塑周濂溪、廖槎溪二像。《三阳志》云："槎溪尝倅此州，继而为本路宪帅，威德至善，使人不忘。"按：槎溪即廖德明，南剑（建阳）人，

---

① 元《三阳志》卷十《学校》条。
② 《三阳志·祠庙》。

朱子门人。

（三）嘉定十二年（1219）曾噩修仰韩堂，乃县之旧学。①噩字子肃，福建长乐（永福）人，与张元乾同邑。元乾《芦川集》，卷末有曾噩序，文中引韩子"气，水也；言，浮物也"一段论文气，称其"与孟、韩同一本"。盖用《答李翊书》语，可见曾噩受韩文熏陶之深。噩尝令潮人除去高髻，废畲民旧俗。

（四）绍定二年（1229），知州为孙叔谨，建仰斗亭及思韩堂。《三阳志》："思韩堂在万卷堂之东。绍定初，孙侯叔谨重建直院，陈常伯（贵谊）记之。后有亭曰仰斗，刻韩公像于其中，刻韩公及诸贤墨迹于两庑。莆田王迈为之记。"又称："八贤祠，绍定二年孙侯……卜韩庙之左而迁焉，立于亭前，扁曰'海山风涛'，取韩公《别赵子诗》语也。邦人黄梦锡记之，文见《古瀛丙集》。"

> 按：孙叔谨，字信之，漳州人。王迈，字实之，事迹详刘克庄《大全集》卷一五二《臞轩王少卿墓志铭》。克庄于嘉定间为潮州通判。《古瀛集》有乙、丙集（见《三阳志·书籍》），久已无传。

（五）淳祐二年（1242），郑良臣莅任，翌年，于城南建韩山书院，榜曰"城南书庄"。《三阳志》："后有堂曰'泰山北斗'，公之祠在焉，旁立天水赵德像，山长郡博士为之，此书院创始之规模也。"良臣，福州人。

（六）淳祐五年（1245）陈圭继任潮守。圭为复斋（陈宓）嫡嗣，于韩山书院复有所更张，捐金市朱子所著书实于书庄。又刊其父所书《仁说》于二壁，增塑周濂溪、廖槎溪（德明）二像并祠其中。复修原道堂。圭字表夫，福建兴化人。

上举长乐曾汪、曾噩，莆田林霆，漳州孙叔谨，福州郑良臣，

---

① 《三阳志》。

南剑廖德明，兴化陈宏规、陈圭父子，皆福建籍，有功于潮，或景仰韩公，有所兴建，或以学术为人崇祀，而配享于韩庙及其近邻。南宋时，闽学对潮州影响至巨，官师之尊韩，盖亦与理学息息相关。

《韩集》之校刊，蜀、闽两地致力独多。欧阳修已见到蜀刻，苏溥在其《韩集后序》中称："尝见益州雕《韩集》，又从嘉州李推官借欧、尹（洙）二本。"其序系年为嘉祐六年（1061）。溥为仁宗时蜀士。方崧卿云，溥所校者为刘、柳（开）、欧、尹四家本。朱子《考异》引眉山孙氏汝聪之合解本，又东坡之乡人也。南渡而后，闽本最流行，莆田方崧卿，孝宗时知台州，著《韩集举正》，至朱子著《考异》，《韩集》遂得一总结。潮州《韩集》刊本，自宋迄明，叠有刊刻。列举如次：

赵德《文录》。

刘允大观刊本。刘昉《序》云："先君集京、浙、闽、蜀刊本及赵德旧本。"

大字《韩文公集》并《考异》一千二百板。中字《韩文公集》九百二十五板。[1]此为朱子《考异》之潮刻本。

《韩文》四十卷，明知府括苍何镗刻于郡署，有序。万历甲申（1584）推官蒙自王国宾补刻。见郭子章《潮中杂纪》七《艺文志》著录。

以上各种，仅知其目，惜书均沦佚。观此，潮州地区对《韩集》刊刻亦不遗余力。固不让蜀、闽专美于前也。官师提倡，自是主要原因。

由上陈事实，可得一结论：两宋莅潮官吏，蜀士与闽人，对昌黎崇奉最力，且挟蜀、闽之《韩集》，传入于潮。自庆元以后，官师不少为朱子一系人物，如通判廖德明即朱子门人也。潮刻大字《韩集》

---

① 见《三阳志》十。

所刊即为朱子《考异》。朱子其他著述亦在潮镌板。[①]廖德明以遥碧更名曰拙窝，朱子为书扁并周濂溪《拙赋》。淳祐乙巳（1245），陈圭捐金市朱子之书以实城南书庄，韩学且与理学结合，成为当时潮州文化思想之重镇，而韩公在潮州之地位，亦日益提高。此辈名宦，既倡导为韩公建祠缔构以表景慕，倡导者继而复为后人所尊崇，且得与韩公配享，入祀于名宦祠之列，如林光世为其祖林霆建祠，陈圭为廖德明塑像，韩学与理学相得益彰。元明以后，朱子理学大行，韩公地位遂与日月争光。韩公在潮地位之隆，因上地方官师尊韩之结果，而朱子与理学风气助力尤多。此种直接间接之关系，尚论地方学术史者不可不知。因略为抉发，以就正于关心乡邦文献与治韩集诸大雅君子焉。

原载《刘子健博士颂寿纪念宋史研究论集》，日本，同明舍，1989

---

① 《三阳志》所载又有《朱文公论孟或问》六百板、《中庸辑略》一百八十板、《朱文公家礼》一百七十板。

朱子与潮州

1985年广东省揭阳县京岗发现一篇朱子逸文。陈荣捷先生对此曾提出讨论，称："揭阳京岗孙氏发现朱熹《恩相堂序》，言及其朋友梁克等，并推测其写作年代，认为朱子确曾到过揭阳。"（《朱子新探索》，学生书局印，673页）陈书对于潮州与福建人物，未能深入研究，余以州人，比较熟谙潮州掌故，谨为揭橥若干事以补其缺略。潮州与建阳相去咫尺，南宋时潮州仕宦多出朱子之门，潮地亦久沐朱子之教化，朱子著述不少在潮刊行，不可不为之表彰。爰以暇日，草此短文，以应本届朱学研讨会以供讨论，尚望贤达有以教正之。

一、朱子与京岗孙氏

京岗《孙氏简谱》中，保存有朱熹淳熙十一年甲辰撰之《隐相堂序》。揭阳，宋宣和三年置县，渔湖都统和美、京岗二十七村。

陈荣捷书第100条，据《人民日报》1985年10月10日侯月祥报道，其中有二处错误：（一）把"隐"字误写作"恩"，（二）把梁克家名夺去一"家"字，"梁克"之名不见经传，无由稽考，又不记此文撰写年月，亥豕之讹，使陈先生无从措手。所谓"隐相堂"，实指丞相梁克家昔年尝隐于京岗，与孙氏有朋旧之乐。序中言：

乃叔子梁先生当茂才时，由晋水而揭岭……结庐数椽……厥后梁先生亦回籍而选乡贡……擢绍兴庚辰状元矣。

又言：

梁老先生当余在讲官时，曾见嘱于临安矣。

考《宋史》卷三八四《克家传》称："字叔子，泉州晋江人。绍兴三十年廷试第一。……淳熙九年九月拜右丞相。"《宋史·朱熹传》言：

> 乾道九年，梁克家相，奏熹屡召不起，宜蒙袞录，主管台州崇道
> 观，再辞。

朱子与克家之交谊如此。序末题署年月为甲辰，即淳熙十一年，又题衔称"提举浙东常平茶盐"。考陈克斋（文蔚）于甲辰九月初访晦庵于武夷，有七律一首（参束景南《朱子大传》第十二、十三章）。朱子之武夷精舍，于淳熙十年四月落成，韩元吉为之记。甲辰为十一年，朱子已由浙东返武夷矣。此序称"隐相堂"者，乃记京岗地方隐藏有一位由秀才而终于仕进至丞相之人物梁克家，其人与京岗孙氏极有渊源。孙家子弟沐梁氏之身教，出了四位大荣、大美、大有、大经，有登魁第举孝廉之造就，实出自梁氏潜移默化陶冶之功。朱熹此序揄扬京岗孙氏，兼以识其与梁相之友谊。"隐"字被误作"恩"。全篇文章，就不知所云了。吴颖《潮志》收有梁克家《榕邑书舍九月梅花》一律，足证克家曾寓居揭阳，不成问题。

223

二、朱子与吴复古

此序又言："予尝游麻田旧胜，访吴子野夫子讲学问道之场，眺望乎南溪之畔。"子野即吴复古，与东坡、颖滨兄弟交谊甚笃，二苏集中来往文字颇多。东坡为潮守王涤撰《韩文公庙碑》，附书言："子野诚有过人，公能礼之甚善。"又与子野论及"岭外瓦屋"。《舆地纪胜》"潮州人物"称："复古为有道之士，见知于待制李师中，称许之云'白云在天，引领何及'。东坡名其居曰'远游'，且为之铭。"吴颖顺治《潮州志》之"吴处士传"称："复古筑远游庵于潮之麻田山中，后卒于麻田，轼复为文以祭之。其子芘仲能文章，有《归凤赋》，为轼所称。"此事见坡公《与吴秀才书》，坡公述其

言而作《养生》篇。又《古迹·远游庵》条云："庵，宋吴子野栖隐处，在麻田山中，高山罗列，中多林岩泉石之胜。其上有来老庵，则宋僧来逻禅定之所，尝创长生院于此。有亭在半山，翼然苍翠之间，今庵与院俱废。子野又有岁寒堂，子瞻为之作《十二石记》。"此石十二株，乃从山东登州取来，东坡因有"取北海置南海"之快语。郑侠亦作《岁寒堂记》，见《西塘集》卷三。谓"岁寒堂，子野先生所居也。堂之前古柏数株。两序皆以本朝诸公与子野友者奇文新诗，与夫古之有其言于世切有补者，勒坚置诸壁。群书阁其上，先生休其中。堂南为小沼，沼之南为二石山，山之南为远游庵。"是子野所居有池沼之胜，具有相当吸引力。子野诚为嵚奇之士，朱子想慕其人，莅潮时亦从京岗往游云。岁寒堂原址，一说在潮州城内。《夷坚甲志》卷十《盗敬东坡》条，记"绍兴（三）年海寇黎盛犯潮州，毁城堞，且纵火至吴子野故居"。《潮汕金石文征》编者据此遂谓子野远游庵不在麻田山之证。然朱子京岗此序，言之凿凿，可能子野又有别筑在潮城，否则不当自号麻田居士也。京岗距麻田只七里之遥耳。

三、朱子与郑国翰

陈尧佐倅潮时，称道潮州，有"海滨邹鲁是潮阳"之句。洎乎南宋，科学寖盛，军州学应试，以绍兴庚午（1150）科参试人数至盛，可二千人，绍定时增至六千人。朱子于高宗绍兴十八年登进士，名列第五甲第九十人。是年同科进士潮籍者四人：

林大受^{揭阳人}名列第四甲在朱子之前；

郑国翰^{揭阳人}陈式^{揭阳人}石仲集^{潮阳人}。（吴颖《潮志·科名部》）

上列诸人与朱子同榜，故朱子与郑国翰交谊至笃。曾同偕入蓝田飞泉岭，朱子题"落汉鸣泉"四大字。

顺治《潮志·流寓》云：

朱熹字元晦，婺源人。官秘阁修撰，尝游揭阳，寓同榜进士郑国翰家。偕入蓝田飞泉岭书庄，手书"落汉鸣泉"四大字揭诸亭中，后镌岭之危壁。今字迹尚存，而书庄不可问矣。传闻成化间有樵者误入，见修竹古木，鸟啼花间，不减武陵，归语人人引观之，已失所在。

据此，郑氏书庄，明时尚存。嘉靖郭春震《潮志·地理》云：

飞泉岭界长乐，壁立千仞。宋郑进士建亭于上以览胜。朱晦庵书"落汉鸣泉"四字揭诸亭中，有诗云："梯云石磴羊肠绕，转壑飞泉碧玉斜。一路风烟春淡泊，数声鸡犬野人家。"

此诗不见于《朱子大全集》。吴颖《潮志》有"飞泉岭小记"，所志略同。

四、朱子门下在潮州之宦绩

朱子门下士在潮州任要职者，有廖德明、陈圭、吕大圭等人。

廖德明

廖德明，《宋史·儒林》有传（卷四三七），但记其知浔州事，谓其在南粤时，"立仰悟堂，刻朱熹《家礼》及程氏诸书"，未及潮州政绩，今据《潮志》及石刻，为之补述。

德明字槎溪，福建南剑州人，于庆元四年出任潮州通判，自号延平老人。潮州西湖山有其"庆元庚申（六年）葬女碑碣"，已毁。德明在潮，刻周敦颐《拙赋》。《永乐大典》潮字号《三阳志》公署云："拙窝，在文惠堂（祀陈尧佐）下，旧名'遥碧'，廖公德明更今名。朱文公书扁，并濂溪《拙赋》刻诸岩石间，左右多前贤摩崖。"翁方纲《粤东金石略》云："金山在潮州府城北面，廖槎溪通判潮州，刻周子《拙赋》于山崖，并以朱子所书'拙窝'名亭，今皆不可见矣。"

按周敦颐《拙赋》今不存。唯朱熹所书"拙窝"二字无恙（见图一）。至所谓"前贤摩崖"，尚剩嘉定十年赵善涟清卿两绝句，录其辞如下：

图一　朱子所书"拙窝"二字

题拙窝

□生无奈拙谋何，更向金山住拙窝。

自谓从今可藏拙，不知添得拙还多。

右一

巧拙分明是两歧，巧中有拙少人知。

如今用处从渠巧，用到穷时巧必危。

右二

嘉定丁丑重阳

日蒙巷赵清卿。（见图二）

《潮汕金石文征》谓此碑已全埋于土中，故据《海阳县志·金石》补录其文。此碑现尚幸存完好，已由金山中学妥为修缮，恢复旧观（见图三）。清卿名善涟，官郡丞。另有西湖山诗石刻。拙窝当日前贤摩崖，仅

图二　赵清卿题《拙窝诗》

图三　拙窝石刻今貌

剩此片石耳。

朱子殁于庆元六年（1200）三月，其致仕被贬为伪学在五年。为廖德明书"拙窝"二字，正值党禁之时，故以"拙"自守，与濂溪赋之"天下拙，刑政撤"陈义相应。说者因谓廖德明敢镌朱子此题额于石，为其在潮州之弟子视党禁如无物之例证。

庆元五年，晋陵沈杞刺潮，翌岁创设潮州八贤堂，祀赵德以下林巽、许申、卢侗、刘允、吴复古、张夔、王大宝八人，教授王宗烈撰记谓"一方英气，萃在八人"。廖德明亦作《八贤赞后序》以彰之，文载《三阳志》。

陈圭

陈圭，福建莆田人，字表夫，为绍兴八年进士，尚书右仆射俊卿（《宋史》三八三有传）之孙。外祖即梁克家。父宓，字师后，号复齐，少登朱子之门，长从黄榦游，安溪知县，著有《读通鉴纲目》。伯父定、守，皆从学朱子。宓书朱子《仁说》。淳祐乙巳，陈圭以复斋之嫡嗣为潮州守，捐金市朱子所著书，实诸韩山书院。复刊其父所书《仁说》于二壁。增塑周濂溪、廖德明两像。两先生之从祀，实出陈圭之力。潮州朱学之发扬，圭尤居其功。陈宓父子事迹详《宋元学案》卷六十九。

吕大圭

大圭号朴卿，福建泉州人，淳祐七年进士，宝祐元年至二年任潮州州学教授。在潮重建文庙两庑，修大成殿。大圭师事陈淳门人杨昭复，得朱子嫡传。其著述在潮州刻版者，有《孟子说》《春秋集传或问》《易集传》《孝经本传》《三阳讲义》五种，见《三阳志》"学校"及"书籍"各条。

淳祐九年己酉，潮州知州周梅叟创建元公书院于郡庠之右，祀周濂溪，以二程、张及朱子从祀。梅叟为敦颐之裔孙，提倡道学。其《元公祠堂记》，闻即出吕大圭之手，文已逸，详《三阳志》载至元三十一年姚然撰《重建元公书院记》。

大圭后知漳州，蒲寿庚降元，命大圭署降表，变服逃入海，为寿庚所杀。

五、朱子在潮州之门人

朱子在潮州之门人以潮阳郑南升、揭阳郭叔云为著名。《语类》有《训南升四则》，《语类》癸丑有《南升所闻百余》条，时值绍熙年间。《晦庵文集》卷四五《答廖子晦书》云："《韩文考异》袁子质、郑文振欲写本就彼刻板，恐其间颇有伪气，引惹生事，然当一面录付之，但开板事，须更斟酌耳。"文振即郑南升，是当日在潮州刻版，仍因伪学而存有戒心，然《韩文考异》终在潮州镂版。《三阳志》记朱子书在潮刻版者有大字《韩文公集并考异》一千二百版。郭叔云，字子从，揭阳渔湖都塘口村人。嘉靖间郭春震纂《潮志》有传云："叔云初见晦翁，问为学格物之要，朱子教以为学切须收敛端严，就自家身心上下工夫，自然有得。尝质疑《礼经》二十余条，俱载《晦庵集》。"郭子章《潮中杂纪·艺文志上》著录其"《礼经疑问》、《宗社宗义》二篇，晦翁、蒙谷二先生《宗法》二卷三种"。

　　叔云与漳州龙溪陈淳往还甚密，淳为撰《宗会楼记》称："吾友郭子从于颓俗废字礼之中，卓为尊祖收族之举。扁其楼曰'宗会'，以为岁时会合宗人之所。其意义甚严明正大。文作于嘉定庚辰。又为撰《燕食堂记》，称其扁曰'燕食'，取《礼经》所谓族食、族燕之义，以为祭后与宗人馂之地。将见人歌塘口郭氏家法，卓然为三阳礼义之宗。子从又曾编《宗礼》、《宗义》二篇，附以《立宗文约》、《公状》、《家约》、《家谱》于后，及晦庵、蒙谷（林夔孙，亦朱子门人，福州古田人，见《宋元学案》六九）二先生《宗法》各二篇，并藏诸堂中。"两文载《北溪大全集》卷九。陈淳之《北溪字义》，宋时潮州梓行于郡斋，流传甚广。（余髫龄时，家中仍以此书课教子弟。）郭子从居于塘口，与京岗同属渔湖都。朱子作《隐相堂序》，书孙家子弟事，自言曾"详问里人郭子从"，子从即叔云字。

余论

　　朱子晚年因伪学问题，恐门人引惹生事，观上引其《答廖子晦书》可以见之。然潮州地区闽籍官吏多为朱子门下及再传人士，于道学提倡甚力，于伪学之禁，毫无戒惧之心，朱学嫡传，不绝如缕。元《三阳志》记郡斋刊刻书籍大半与朱子及周濂溪有关。除上述大字、中字《韩集及考异》之外，又有朱文公《论孟或问》六百版，《中庸辑略》一百八十版，朱文公《家礼》一百七十版，《北溪字义》一百三十版，陈平湖《中庸》《大学》《太极通书》总共七百五十版，以上版留郡学。《濂溪大成集》四百版，吕氏大圭《孟子说》三百二十版，吕氏大圭《春秋集传或问》六百版，以上版留濂溪书院。

自理宗以后，朱子之地位益隆，莅潮宰官，率以道学及朱学设教，《拙赋》及"拙窝"朱子题字，在潮之受人尊重，其自来远矣。

潮州自韩愈刺潮倡置乡校，据徐师仁《创学记》："学舍旧在西湖，阴阳皆以为不利。宋元祐中王涤欲迁而未果。"南宋王大宝《迁学记》述潮学自庆历以后迁徙事甚详。元兵入潮，学宫悉付一炬，唯书阁岿然无恙。宁轩王使元恭为总管，重新棂星门，其上即为万卷楼。故宋元之间潮学称盛，与朱子关系至深，开拓明代理学之新局。陈书《新探索》于朱子曾否到揭阳之问题，仍未敢作论断，兹略述其原委，用补其不及云。

附录　隐相堂序

〔宋〕朱熹　撰

丞相叔子梁老先生之故人，大司法、大司理、大州牧、孝廉四孙先生昆季书斋序。

予尝游麻田旧胜，访吴子野夫子讲学问道之场。眺望乎南溪之畔，有厥里居，树木阴翳，车马繁盛。询之父老，繄谁氏之族也？父老曰：京岗孙氏居焉。乃父宰揭令名进士讳乙者，由高邮而来，占籍于兹，生四子，俱工举子业。考厥由来，其令善下士，赍赠答，凡游学之英，咸敬礼焉。乃叔子梁先生当茂才时，由晋水而揭岭，不远千里而来，遂握手而订莫逆交。始以诗书相契，继以气谊相投，异姓同体，如家人父子之亲。结庐数椽，在水中央，六七年间读书明理，饮酒赋诗于其上。令之长嗣讳大荣者，仕江阴县司法；二之子讳大美者，仕隆兴军司理；三之子讳大有者，守领琼州；四之子讳大经者，举孝廉。厥后梁先生亦回籍而选乡贡，再举都魁，擢绍兴庚辰状元矣。其法曹、司理、州牧、孝廉之学，沐梁老先生教泽，能取魁第，故任判簿、入国学、官运金、选评事而拔贡元，济济一堂，雅称多士之庆。嘻嘻！好学下贤之报，岂浅鲜欤？予曰：唯唯。但兴贤之地，木茂水秀，未易多遘，岂令湮没不彰，使人与地俱无传焉！因榜其额，曰：隐相堂。事之颠末，既经父老之言。梁老先生当余在讲官时，曾见嘱于临安矣。厥后详问里人郭子从，亦备述不爽。是为序。

宋淳熙十一年，赐进士第提举浙东常平茶盐朱熹序于甲辰岁花月之吉。

——《孙氏简谱》

《京岗志》《揭阳文物志附录》均取录此文，又见孙淑彦编《潮汕孙氏志略》，吉林文史出版社，2000年12月。

此文初见1985年孙淑彦撰《朱熹在揭阳的一篇轶文》，刊于《广东史志》；又见《羊城晚报》1985年8月19日。

《三阳志》小考

去岁11月，中国历史文献研究会第十一届年会暨潮汕历史文献与文化学术讨论会假汕头大学举行，汕大因之成立潮汕文化研究中心，甚盛事也。余以州人获参预其役，更所忻幸。记曩年地方人士有纂辑《潮州志》之举，余尝谬掌其事。其时限于地域，囿于见闻，资料深感不足。迩岁海宇大通，秘籍稍出，所知略胜于前，以潮州最古志书之《三阳志》而论，得从《永乐大典》中"潮"字号窥其厓略，就中有关宋元史料，至为珍贵。故余于1965年复有《潮志汇编》之印行。《大典·三阳志》虽非全本，乃获流通于世，影响所及，陈香白君因有《三阳志辑稿》之作。

《三阳志》者，潮州旧志罕见载录，仅顺治志引用二事，盖吴颖未见其书。在此之前，万历间知府郭子章著《潮中杂纪》，其卷七书目类云：

《潮州记》一卷，宋揭阳进士王仲行撰，今亡。

《潮州图纪》二卷，宋知州事邛州常祎撰，今亡。

元《三阳志》七卷，元人著，今无刻本。郑布政旻家藏有抄本。

据此知《三阳志》实元人所著，有七卷流传本。又明初《文渊阁书目》卷十九"暑"字号，有关潮州旧志共五部，计：

《潮州府志》一册，又《三阳志》一册，又《潮州府三阳志》二册，又《潮州三阳志》三册，又《三阳志》一册。

同书卷二十"德"字号新志又有一部书，名为：

《潮州府并属县志》一册。

文渊阁中秘藏书皆系实录，故兼记册数；而《三阳志》竟有四部之多，册数又复不同，想必不止一种。其中《三阳志》有称《潮州府》者，改路为府，分明为明初之作。考《千顷堂书目》，永乐间知府雷春有《潮州志》，文渊阁之《潮州府志》当即雷《志》。又据郑义永乐《潮阳志序》云："第以图志，附于《三阳郡志》之一，其所登载，弗克备举。"殆新志项下所称有"并属县志"者也。①

细察《永乐大典》，"潮"字号采用之书，最重要者，有《图经志》《三阳志》，又有《三阳图志》，兹略记其引书之例如次：

"归附始末"下引《图经志》，又引《三阳志》。

"韩木"注下引《图经》《方舆胜览》《三阳志》。

在此之下方，引用各书名称先后则为：

（1）《三阳图志》：《潮州府志书序》……洪武八年三阳林仕猷撰。

（2）《三阳志》：《潮州图经序》……淳熙二年常祎序。

又端平二年……黄梦锡序。

（3）《三阳志》：《州县总叙》。

由上引明确记载，林仕猷《洪武序》乃从《三阳图经》中抄出，则《三阳图志》当作于洪武之后，或即文渊阁著录之《潮州府三阳志》乎？

林仕猷《序》云："《三阳图志》……自宋历元……靡不具载，百无遗一。其板藏于宣圣庙万卷楼，至正末毁于兵。大半虽存，已非完璧，民间所藏，全本仅有一二。"《三阳志》所记郡刊之书，其中有《新修潮州图经》《古瀛乙丙集》一百二十五板、《古瀛丁集》五十板。此新修《潮州图经》《古瀛乙丙集》《古瀛丁集》及《古瀛集》，盖皆常祎所辑。万卷楼在文庙，黄惟贤句云："潮州书楼天下稀，摩插云汉吞秋晖。"此万卷楼为宋时书板庋藏之所，规模可见。林序原题曰《潮州府志书序》，则其文中所言之《三阳图志》，

---

① 正统间知府王源亦修《潮州志》。但据《文渊阁书目》前杨士奇正统六年题本，王源知府在潮十年，已在其后，故非王源之志。

谓三阳之图志，乃泛指潮州志书，非专指《三阳志》而言也。从常祎、黄梦锡两《序》，可证王中行即常祎图经之撰者，郭子章作王仲行，"仲"字应作"中"，其书均称曰"图经"，《永乐大典》所引之《图经志》当指常、黄所序之书，非《三阳志》明甚。香白以常、黄二《序》系于《三阳志》之前，是无异糅《图经志》与《三阳志》为一也！而《三阳志》有七卷本，必为元人所作，故书中屡屡采及元人文章，如元何民先、元熊炎等是。香白以林仕猷《序》视作《三阳图志》之《序文》，又谓"《三阳图志》宋、元均有之"，似误解林《序》之意，不悟其《序》原题分明指"潮州府志书"，故得奄有宋以来之著述，若以专指元之《三阳志》，何得有"府"之目？又复忽略林《序》之上分明揭橥《三阳图志》之名，明著其文之出处，《序》又称"金宪赵公令邑长鲍与侃旁求博采，锓梓以永其传"。洪武当日所授梓者，乃宋历元潮州旧志经整理后之稿，香白泥于《图志》之名，谓鲍书即《三阳图志》之辑佚本，恐有未安。[①]总结诸书所著录，《三阳志》应有下列各种：

（1）《三阳志》。

（2）《三阳图志》。分别见《永乐大典》征引。

（3）元七卷本《三阳志》，郭子章著录。

（4）《续三阳志》，《大典》十八"阳"引一条，见张国淦《中国古方志考》。

《三阳志》收采及洪武林仕猷之文章，与文渊阁著录标明潮州府之《三阳志》疑即是一书，故《三阳志》有元人所著者，又有更后出为明初人续修者。至于宋人之"潮州志书"应即是《图经志》，不得与《三阳志》《三阳图志》混为一谈也。

---

① 辑佚二字，尤不符合事实。

作为文献学者，对于史源认识须掌握确切材料，方不至于误解而导致不确之判断。地方史足为国史之辅车，由于记载较为翔实，又富有亲切感，大有助于史学，自未容忽视。今举《三阳志》一书为例，考其原委，以见文献学与史源学关涉之深，聊备商榷之资。值本届会议论文集杀青在即，杜教授来书督"序"，爰不辞固陋，觍缕陈述，未敢作为考寻史源之鼓吹，还望有以教之。

1991年4月22日于香港

原载《潮汕文化论丛初集》，广州，广东高等教育出版社，1991

重印潮州艺文志序

方志之书，向有艺文一项，收录历代诗文作品，其从目录学角度，罗列地方人著述，与有关该地载述之篇籍，则寥若晨星。盖地志书目，别为专书，明代藏书家始开其先例①。

潮州自宋州守常祎初纂《古瀛集》，地方文献，赖以有征，惜书久亡。元《三阳志》部分存于《永乐大典》，略记宋时刻书经过，得知当日文教之盛。明万历间，知府江西郭子章为《潮中杂纪》，赓续其伯父春震《嘉靖志》之余业，其书卷七、八为《艺文志》，分上下二类，上卷为书目，下卷为碑目，合后代"艺文""金石"为一门。其书目类始潮州府，次及海阳、潮阳、揭阳、澄海、程乡、饶平、惠来、大埔、平远、普宁各县，而以释氏之书附焉。虽诸县著述间或仅有一二种，且为著录其非州人著作而镌刻于郡廨者亦录之②，似即承《三阳志》之旧例也。清代《潮志》，若顺治、乾隆诸书，均刊削书目，但取文章③，体例反不逮郭书之具体而微，轻辨章学术之源流，徒囿于重文之积习，为可慨也。

先君昔岁辑《潮州艺文志》，有取于孙诒让《温州经籍志之成规》，掇录序跋，间著考证。州人著述，自赵德《昌黎文录》以降，迄于明清，四部之书，灿然毕陈。前代志书，仅海阳有"艺文志"而已；席履非丰，用力倍蓰，事涉草创，勾集綦劳，未底于成而先君

---

① 《温州经籍志·凡例》注云："地志书目别为专书，不知始于何时。《千顷堂书目》有祁承㸁《浙东著作考》四十卷。"是明代藏书家方开其例。

② 如知府括苍何镗刻《韩文》四十卷，括苍叶子奇《草木子》四卷，《韦庵守潮文集》四卷，王源著，万历十六年刻郡署，莆田邹守益俟《知堂集》十三卷，皆非潮人著述而著于录。

③ 吴颖顺治《潮州府志》，立"古今文章"一门。

见背。小子抱楹书徬徨。念永嘉成书，年方逾冠[①]，遂复俛勉奋发，殚心缀录，粗竟前绪。得刊于《岭南学报》专号先后两期，自经部至明季集部而止，尚非完帙。中经抗战，奔走四方，先人故庐，文籍荡尽，不可复问。潮汕光复以后，余操《潮志》纂政，发凡起例，其中"艺文"一志，由余主稿，限于体例，复就先君前著，简括典要，存其大凡。其十四卷以后清人别集及外编，订讹剩稿，曩日董理，未能竣事，均付兵燹，沦于劫灰，思之扼腕。因重起炉灶，仓卒着笔，著录稍滥，颇有增益，泾渭细流，居然积成薮泽，存目较繁，自成别帙，视前书为骈枝，亦来者之要删矣。

颇者汕头大学有潮汕文化研究中心之设，杜经国教授以此书胪列前修著述，足为考索潮汕人文演进轨迹之取资，倡议重刊，合先君原著及余所补清人别集部分是为"别卷"，汇为一编，以便考览。而外编非潮人著述部分，当日未克具稿，尚有待于补录，然非力之所能及矣。余书愆谬丛脞、涉览未周，愧无诠次，方欲焚其少作，何敢重灾梨枣。惟谊切枌榆，事等鸡肋，条绪难更，未遑重定。但冀方闻，匡其踳驳而已。

1992年7月饶宗颐于香港

---

① 朱芳圃著《孙诒让年谱》云："同治十年，年二十四岁，撰《温州经籍志》成。"按此书刊行于民国四年，可能中间随时增订。余去岁至温州，登孙氏玉海楼，喜有宿缘，附记于此。

《明本潮州戏文五种》说略

地不爱宝，随着考古工作的发展，许多向来完全消失不见于记载的文物，陆续不断地出土。戏文亦是其中之一个重要项目。1967年上海嘉定县宣姓墓地发现明代成化年间北京永顺堂书坊刊印的《白兔记》戏文，轰动一时。在广东则1958年从揭阳县渔湖公社西寨村的黄州袁公墓出土一种题名《蔡伯皆》（即《琵琶记》）三个写本，其一上有"嘉靖"年号题记。①1975年12月，潮州市凤塘公社后陇山园地出土对折纸本《刘希必金钗记》，封面朱书"迎春集"三字；第五页第四出，上面写明"宣德六年六月十九日"。全剧末尾又写"宣德七年六月日在胜寺梨园置"等字样②，年代非常明确。二者都是潮属当地民间的唱本和演出手册，后者还附有《锣鼓经》，更觉宝贵。成化刻本已由上海博物馆精印为《成化本说唱词话》一巨帙，被称为"我国迄今所见年代最早的戏文刊本"③。这一册宣德六、七年间写本的《金钗记》，早于成化本三十余年，而且还是手写本，不是刊刻，这才真正是我国目前所见最早的戏文写本，其价值可想而知。

四十年来，国内外学人对于民间戏曲和民族音乐的探讨与钻研，引起极大的热潮，运用社会学的方法去寻究当地祀神的风俗与戏剧的联系诸问题④；在欧洲大陆，对于华南各地民间戏曲唱本的搜集和研究更不遗余力。从福建的南音以至纸影戏，都有专家作过重要研

---

① 曹腾騑：《广东揭阳出土明抄戏曲〈蔡伯皆〉略谈》，载《文物》，1982（11）。

② 陈历明：《明初南戏演出本〈刘希必金钗记〉》，载《文物》，1982（2）。又《前人〈刘希必金钗记〉的来龙去脉》，载《文物》，1982（11）。

③ 见孙崇涛：《成化本〈白兔记〉与"元传奇"〈刘智远〉》，见《文史》，第二十册，211页。

④ 田仲一成著《中国祭祀演剧研究》，东京大学东洋文化研究所报告。

究工作。①关于潮州戏文的古代刊本流落在海外者，亦有人加以汇集印行成书。台湾大学退休教授吴守礼先生即竭一生精力从事这方面的工作，特别从语言学观点，做出许多贡献②，他编印的"明清闽南戏曲"四种便是一个例子。③可是他所收集的《荔枝记》戏文，以牛津藏的嘉靖本而论，分明标题曰"重刊五色泉、潮"，是合泉州、潮州二本加以会刊。奥地利的万历本标题曰"潮州东月李氏编集"，东京的《潮调金花女》，分明出自潮州，具有"潮调"名目，把这单纯列入"闽南"的范围，似乎不甚公允。说它们是用广义的闽南方言来写作，虽则潮语与闽南同属于一个语言系统，实际上仍有许多距离。

最近广东人民出版社决定把新近出土的二种戏本及流落国外的三种明刻本，合刊为《明本潮州戏文五种》，是一桩值得赞扬的古籍整理工作，为元明戏曲史的研究提供了无上的可靠第一手资料。我个人对这桩事，在开始筹备的时候和征集有关资料过程上做了一点协助和促成的事务。出版社要我写几句话，虽然我对于戏剧研究是门外汉，却有几点看法想说一说，也许对于爱好古典戏曲的人们，有点滴的帮助。

《琵琶记》在《辍耕录》所记的金院本称为"蔡伯喈"，列于"冲撞引首"之类，引首是开场的意思。《九宫正始》亦题作《蔡伯喈》，注云："元传奇"。《南词叙录》的"宋元明篇"作《蔡伯喈琵琶记》。在宋元南戏都习惯以剧中主角的名字作为全剧名称，

---

① 荷兰施博尔（Kristofer Schipper）Une couection de manuscrits de Pieces de théâtred, ombres chinoises（《中国纸影戏残本集目》），载*European Association of Chinese Studies*（2），1979（《欧洲学会中国研究》第二册）；及该书页73，拙作《钞本〈刘龙图戏文〉跋》。

② 吴守礼：《荔镜记戏文研究序说》（《日本神田博士还历纪念书志学论集》，昭和二十二年，587—598页）；吴氏又著《荔镜记戏文研究——韵字篇》（1962）、《校勘篇》（1961），收入《亚洲民俗社会生活专刊》第七册。

③ 《定静堂丛书》本。

此嘉靖写本题名正同于金院本，而"喈"字作"皆"，有好几处写"蔡伯皆"三字。西班牙圣路宁佐的皇家图书馆里收藏一部嘉靖癸丑岁（1553）詹氏（子和）进贤堂重刊的《风月锦囊》戏文总集。此书《文渊阁书目》有著录，首编卷一即为《伯皆》，目录作《蔡伯皆》[①]，这和揭阳出土本一样作《伯皆》是很有趣的。[②]《风月锦囊》一书在国内还很少人注意，甚有需要加以整理影印，以广流传。要校勘出土本的《蔡伯皆》，嘉靖本的《风月锦囊》是不可缺少而应该互校的本子，比较利用明代嘉靖苏州坊刻本和清陆贻典抄校本似乎更为重要。

关于域外三种戏文版本有若干事须加以讨论：

（一）牛津大学Buldeian Library藏本《荔镜记》[③]，末页有"告白"称："买者须认本堂余氏新安云耳，嘉靖丙寅年。"即明世宗最末一年的嘉靖四十五年（1566）。新安余氏的来历，龙彼得教授（Van der Loon）曾举出在欧洲和日本的藏书中有几种具有新安堂名号的：

《新刊韩朋十义记》二卷，万历丙戌十四年（1586），新安余绍

---

① 刘若愚：《西班牙藏明板风月锦囊考》（The Fêng-yuêh Chin-Nang——A Ming Collection of Yuan and Ming Plays and Lyrics Preserved in the Royal Library of san Losenzo, Escorial, Spain），香港大学《东方文化》（*Journal of Oriental Studies*, vol.4, 1957, 1958, pp.79-107）。

② 金院本的《蔡伯喈》当为元高明写《琵琶记》时的版本。在高明以前宋时亡有《赵贞女蔡二郎戏文》（《宋元明篇》）。钱南扬作高明传，谓"高明生长戏文发源之地，必曾见演出，曾见脚本"（《汉上宦文存》）。关于《琵琶记》的来源，清徐石麒（坦庵）认为牛相国即牛僧孺。潮本云："赐婚牛氏。"焦循在《剧说》卷二颇同意徐说，谓指"牛僧孺之女，因为适合"，故疑原作《蔡伯皆》，或非蔡邕本事。但高明已将伯喈视作蔡邕。

③ 此书向达最先于1936年加以记述（见《记牛津所藏的中文书》），《北平图书馆馆刊》第十卷第五号，后又收入《唐代长安与西域文明》，617—652页。

崖自新斋刊本（巴黎国立图书馆藏）。

《新刊京本增和释义魁字千家诗选》二卷，万历间书林余幼山新安堂刊本（英国剑桥大学图书馆藏日本宽文七年重刻本）。

《新刊徐氏家传针灸捷法大全》六卷，万历乙酉（十三年，1585）书林余苍泉新安堂刊本（日本内阁文库藏）。

可见余氏刻书，用新安堂名义前后有余绍崖、余幼山、余苍泉诸人。苍泉的籍贯是福建建阳（余苍泉名良进，又名余良堂，其书堂又称怡庆堂）。这本题"余氏新安"必与上述诸人有关。

此书日本天理大学藏有二册，比牛津本为完整而印刷较为清晰，蛀损地方，两本可彼此互补。有"千叶文库"及"小汀氏藏书"印记。服部宇之吉《佚存书目》附载三曾加著录，现有天理（大学）图书馆《善本丛书》复印本，由八木书店印行。

（二）奥地利万历本《荔枝记》。此书原藏于奥国维也纳（Vienna）的国家图书馆（Österreichische National bibliothek），其前身为宫廷图书馆（Hofbibliothek），为龙彼得教授于1964年所发现。卷一首题"书林南阳堂叶文桥绣梓，潮州东月李氏编集"，末有牌记"万历辛巳（九年，1581）岁冬月朱氏与畊堂梓行"。据龙氏考证，朱氏亦为建阳书堂，现存刻书有下面一例：

《新刊京本通俗演义全像百家公案全传》十卷，扉叶署"书林与畊堂朱仁斋绣梓"，书末牌记云"万历甲午（二十二年，1594）岁朱氏与畊堂梓行"。知朱氏与畊堂主人乃是朱仁斋。此《荔枝记》原本或为南阳堂叶文桥刊刻，其后板归于朱氏欤？

（三）《重补摘锦潮调金花女大全》二卷。无序目，传为万历时刊。缺第二十五、二十六两页。书分两栏，下栏为《金花女》戏文，写书生情州刘永上京赴试途中遇贼投水获救，金花女水边祭灵，纪年为"大宋熙宁七年十二月朔"。是剧亦以"金姑看羊"一段闻名，可知其故事原亦出于北宋。上栏为苏六娘与郭继春事，乃出潮州本地故事。苏六娘是揭阳雷浦村人，清时谢鍊尝将她的故事写成长诗，载于其所著的《红药吟馆诗钞》。[①]

此册为孤本，原东京长泽规矩也博士所藏，现归东京大学东洋文化研究所，详《双红堂文库分类目录》页三、四，是书昔年傅芸子在《东京观书记》中曾有介绍[②]，吴守礼亦撰有校记。[③]

潮州正字戏出自南戏，渊源甚早。牛津嘉靖本《荔镜记》篇末有跋文云：因前本《荔枝记》字多差讹，曲文减少。今将潮、泉二部，增入《颜臣》、勾栏诗词、北曲，校正重刊。……嘉靖丙寅年。又在插图之上一栏开头题云：

《颜臣》全部。

这一嘉靖本原是潮本、泉本和《颜臣》三种的糅合本。在《颜臣》戏文内屡次提及颜臣，又称陈彦臣。

例如：

〔普天乐〕只一封书信寄去还前日陈彦臣……不是娘仔细时（幼年）亲柑许彦臣何敢想来……

〔一封书〕陈彦臣书拜禀连氏靖姅（娘）是我有情妻。……

可见彦臣即是陈彦臣。龙彼得君认为《颜臣》与宋人笔记罗烨《新编醉翁谈录》乙集卷一《静女私通陈彦臣》是同一桩事，那是对的。《荔镜记》此本题目把“彦臣”写成“颜臣”，但内容分明是陈彦臣。唐圭璋《宋词纪事》收连静女的《武陵春》“人道有情须有

① 《潮州志·丛谈志》。

② 见《白川集》，110页。

③ 收入《民俗丛书》第四辑，台北印。

梦"及失调的《朦胧月影》各一首,其本事即出自《醉翁谈录》,连静女与连靖女正是一人。此本的"颜(彦)臣全部",虽不能说是宋时《烟粉欢合》所记陈彦臣的戏文原本,可能是经过多少损益润饰,改编而成,但本事同出一源,则毫无疑问。我们可以从这本书恢复陈彦臣戏文全出的原貌,堪为研究南宋戏曲以及它渐变为地方戏曲的历史提供一无上资料,应该把它拆出单行。

再谈《刘希必金钗记》,即是刘文龙的戏文。《南词叙录·宋元旧篇》中收有《刘文龙菱花镜》。《永乐大典·戏文九》著录作《刘文龙》。元时,史敬德和马致远尝合写过《萧淑贞祭坟重会姻缘记》一戏,又名《刘文龙传》①。这宣德本有一段文云:

阿不干哞噜、答刺速末叫番奴唱番曲^{且净}唱〔雁儿舞〕。

阿不干沃庆(虔)答刺速,嗷哩答夕,蒙古哦噜噜,干别吉忎可□速也,呵罕独满八木里。

^{声齐}哩嗹啰,嗹哩嗹,唻啰哩,啰啰哩,嗹啰嗹哩嗹!啰哩嗹啰啰哩嗹

啰哩嗹!^{末白}

其中渗入一些蒙古语,可见与元时的《刘文龙传》有多少关系,其祖出于元人。

至于哩嗹啰的助声,在成化本《白兔记》的开场中《红芍药》一曲便有:

末唱:哩啰嗹,啰啰哩,嗹嗹嗹,哩啰哩,嗹哩嗹,啰嗹哩嗹,啰哩嗹,哩嗹啰嗹,哩嗹啰嗹……哩嗹啰,哩啰哩。

和《金钗记》一样有缠声的哩啰嗹。用哩啰唱词的习惯,可追溯到南

---

① 庄一拂:《古典戏曲存目汇考》,"刘文龙菱花镜"条,78页。

宋。史浩在《鄮峰真隐漫录》中《粉蝶儿》劝酒上阕内有"解教人，啰哩哩啰。把胸山一些磊块，一时熔化"①。董解元《西厢记》卷五乔合笙云："和——哩哩啰，哩哩啰，哩哩来也。"金时，全真教诸大师若王重阳、谭处端写的《捣练子》，都喜欢用哩啰唛、哩唛啰作为助声。这类啰哩嗹是有声无义，至今潮州歌谣中仍有这种助声。潮州人在形容人们高兴时顺口唱无字曲，叫做"唱嗹啰曲"。福建莆仙戏还保存唱"哩啰嗹"作为"下词尾"的习惯。据《莆剧谈屑》记载："莆剧在未演出时，后台先打三锣鼓，过后有彩棚，念四句大白，念完唱'下词尾'。下词尾只用'哩啰嗹'三字颠倒唱出。这三字是咒文，为得怕舞台上秽渎了神明，唱完这咒文，便可保台上大家平安。"这三字作为"下词尾"是由全体演唱，据说这是七煞曲上的"打讹"——亦即"打和"②。清初曹寅听闽乐，听到"啰哩嗹"的词句，作出下列的诗，加以揶揄。句云：

一拍么弦一和缠，舞余无复扫花钿；团郎漫纵哄堂笑，摘耳犹闻啰哩嗹。

以此取笑。台湾台南现时道曲的唱本还存有遗声，摘出一段如下：

出仙宫，哩啰嗹。离了蓬莱，腾采云，哩啰嗹（你来），出离了天堂。哩啰嗹哩啰嗹。（法国施博尔藏陈荣盛抄本）

上述各例，可见这一类"打和"的帮声，从南宋、金、元以来流传演变的情形。《刘希必》此本亦提供了极宝贵的材料。莆剧认为唱"哩啰嗹"等于念咒，可以避凶趋吉，我以前曾研究这一类和声（打和），是从《悉谈章》的"鲁流庐楼"而来，演变为唐人《渭城曲》

---

① 《全宋词》，1929页。

② 据胡忌《宋金杂剧考》中，宋剧遗响一节引用。原为复写本。

的"刺里离赖"。原出于佛家《涅槃经》文字品。全真教采用它，变为"哩啰唛"，禅家作"啰啰哩"，再变成为"哩啰啌"。由莆剧把它看成咒文一层看来，鄙说是可以成立的。[①]

明代以来，地方戏曲的演出，各有不同的脚本。以最流行的《琵琶记》为例，其演化极为复杂，大抵有京（金陵）本、闽本、吴本、徽本之差别。揭阳《蔡伯皆》戏文的出土计有三本，其中一本是总纲，一本是小生使用的己本。有些宾白，为元本所无，正表示演出时有地方性发展的特点。据说同时出土原又有《玉芙蓉》二本[②]，惜已被虫蛀坏。该墓葬主人题"黄州袁公姚江□陈氏墓"，可能是外地人。但潮州墓碑常有冠以祖宗原籍地名的习惯，故也可能这位袁公已久住潮州。从戏文中杂有一剧潮州俗字方言看来，可能是当时潮州民间艺人配合当地条件的演出本。祝允明为兴宁县令，所著《县志》谓："弘治前后，兴宁有南杂剧演出。"又《潮阳县志》莆田宋元翰传云："其治人以礼教，椎结戏剧之俗，一时为之丕变。"元翰令潮阳在正德九年，可见弘治、正德之际，潮州一带，南戏已甚盛行。《琵琶》《金钗》两记之出土，正足以说明这一事实。这两本均见于《永乐大典·戏文》[③]，惜已佚去。尤其《金钗记》卷终下记着"在胜寺梨园置立"，有"梨园"二字，当时戏班之具体规模，可想而知。潮剧戏班亦祀田元帅，即唐明皇时的雷海青，雷字可省作田，如雷万春之作田万春是。[④]与福建莆仙戏所奉相同。

明代刻本的剧文多少带点综合性的宣传意味，喜欢用全像

① 参看拙作《梵文四流音 R̥、R̄、L̥、L̄ 及其对中国文学的影响》，金文京日文译本（日本京都大学《中国文学报》三十二册）。

② 《玉芙蓉》为曲牌名，见《拜月记》。王骥德《曲律》"论须识字"谓："《拜月》、《玉芙蓉》曲'富五车'之'车'字，当作居音乃叶。"

③ 戏文四与九。

④ 读岳珂《桯史》卷十"万春伶语"条。

（相）、南北插科等字样，由下列诸本书名可以见之：

宣德《金钗记》云：《新编全相南北插科忠孝正字刘希必金钗记》。

嘉靖《荔镜记》云：《重刊五色潮泉插科增入诗词北曲勾栏荔镜记戏文全集》。

万历本云：《新刻增补全像乡谈荔枝记》。

嘉靖本《风月锦囊》：《新刊耀目冠场撮奇风月锦囊正、杂两科全集》《新刊摘汇奇妙戏式全家锦囊》。

可以看出这些带宣传性的字眼，是明代书林刻书常用的伎俩。

宣德本《金钗记》篇题有"忠孝"名目和《永乐大典·戏文》著录的《忠孝蔡伯喈琵琶记》称谓一样，最可注意的是"正字"一名称的使用。潮州戏称正字，亦称为正音，意思是表示其不用当地土音而用读书的正音念词。元本《三阳志》"风俗"条有云："或曰韩公出刺之时，以正音为郡人诲。"韩愈为潮州刺史不到一年，这一说法并不准确。但可以理解"正音"是与本地乡音相对立的雅言。①潮州语每一字多数有两个音，至今尚然。一是方音，另一是读书的正音，例如歌字方言Kua入麻韵，雅（正）音则为Ko，歌韵。清季海阳王定镐的《鳄渚摭谈》说："潮俗菊部，谓之戏班。正音、白字、西秦、外江凡四等。正音似乎昆腔，其来最久。"正音即是正字，与白字（潮音）分为二类。以前不知"正音戏"起始于何时，现在从宣德抄本的正字刘希必（文龙）一名称，可以看出南戏传入潮州之早，正音戏分明是受到南戏的影响。虽然宾白仍不免杂掺一些土音，但从曲牌和文辞看来，应算是南戏的支流，所以当时称曰"正字"，以示别于完全有潮音演唱的白字戏。

---

① 地方旧事称曰"孔子正"，是指读书讽诵的语音。

　　这一部《明本潮州戏文五种》，名称虽只五种，其实《荔镜记》上栏为《颜臣》，《金花女》则合《苏六娘》为一，原是不同的两种戏，合计应得七种戏文，其中大半属于徐渭所称"宋元旧篇"。今刊五而获七，尤以《颜臣》全部，可以看做《醉翁谈录》中"烟粉欢合"的实例。同时，从《苏六娘》戏文还可以看到潮剧从南戏逐渐演变成地方剧种，并早在明代已有将地方故事编写成戏文的实例，说明了潮剧源远流长的古老历史。这两个资料，更值得重视。此书之印行，特别有裨益于宋元南戏之探讨，故乐为喤引，略举所见，以求教于博雅君子。1985年1月于香港。

　　原载《明本潮州戏文五种》卷首，广州，广东人民出版社，1985

柘林在海外交通史上的地位

柏林现在是潮州市所属饶平县辖下的小镇，在明清历史上为海防要地，与南澳对峙，和黄岗、大埕相犄角，形势险要。明时设柏林寨，为海上门户，其地一带称为柏林澳。嘉靖丁未（二十六年，1547）郭春震《潮州府志·地理志》云：

> 柏林澳：暹罗诸倭及海寇常泊巨舟为患，今调拨潮碣二卫军士，更番哨守，益以募夫，以指挥一员领之。水寨：凡舟之过秋溪及樟水港者必由之。洪武初，置石城，造战舰以拒番舶。今官军往来防御，以夏秋为期。[1]

郭氏在这段记录的后面复加上一番备倭的议论，指出领饷金募海夫不足，复益以东莞乌船子弟兵之数百。复论该地无法遏止为乱之原因有三："一曰窝藏，一曰接济，一曰通番。"所谓"通番"，"闽粤滨海诸郡人，驾双桅，挟私货，百十为群，往来东西洋，携诸番奇货，因而不靖劫掠"[2]。

《明史》三二四《暹罗传》："嘉靖元年暹罗、占城货船至广东。市舶中官午荣纵家人私市，论死如律。"当日禁绝通番如是之严。春震是篇他书屡加以转录，足见其重要性。[3]

嘉靖时，番舶已经常往来，知暹罗与潮人之移殖交流，由来已久。顾祖禹《读史方舆纪要》（卷一〇三）饶平大尖峰下云"柏林澳在其南，暹罗、日本及海寇皆泊巨舟于此"，即抄袭郭志之说。

万历二年陈天资修《东里志》云：

> 洪武二十六年，置水寨，兼哨柏林。洪武二十七年，置大城守御

---

[1] 《潮州志汇编》，70页。

[2] 同上。

[3] 如《东里志》、吴颖顺治《潮州府志》。

千户所。（倭）寇海边，自澄莱（莱芜）至广东千余里，咸被其害，至是命安胜侯吴杰率武职于沿海以总备。仍置寨建所，于是有东陇之水寨，柘林之东路，而大城所亦因以建置焉。（传钞本）

洪武初，只在柘林东路置哨而水寨则与大城所同时设立。水寨在东陇，郭志所谓樟水港，即指澄海樟林。明泰和杨彩《南澳赋》云："柘林樟林，苍苍郁郁。"柘林、樟林每联称在一起。1972年在澄海县东里和洲村出土远洋木船，舷板上有下列字样：

广东省潮州府领□字双桅壹佰拾伍号蔡万利商船。[①]

红头船有单桅和双桅，此即当日出洋的双桅渔船，为蔡万利商号所造者。柘林造船业亦盛，至今尚然。水寨去柘林约一日程，洪武三年指挥俞良辅筑城周不及二里[②]，而大城所即大埕城所，为洪武二十七年百户顾实创筑，高二丈七尺，周围六百四十三丈，城之四门，各建城楼，规模宏伟，东面城垣至成保存完整，四面城门尚在。柘林东路于嘉靖时改为寨，刘忭《饶平县志》云：

嘉靖四十五年改东路为柘林寨，东路之兵，时聚时散，海寇伺其往来，以为肆掠，民无宁岁。提督吴桂芳奏募民兵一千七百一十六员名，领战船大小四十五只，以指挥一员统之，建牙于天妃宫之东南，屹然一巨镇焉。

寨址位于镇东北小山岗之山，营房已废，寨墙尚存。《东里志》云：

象头山在柘林，旧有天后宫。嘉靖初，镇守东路官，即庙树栅为营，戊戌（十七年，1538）同刘晴川（魁）与知县翁湘湖（五伦）行

257

---

① 《南海丝绸之路文物图集》，123页。

② 见《方舆纪要》。

部至此，有诗。（不录）

今天后宫后摩崖有玉湖书"披云洞"三大字，这是柘林寨见于志乘的记录。由设一哨进一步而设寨，经过许多地方官的倡议与经营的。嘉靖壬寅（二十一年，1542）饶平知县益阳罗胤凯议云：

> 窃惟柘林前全门一道，上据白沙墩，下距黄芒、南洋，外跨隆、南、云、青四澳，内则延裹黄岗、海山、钱塘、樟林等处多村，闽广货舟所经……每有番舶据海劫掠……连年官府雇募黄芒等处兵夫三百名，协同官军驾船屯聚……往往海滨骚扰，然必以柘林兵夫易之，安知柘林兵，不为黄芒之为乎……

嘉靖乙卯（三十四年，1555）知县应天徐梓有建海八议，略论："沿海多设备倭官军，故于宣化（都）柘林之东北，特建大城备倭之千所户，而今则无益矣。"以其"隐处内地，去柘林十里之遥，海寇登岸劫掠，尚不知闻……而柘林地方，旧尝设一指挥以守之矣，为今之计，宜设一员于南洋……分一员柘林，以大城官军为主，而以某处募兵若干翼之"①。

在嘉靖正式设寨以前，柘林自明初以来只有指挥一名，而兵额及战船都无明文规定。这一期间，倭寇为患频仍，海上寇盗活动加剧。兵夫所以御寇，往往摇身一变而为寇。嘉靖四十三年，柘林海兵谭允传等以缺额称乱，进犯东莞，即其一例。柘林原仅有极薄弱的设防，称乱的活动分子往往以柘林为攻取据点，故柘林遂成为海上往来的重要交通站。

潮州沿海的军事活动，在明代是寇乱最多的时期。万历十年潮州知府泰和郭子章著《潮中杂纪》卷十即为《国朝平寇考》上下篇，记

---

① 具详《东里志·公移》议地方一项。

载详尽。拙编《潮州志·大事志》系年纪要，存其大略。兹举其与柘林有关的事件，列出如下：

嘉靖五年（1526） 柘林民吴大与吴三聚众驾海舟十余艘劫杀惠潮。

嘉靖二十三年（1544） 李大用船近百艘合攻东路官兵并柘林，下岱乡民竭力守御。

嘉靖三十二年（1553） 八月东莞何亚八寇东路柘林，协守指挥马骧、东路指挥张夫杰不敢迎战。

嘉靖三十三年（1554） 亚八弟亚九肆掠海上，是年六月初六日攻柘林，千户夏琏死亡。

嘉靖三十四年（1555） 柘林海兵谭允传作乱，广东提督吴桂芳平之。

259

隆庆元年（1567） 李锡为福建总兵官，海寇曾一本至闽，锡出海御之，与大猷遇贼柘林澳，三战皆捷。[1]

万历元年（1573） 林凤初遁钱澳求抚，自澎湖九奔东番(台湾)魍港，为胡守仁所败，是年冬凤犯柘林、靖海、碣石。[2]

万历二十六年（1598） 四月，闽中盗引倭大艘十余，入犯柘林、碣石，惠潮副使任可容剿之。[3]

以上诸役以林凤事件最为著名，事详《明史·凌云翼传》及《菲律宾史》。《潮中杂纪》言："林凤拥众数千，为官兵所逐，因奔外洋，攻吕宋玳瑁港，筑城据守，且修战舰，谋胁番人，福建巡抚刘尧诲遣人谕吕宋国主集番兵击之，至是又从外洋突入广。云翼……与福建总兵胡守仁兵合……追至淡水洋……凤走外夷。"

---

① 《明史》二一二《李锡传》。
② 《明史·凌云翼传》。
③ 黄佐：《海上事略》。

林凤的名字，一般谈中国殖民史者都耳熟能详，不必深论。在嘉靖三年（1524）至万历二年（1574）这段时间，由于倭寇的肆虐，入潮阳，侵大埔，海上若干首领人物大都诱导倭寇为乱，像许朝光会倭攻海门，略黄岗、蓬州；林国显导倭寇上里（林凤即其族人）；吴平导倭陷大埕所，据南澳；平党夥林道乾、曾一本，无不挟倭以自重，失败而远遁外洋。官方参与此次战役经过，详《明史·俞大猷传》及《洗海近事》一书。吴奔安南，道乾至浡泥，略其地，号曰道乾港，聚众至二千人。[①]成为开拓外洋之历史人物。自吴平、林凤辈兵事平定以后，明廷乃于万历四年，因闽巡抚刘尧诲之奏，而有南澳镇副总兵之设，柘林的军事地位遂逐渐为所取代。《明史》二二三《吴桂芳传》："（吴）平初据南澳，为戚继光俞大猷所败，奔饶平凤凰山，掠民舟出海，自阳江奔安南。……平党林道乾复窥南澳，时议设参将戍守。桂芳言：澳中地险而腴，元时曾设兵戍守，戍兵即据以叛，此御盗生盗也，不如戍柘林便。"故先于柘林设寨，然只有常备兵一千七百一十六名，何以御海上狂飙之聚？故不十年而改于南澳设镇。当日请设海防的重要文件，《潮中杂纪》卷五奏疏加以钞存，十分重要，固取与此有关者略加介绍，以供治海防史者的参考：

（1）提督两广军务右都御史吴桂芳《请设海防参将疏》："倭寇海贼出没无常，先年议设南头、碣石、柘林三哨兵船分地防守，立法虽善，但原无口朝除将官专管，每哨止委指挥一员，管督官卑权轻，号令不肃，以致兵无忌惮，得恣猖獗。近日柘林哨兵之变（亦指《谭允传》事）可为永鉴……臣等欲并三哨之兵而稍减其数……特设参将一员，总领……名曰督理广州惠潮等处海防参将。"

（2）吴桂芳《请设沿海水寨疏》："请添设守备一员领兵一千二百名，住扎潮州柘林，以严东界门屏之守。"

---

① 《明史》三二三记道乾淡水洋扬帆直抵浡泥，攘其边地营港，即此婆罗洲之汶梨。

（3）巡抚福建右佥都御史刘尧诲奏《请设南澳副总兵疏》：
"照得海贼林凤开遁外洋，不知向往。……今欲为两省久安计，必先治南澳……今宜得一总兵，领水兵三千人，专守南澳，而兼领漳潮二府兵事。……且南澳中有石城，乃近时贼人许朝光所造，雉堞濠堑屹立雄镇。……不惟海寇驻足无地，抑且逋贼出没不便，虽从此以为久安可也。"

南澳既设镇，初置副总兵，而柘林照旧有守备一员，互为犄角之势。南澳有四澳，孤悬海外，南宋淳熙七年沈师犯南澳，杨万里自广至潮，讨平之。宋季帝昺避元兵，曾驻此地数月，今有太子楼遗址。郑和下西洋舟经南澳，黄省曾《西洋朝贡录》云："南澳又四十更至独猪之山。"独山或即刣猪澳。《东里志》："宰猪澳，一在深澳东。戚继光从此间关道破吴寨穴。"潮语宰猪的"宰"字，读为透纽。上述诸事，足见南澳，虽为蕞尔小岛，久已著名于史书。柘林寨的遗物，现存有风吹岭东麓雷震关口上的石刻。其文如下：

崇祯十三年季春立

盘诘　奸细

缉获　盗贼

管柘林寨事都司曹

楷书字大如斗，令人触目惊心。盖此处为重要关隘，由海路登陆必经之途径，故设防以备不肖之徒。

风吹岭巨石林立，南澳镇总兵官员多摩崖刻石镌名其上，有第二任总兵晏继芳及梁东旭等题字："闽广达观　万历丁丑季夏之吉闽粤副总兵晏继芳。""天水一色　万历甲戌季冬黔南梁东旭。"[1]又雷

261

---

① 此据《文物志》录文。按南澳《陈志》，"梁东旭，崇祯二年任副总兵"，与此年代不符。

震关巨石碑刻著下列题记："协镇广东黄岗等处地方副总兵官吴讳启镇招抚各岛伪镇官兵人民万数在此登岸。"

两旁小字略记："……予自癸亥之岁莅任斯土，觉夫海波不扬，兵民安乐……康熙庚申岁协镇吴招抚之功所致也。是其功之上佐朝廷，下庇军民者大矣。但功大宜传，年久恐湮，爰敢勒石，以垂不朽云……立。"

庚申是康熙十九年，是时清兵平达濠，潮州底定。吴启镇是吴六奇的儿子。六奇所著《忠孝堂集》有招抚南澳杜（辉）吴（陞）两镇书多篇。六奇时为饶平镇挂印总兵官。据《潮州志·职官志》潮州镇四黄岗协副将，吴启镇、康熙十四年任，十七年又任，二十年继之者为沈阳许登联。[①]是十九年黄岗协镇正是吴启镇。此巨碣为纪颂吴氏招抚的功绩。考湖寮出土康熙六年《吴六奇墓志铭》称："丈夫子十有一，长启晋，次启丰，嗣职镇守广东饶平等处地方总兵。次启镇，邑庠生，娶甲戌进士都察院右佥都御史罗万杰公次女。"启镇妻即是罗万杰之女。碑云"各岛伪镇官兵人民，在此登岸"，可能亦包括降清的南澳前明总兵陈豹、吴陞、杜辉等人，当日归顺清室的海外反动分子，都要从柘林的雷震关登岸，关外即面对汪洋大海，形势险要，万夫莫开。这一片石的纪录即是柘林在海防史上的地位重要见证。可惜立石的人名不清楚，从旁款所言"癸亥之岁莅任斯土"，癸亥是康熙二十二年，如果勒石是饶平县知县，二十二年癸亥莅任者当为颍州刘忭（忭尝修《饶平县志》），尚待核实。

风吹岭上的摩崖石刻群，新印《饶平文物志》大概多有记录并附图片，可以参考。上举晏继芳的摩崖原文记"万历丁丑"即是五年；而《文物志》作"九年辛巳"，显为笔误。九年的南澳副总兵则是于嵩。于嵩于万历十一年建南澳镇城汉寿亭侯祠记，碑今尚存于深澳的

---

① 见《潮州志汇编》，1147页。

碑廊。

我于本年二月三日（元宵前三日），至饶平柘林考察，由该镇穿过宋白雀寺古刹，又登元至正癸巳（十三年）的镇风塔，在风吹岭、雷震关上，凭吊石碣遗迹，低徊者久之。与柘林相去百里之遥的三百门港，位于洪洲与海山的交界，当年林凤带领徒众多人即从此三百门港上船出海。现在，三百门港正在开发为新的城市，回顾海上活动的历史故事，发思古之幽情，令人神往。

最近澳门举办"东西方文化国际学术研讨会"，向我征稿，窃念谈中外关系史者多知林凤等攻犯柘林，而柘林所在，其历史形胜，向不明了，因取柘林为题目，草成此一短文。不贤识小，聊备商榷。记起南澳万历九年任副总兵而倡修《南澳志》的于嵩有"题柘林"五律一首云：

地险壮嵯峨，行穿翠霭过。潮平两岸阔，云密万山多。剑舞吞牛斗，旗摇剪薜萝。年来经几泛，瀚海息鲸波。①

附缀于此，以殿吾篇。

又按：浙亦有柘林，为异地同名。《明史》三〇二《日本传》："（嘉靖）三十三年六月（倭）由吴江掠嘉兴，还屯柘林，纵横来往，若入无人之境。"又云："浙西柘林、乍浦……皆为贼巢，前后至者二万余人。"证之《明史·俞大猷传》："贼犯金山，大猷战失利，时倭屯松江、柘林者盈二万。"此为另一柘林。

1993年2月于香港

原载《潮中杂纪》附录，香港潮州商会，1993

---

① 《东里志》艺文。

从浮滨遗物论其周遭史地与南海国

一

浮滨类型遗物的分布，现在所知已有四十多处，在潮州地区，潮州市梅林湖出有原始兵器的直援石戈与软陶共存，时代约为夏商，比饶平浮滨为早。浮滨遗物是1974至1976年先后在该地的塔仔山和顶大埔山等处所发现。顶大埔山所出的铜戈，长19.5公分，援长13.3公分，铸作粗糙，被认为目前广东出土较早的青铜器。[①]浮滨类型的特征为陶器施釉，年代先于夔纹陶，其条纹与加釉情形近于江西吴城；复有刻符共20种。其有阑石戈复与吴城二期石戈相似，大口尊、豆器形风格则与河南二里冈所见略近。觯形壶更与殷墟西区出土之陶觯极为接近，故其年代被定为晚殷及早周，虽尚有不同意见，大体已为一般人所接受。

浮滨出土大批石镞石刀石戈。石戈有锋芒犀利的，其形制从援部平滑至隆脊有棱，从无阑到有阑，反映该地区兵器制作之演进过程及当日战争之频数。[②]普宁、大埔出现援部作弧形的石戈、惠阳地区的石戈及香港石壁、深湾的精致石戈与三角形石矛是否受到浮滨类型的影响，其与河南商代石戈类似之处，有待于精细比较研究。

1985年6月，揭阳中夏村发现战国墓，出土铜剑及铜矛各一件。铜矛的形状，据《揭阳文物志》记录："矛长十四公分，中间起脊，断面呈四棱形。柄一面铸'王'字徽号。另一面铸UE两号，矛身铸'1L⌐y'，背面纹饰及⼂符号。"（50页）可惜所附图版模糊难辨。查带着"王"标记的器物，有戈、斧、篾刀等，在广东西江流域之德庆、肇庆、四会、广宁、罗定多见之。论者认为带此类王字纹的

---

① 遗物形状见林业强编《广东出土先秦文物》，204—205页，香港，香港中文大学文物馆，1984。

② 同上书，204—209页。

兵器，若长沙出土之越王矛，邵阳之王字形矛，说明其先起源于越国而后来流行于百越各地。

浮滨釉陶在口沿与肩部多刻有符号，有人统计共20种记号。我以前曾作过研究：

同于上海马桥的：ノ人 川 コ H Ꭹ Σ X

同于吴城的：二 人 ᐠ 川 X

同于广西平乐的：二 コ H + X ↑

同于肇庆松山的：＞ ー ＜

同于香港石壁的：H X

广东始兴白石坪山及增城西瓜岭陶器符号计45种，相同者亦不少。这说明与吴越古文化关系的密切。最特别的是现藏于广东博物馆浮滨巨型彩釉的大口尊，上刻王字，同样标记又有三件，似乎表示浮滨在殷周之际曾经是属于越族的一个王国。

细考带有王字的越式兵器，在湖北出土的便有下列各地：

地点	兵器及文字	见于黄锡全《商周文字辑证》页数
郝穴	王字矛	172
纪南城	王字书刀	172
大冶县	王字矛	17
天星观	𤤤（王）字矛	159
江陵	王字匕首	169
楚皇城	王字画印	68

南越王胡墓出土的银带钩，其上亦著一"王"字。可见楚、越地区称王之众。赵佗上书汉文帝，说明他何以要称帝的理由，正因为闽越与西瓯各地的蛮夷，只有数千人，亦纷纷称王。因此他亦窃号以自娱。饶平浮滨和揭阳地古时应属闽越，西江流域属于西瓯，此数处陶器、兵器上面多刻王字，正是当日称王之证据。故知赵佗所说都是事实。《汉书·景武功臣表》："下郦侯左将黄同，以故瓯骆左将斩西于王

功侯七百户。"①是赵佗时犹有西于王，观佗上书言："西有西瓯，其众半赢，南面称王。"四会、罗定等地陶器均有双钩王字纹，很可能即西于王国的遗物。

二

《史记·越王勾践世家》记："楚威王兴兵而伐之，大败越，杀王无彊，尽取故吴故地至浙江，北破齐于徐州。而越以此散，诸族子争立，或为王，或为君，滨于江南海上，朝服于楚。"②其实威王时，越虽溃散，而其国尚存，分散多处。证以上举刻着"王"字之兵器，及揭阳之战国有王字之铜矛等物，知其族余孽仍活动于各诸侯之间。最明显的记载为《水经注》引《汲冢竹书》："魏（梁）襄王七年四月，越王使公孙隅来献乘舟……箭五百万，犀角象齿。"《史记·秦本纪》云："（秦）惠王卒，子武王立，韩、魏、齐、楚、越皆宾从。"③据此，秦武时，越仍与诸大国通使，秦武元年即周赧王五年。魏襄七年一条，《通鉴》系于赧王前之显王三十五年（前334年）胡三省注"国于海上"一句云："汉之瓯、越，闽越、骆越其后也。"④无异指越溃散后，分而为百越。至于公孙隅事迹，明时粤先贤欧大任著《百越先贤志》为之立传，略云：

> 越王无彊为楚所败，其子孙避处江南海上。周赧王时有自立为王者。隅以无彊初避楚，居东武有怪山浮来，镇压其地，因名东武山，

---

① 班固：《汉书》卷十七《表》五《景武昭宣元成功臣表》，657页，北京，中华书局，1962。

② 司马迁：《史记》卷四十一《世家》十一《越王勾践世家》，1715页，北京，中华书局，1959。

③ 同上书，卷五《本纪》五《秦本纪》，209页。

④ 司马光：《资治通鉴》卷二《周纪》二《显王三十五年》，66页，北京，中华书局，1956。

乃往相度南海，时依山筑南武城以拟之，而越王不果迁。时三晋惟魏最强，越王与魏通好，使隅复往南海，求犀角象齿以修献。久在峤外，乃得诸琛并吴江楼船、会稽竹箭献之魏，魏乃起师送越王往荆、栖之沅湘，于是南武疆土为越贡奉邑，称雄交南矣。①

这段记载不知取自何书。所谓"奉越王往荆、栖之沅湘"。盖赖魏师之助重整旗鼓，长沙出土有越王矛、邵阳出土越系兵器"王"字矛，足证此说之非诬。又广州出土有南武城砖及越王宫砖，则公师隅筑南城一事，亦可覆按。②南武城之建，即出自公师隅计策，其时越人兵力所届，及于南海。

越之后代，在汉初复有南武侯织。《汉书·高帝纪》："十二年，诏曰'南武侯织，亦粤之世也，以为南海王。'"③《通鉴》亦著其事。④南武侯之南武一名，当与广州的南武城有关。赵佗降汉在高祖十一年。他接受陆贾的劝告……说他本是"中国人，亲戚、昆弟、坟墓在真定……欲以区区之越，与天子抗衡为敌国，祸且及身矣！""今王众不过数十万，皆蛮夷，崎岖山海间，譬若汉一郡耳，何乃比于汉？"陆贾遂拜佗为南越王，令称臣，奉汉约。⑤其时南海悉为尉佗所据，汉封织为南海王，文颖谓"遥夺佗一郡，织未得王之"。但织既受封，必有封国。蒙文通在《越史丛考》中认为"既名南海，则仍当于后之南海郡求之，既言织亦越之世，自当为勾践后裔"。引全祖望《经史问答》谓其当在汀、潮、赣之间，庶几近之。⑥

---

① 欧大任：《百越先贤志》，卷一，13页下—14页上，台北，商务印书馆，1980。

② 参温丹铭：《广州城砖考释》，载《中山大学文史研究所月刊》第2卷3、4期合刊及《广东通志刊传》卷一《公师隅传》按语。

③ 《汉书》卷一下《纪》一下《高帝纪》下，77页。

④ 《资治通鉴》卷一二《汉纪》四《高帝十二年》，406页。

⑤ 同上书，《高帝十一年》，396页。

⑥ 见蒙文通：《越史丛考》，42—43页，北京，人民出版社，1983。

朱维干、陈元煦著《闽越的建国及北迁》一文中说："他的封地南武，究竟在何处？《长汀县志》记载为今武平县地。饶宗颐在《潮州志》的《大事志》上说：潮安和饶平两县交界，有地曰南武嶂。可能是南武侯封邑的故地。南海王国大约建立在汀、潮、赣之间，这样的推测，离事实总不会太远。"①

今年春天我到过饶平调查，南武嶂有"草南武"与"石南武"两处，草南武属凤凰山脉，高度884公尺；为饶平第二号高山，东南接樟溪，西毗连潮州市之意溪镇。石南武是草南武之前列，山顶大石俗传为韩湘子的脚迹，究实无据。此地所以称为南武，我以前怀疑因汉初南武侯织而得名。1982年饶平文物普查，在樟溪镇马山湖水库南武嶂西山陂出土石矛一枝，尚难说明与南武侯有什么关系。

蒙文通谓："《汉书·地理志》南海郡揭阳县，莽曰南海亭，亭名南海，地望正合，宜即故南海王国也。"②蒙氏取王莽之南海亭以证武侯织之南海王国，甚有说服力。先是1977年，揭西县坪上区南森乡赤岭村，农民蔡剑裕掘得铜矛一件、铜钺二件，前于此若干年，卜瑞德医生在此亦掘得大量陶器及铜剑铜刀玉璧等物，铜刀柄上刻有"秦"字，原物被携往外国不得踪迹。黄朝凡据此一事作《河婆古城考证》③，刘念兹附和之，著《南海王国遗址笺释》④，援引蒙文通说为佐证，认为汉初南海王国的古城遗址即揭阳之河婆镇。

今按：揭西铜刀上有秦字，可能是秦时南下戍卒携来之兵器，与汉初南海王国毫无关系。南越王墓出土有十年张义戈，江西遂川县左

① 朱维干、陈元煦：《闽越的建国及北迁》，见百越民族史研究会编：《百越民族史论集》，123—124页，中国社会科学出版社，1982。

② 参《资治通鉴》卷一二《高帝十一年》，43页。

③ 见《揭西文史》，1985。

④ 载《汕头文物》，1984（12）。

溪河岸1976年出土一批秦代兵器其中带有铭文："廿二年临汾守醳、库系工歃造"，据彭适凡考证，为秦始皇二十二年物（《江西先秦考古》，248页），这些确是秦世兵器，当同为戍五岭时留下之遗物。况汉时揭阳县治，无法证明其必在河婆，以秦证汉，似拟不于伦，故黄、刘之说，尚非通达之论。

三

郭子章《潮中杂纪·沿革考》云："（宋）元丰之制，潮止二县（即海阳、潮阳）乃置揭阳县，初卜治留黄村，至绍兴二年，改卜于玉窖村，始有三阳之称。"留黄村即㽞隍，宋时复置揭阳县，初设治于此，未闻有治于河婆之记录，知黄君之说非有充分根据。明代潮州志书，郭子章在上举《潮中杂纪》卷九《郡邑志补》有"南海亭"一条，引《水经·浪水注》云："员水又东南一千五百里入南海，东历揭阳县，王莽之南海亭而注于南海也。"以后顺治《志》照录之，《潮志》首引王莽南海亭以指揭阳县，盖自郭子章始。

秦汉之揭阳县等于整个潮州领域而更为广阔，奄有闽、赣之地。《通鉴·始皇帝二十五年》："王翦遂定荆江南地，降百越之君，置会稽郡。"胡三省注："秦会稽郡治吴县，兼有今闽越、两浙之地。"[1]《史记·秦始皇本纪》作"降越君"。《正义》云："楚威王已灭〔越〕其余自称君长，今降秦。"[2]是秦时闽越应属会稽郡所遥领。汉初高祖、孝惠乃分封诸君长为王，而越祀实未绝。

据《史记·东越列传》，高祖五年（前202），复立无诸为闽粤王，王闽中故地，都东治。高祖十二年，立南武侯织为南海王。孝惠

---

①　《资治通鉴》卷七《秦纪》二《始皇帝二十五年》，232页。

②　《史记》卷六《本纪》六《秦始皇本纪》，234—235页。

三年（前192）立摇为东海王，都东瓯，世俗号称东瓯王。^①汉初对诸残余越人的政策，是把它瓜分为三处：先后分封为闽越、南海、东海三王国，而南海与东海遥遥相对。南海王不言都治所在，令人煞费考证，以揭阳县当之，大抵可信。由于南海王屡次反叛，史书所记，几乎是一片空白。除《汉书·高帝纪》《通鉴》之外，《史记·淮南王传》引张苍奏及《严助传》略言之。^②知其最后"以军降，被处于上淦"。则南海王辖境应及于江西。《舆地纪胜》卷三十四："上淦即临江军之新淦县"^③。即今时出土大量商代铜器之地。胡三省注《汉志》："豫章郡有新淦县"。应劭注："淦水出上淦，盖淦水之上流也"。此即南海王贬所之上淦也。

西汉时，南海王国亡之后，揭阳县一度确属于闽越王，"建元六年（前135）闽越王郢发兵拒汉，其弟馀善持铍杀之，汉因封馀善为东越王，另立繇为王，以奉闽越之祀。"故知郢之时，揭阳必属闽越王所辖。迨元鼎六年（前111）汉击南越，馀善以东越王上书，请出兵为助，史书记载他的兵至揭阳，以海上风波借口，持两端按兵不动。这时的揭阳可能仍在闽越王繇的管辖之下。前此南海王织所封本在揭阳县境，由于屡次反叛，其地后来遂为闽越所奄有。唐《十道志》说："潮州，潮阳郡，亦古闽越地。"^④所言是可信的。秦汉时还未有"潮州"的名称，仅名"揭阳县"，现在我们研究浮滨文化遗存分布于粤东与闽西，恰巧是闽南方言的区域，要寻找汉初南海王国的所在，此中正可透露出一点消息。

1993年9月1日

---

① 参《史记》卷二四《列传》五十四《东越列传》，2979页。

② 同上书，卷一一八《列传》五十八《淮南衡山列传》，3077—3078页。

③④ 蒙文通：《越史丛考》，43页所引。

浮滨文化的符号

一 引言

岭南学院的前身是岭南大学，我和这两间大学都有深切的宿缘。
我的早期著作，整理先君遗著的《潮州艺文志》先后于1935年、1937
年分两期专号在《岭南学报》刊出[①]，我又于1995年接受岭南学院颁
授人文学博士学位，有这双重因缘。现在《岭南学报》要步武《燕京
学报》的后尘，准备复刊，门人马幼垣教授主其事，向我索稿，并且
声明必须以潮州有关涉的论著作题目。我经过许久的考虑，到了最近
才决定采用这一论文，聊答雅意。

本年（1999）农历正月初八日（即2月23日）我去广东揭阳县博
物馆。馆设在有名的学宫。承副馆长林戊源、孙淑彦，及当地文化领
导李衍平、陈作宏诸先生的款待，得以饱观馆藏和出土一些文物，非
常高兴。我在近著《汉字树》补记[②]，提及《华学》2期（1996年12
月），曾骐、邱立诚、吴雪彬三先生合写的《仙桥石璋》一文，引述
𡨄形符号（124页）。当我在揭馆看到三件陶片原物以后，始恍然发
觉曾文所摹绘，有点失真，有重新仔细讨论的必要。

---

① 此著就先君遗稿补订而成，30年代在《岭南学报》发表时，范围自经部起至集部
明人集止，别为十三卷，分刊两期专号。第一部分为前七卷，见四卷四期（1935年9
月），1—213页；第二部分为随后六卷，见六卷二、三期（1937年9月），1—236页。
后来此作成为我总纂《潮州志》（汕头，潮州修志馆，1949）时的《艺文志》，并
补完清人集；前见《岭南学报》部分亦添入初刊后的新者。此作近更刊为单行本：饶
锷、饶宗颐著《潮州艺文志》（上海，上海古籍出版社，1994）。此书自经部至明人
集，据《岭南学报》本复印，清人集部分则用《潮州志》本重排。此事讲得详细点，
以示我和《岭南学报》的因缘由来久远。
② 饶宗颐：《符号·初文与字母——汉字树》，188页，香港，商务印书馆，1998。

二　浮滨文化简释

所谓"浮滨文化"是指饶平县浮滨区塔仔金山出土的遗存，以"浮滨"命名的考古学史前文化的一个文化名目。从1974年在该地大埔山出土遗物近三百件，以后在邻近地区包括广东的普宁、揭阳、丰顺、大埔和福建的南靖、诏安、漳浦、龙海、平和、华安等地都陆续发现有浮滨类型的遗物。甚至香港，近年亦有浮滨型文物出土。它分布的地区，从闽南、粤东，及于香港地域。文化层的碳14年代数据大约在前1440—前920年的年代范围。曾骐、邱立诚诸位考古家有关浮滨的论著甚多[①]，我在这里不拟详述，简单地说，浮滨遗物相当于殷商时代。

现在先谈石璋，曾骐等在《仙桥石璋》文中对于仙桥两件石璋的形状与"牙璋"的用途都有很详细的说明、报道。这两件石璋，一有孔而一无孔。有孔的27.9公分×5.6公分×1公分，无孔的25.5公分×6.2公分×1公分（图1、2）。该二件石璋都在揭阳仙桥出土。记得1994年2月在中文大学中国文化研究所主办的"南中国及其附近地区古文化研究国际研讨会"上，我首先发言致开幕词，提出《由牙璋分布论古史地域扩张问题》，附带提到揭阳仙桥的有孔石璋，为该次会议印发的论文集内的牙璋遗址分布图，增加了揭阳一个新地点。我的开幕词在香港还没有正式公布，现在发表作为本论文的附录。

曾骐指出仙桥石璋II和四川三星堆神树上所挂的金箔包裹的璋形物，有相似之处，今再将三星堆的鱼形首饰包金箔的璋同时印出，以资比较（图3）。[②]

---

① 特别是邱立诚、曾骐：《论浮滨文化》，载《潮学研究》6期（1997年10月），19—34页。

② 朝日新闻社编：《三星堆——中國五千年の謎》，110页，东京，朝日新闻社，1998。

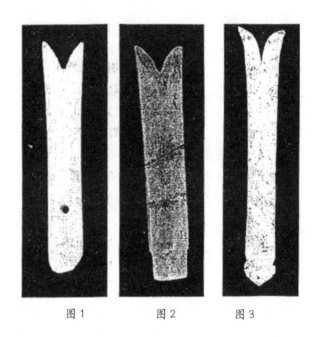

图1　　　　图2　　　　图3

三　与石璋有关诸问题

牙璋之有孔，分明是准备用绳穿引用以悬挂。《山海经》记载祭山之礼，多悬以吉玉。《尔雅·释天》："祭山曰庪县"。郭璞（276—324）注："或庪或县，置之于山。《山海经》曰县以吉玉是也。"陆德明（约550—630）《经典释文》："庪，本或作庋，又作攱。"《集韵》上声四纸："庋、祇：祭山名。或作祇，通作庪、庋。"

三星堆的璋形物刻绘受祭之山左右有手掌，我尝引用《西京赋》的巨灵手掌以解释之（图4）。[①]

古代诅告对方亦用玉，《秦诅楚文》云："敢用吉玉瑄璧，及其宗祝邵鼛，懬告于不显大神……"诅是明誓时告于神明使加罪于控告

[①] 朝日新闻社：《三星堆》，217页。

的对方。晋国侯马盟书，书写于玉器上，所用有圆形与圭状，即珪璧之属。三星堆祭祀刻绘人持璋跪地以刃前向，想其致祭时必行诅告。

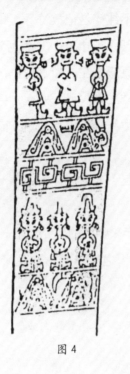

图 4

四　浮滨文化的符号及其有关问题

次谈符号。浮滨文化，最特色是陶器上面的刻符或文字，大抵多刻于肩、腹部和豆把之上。有少数刻于口沿侧。邱立诚曾举出见于大埔墓葬的刻符（文字）有30个，详见《文物》1991年11期。①我以前见过浮滨大口尊，口沿每见"王"字，曾提出与"汉代南海国"或有

---

① 该文即广东省博物馆、大埔县博物馆《广东大埔县古墓葬清理简报》，见《文物》1991年11期（1991年11月），14—26、13页。墓葬刻符30种有详细表列，见18页。《文物》唾手可得，不复制。至于《文物》此文之著作权，据邱立诚等所著《论浮滨文化》之注〔16〕，文实出邱之手，则应注明。

关系的论见。①邱君谓："饶宗颐教授认为'王'的标记似乎表示浮滨在殷国之际曾经是属于越族的一个王国，这个意见很有见地。浮滨文化的这批刻符，看来不纯粹是记数符号，肯定其中已有的具有指事意义。"②我现在再就新见到的揭阳这一符号进一步加以讨论：

曾文摹写的符号，原形实在应如下列：记号在口沿之下，有两个幸存保留口沿线位，故较准确。另一残文，只剩二道分线，但可依上面二文，予以复原。此类符号，不是刻划，而是浮雕使其笔划突起，值得注意。

陶片出土地点为（赵）埔田梅林山，其一出于云路；参看所附地图（图5）。

浮滨遗物，经二十年来学人的研究，已一致承认时代属于殷商。

殷甲骨文中有一不识之字，其形与此X颇相似。但十字形为正面。其卜辞云：

☑申贞✄于——〔下残〕（《小屯南地》③，#三五九四）（图6）

又羌，燎军

己未……不降永

又一字则增益"乂"的偏旁。

庚辰贞：其✄✄（《甲骨续存》④，#八〇二）（图7）

---

① 饶宗颐：《从浮滨遗物论其周遭史地与南海国》，收入邹兴华编：《岭南古越族出土文物集》，80—83页，香港，市政局，1993；并见黄挺编：《饶宗颐潮汕地方文化史论文集》，76—83页，汕头，汕头大学出版社，1996。

② 见邱立诚等：《论浮滨文化》，26页。

③ 中国社会科学院考古研究所编：《小屯南地甲骨》，上册，第2分册，687页，北京，中华书局，1980。

④ 胡厚宣：《甲骨续存》，下编（册三），547页，上海，群联出版社，1955。

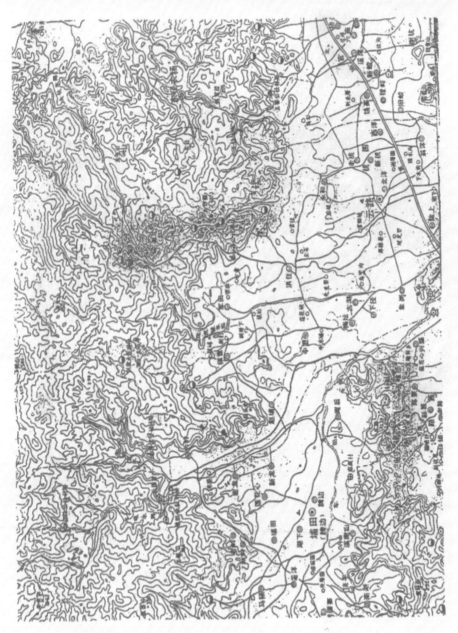

图 5　揭阳地图　▲梅林山遗址

徐中舒（1899—？）《甲骨文字典》虽收录此字，却谓其义不明。[①]按卜辞此字为动词，循其上下之义，知是祭名。🜚释为鬼，则🜚者，可能指逐鬼辟邪之事。

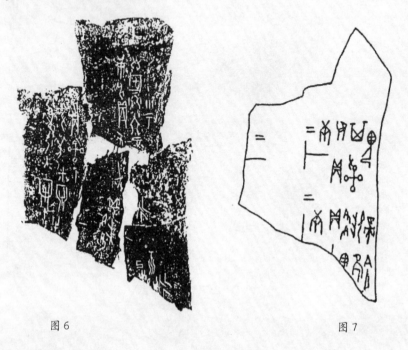

图6　　　　　　　　　　　　　　　　　　　　　图7

卜辞十干的"癸"字一般都写作✖或✖，十字形的方向更与✖异，但✖绝不是癸字。浮滨30个刻符，还无法证明它是文字，只是指示某一事物，所以不能用卜辞来作解释。

古代星图习惯用圆圈和相连的线来表示星座。见于汉代符箓上的星象图、敦煌所出的星图（如Stein3326的全天星图），无不如此。

云路、埔田所出陶片三文（图8、9、10），都作✖形状，似可以看作星象。浮滨陶文30种中，又有米、✖的纹样。米是四正、四维所组成。✖则稍简化，向来被视为星辰。西亚习见的米符，意义是天

---

① 徐中舒主编：《甲骨文字典》，1526页，成都，四川辞书出版社，1988。

神，楔形文写作 ✚，通常作为限定词，在神名之前表示神之名号。米正像光芒八道。浮滨的 米，是否如此，尚无法证明。但 ✕ 之为星象，却非常明显。米号已见于半坡。[1]汉代画像砖有 ✕ 的图案，像四川梓潼之作四角光芒，和 ✕ 十分相像。[2]

图8

图10

图9

　　古代人对天文观念发达甚早，殷卜辞有"从斗"之辞。

　　✕ 可说是维斗的图案。《庄子·大宗师》说："维斗得之，终古不忒。"李颐注云："北斗，所以为天下纲维。"《大宗师》又云："傅说得之，以相武丁，奄有天下，乘东维，骑箕尾，而比于列星。"陆德明《经典释文》："东维，箕斗之间，天汉，津之东维也。崔譔云：傅说死，其精神乘东维，托龙尾，乃列宿。今尾上有傅

_____

① 见饶宗颐：《汉字树》，见《论半坡》第29号，156页。

② 参看饶宗颐：《未有文字以表示"方位"与"数理关系"的玉版——含山出土玉版小论》，载《中国语文通讯》3期（1989年7月），9—13页。

说星。"傅说是殷代名臣，死后化为星座，星有名称"傅说"。殷代的星宿信仰即可窥见一斑。浮滨文化年代属于殷商，故✕之象四维及中央五星之状，可以推想而知。维斗是天下之纲维。天亦有四维。纲，《说文》训网纮，古文作柡，从木从糸。大绳为纮。✕即以纮与中央斗星维系之象。

✕如果是作为五星的征象，浮滨在古代是一王国，当然对天象有某种信仰。天垂象，见吉凶，王者"则天"，这一观念，各处大抵同然。所以✕特别用浮雕来显示它的重要性。这是一种显示天道的"象纬"记号。象纬者，杜甫游龙门寺诗云"天窥（一作阙）象纬逼"。明万历潮州知府郭子章（1542—1618）所著的《潮中杂纪》，有《象纬解》一文，收入顺治时候吴颖编修的《潮州府志》。文中指出潮州隶东广，于汉为南越地，春秋为百越，其于十二次为星纪，于二十八宿属牵牛。吴颖于志中地书转载其文，懔于天道，应当知所儆惕。这种符号镌于器物之上，最少昭示当日地方居民很关心天象。马王堆汉墓出土还有《五星占》《天文杂占》，正可作为佐证。

五　结语

本文所提出一点不成熟意见，只是推想，还待深入论证。但提供符号原状，十分重要。我甚希望以后考古家发表有关符号时，勿采取摹写方法，多用准确照片，以免导致误解。

编后记

潮州历史绵长，千年文脉传承着中华优秀文化瑰宝。2020年10月12日，习近平总书记亲临潮州视察，他来到古城中心街区太平路，向着欢迎的市民亲切地说，潮州文化具有鲜明的地域特色，是岭南文化的重要组成部分，是中华文化的重要支脉。以潮绣、潮瓷、潮雕、潮塑、潮剧和工夫茶、潮州菜等为代表的潮州非物质文化遗产，是中华文化的瑰宝。总书记在视察广东第一站就来到我们潮州，这极大地激发了潮州干部群众办事创业的热情，鼓舞着广大老百姓大干实干的勇气和信心。

当前，在干部群众中掀起了一个学习贯彻落实习近平总书记视察广东视察潮州重要讲话重要指示精神的热潮，并在广大市民中表现了学习潮州文化的强烈热情和愿望。

记得1996年8月，汕头大学出版社曾出版过黄挺先生编的《饶宗颐潮汕地方史论集》，当时印数只有2000部，而且时间已过去25年，估计该书存留很少。为此，我馆特选编这一本《饶宗颐潮州学论著选》，以供广大读者所需要。

饶宗颐先生（1917—2018），字伯子、伯濂，号选堂，又号固庵，是我国当代著名的历史学家、考古学家、文学家、经学家和艺术家，又是杰出的翻译家。饶宗颐先生博古通今、中西融贯、学艺双修、著作等身，为一代国学宗师。生前曾任中央文史研究馆馆员、西泠印社社长。出版了1000多万字的《饶宗颐二十世纪学术文集》，涉及甲骨学、简帛学、经学、宗教学、历史学、中外关系史、敦煌学、目录学、艺术学、文学、诗词学、楚辞学、史前文字学及潮州学等14个门类，并在学术研究上创获50项世界第一，在国内外影响巨大，被誉为"文化珠峰"。

饶宗颐先生对潮州文化的弘扬，贯穿他整个学术事业的全过程，上世纪80年代末至90年代初，他多次在国际、国内学术会议上先后作了《潮州学在中国文化史上的重要性》《潮人文化的传统和发扬》等演讲。他指出："潮州地区人文现象，有需要作为独立而深入探讨之研究对象，应该和'客家研究'同样受到学人的重视。因此，潮州学的成立，自然是顺理成章不用多费唇舌来加以说明；更有一个充足的理由，客家学以梅州地区为核心，在清雍正十年（1732）嘉应直隶州未设以前，整个梅州原是潮州所属的程乡（后来分出镇平、平远），长期受到潮州的统辖。大埔、丰顺二县，亦属潮州所管。所以研究雍正以前的潮州历史，梅州、大埔都应该包括在内，这说明客家学根本是潮州学内涵的一部分，不容加以分割的。"他进一步指出，"潮州学的内涵，除潮人在经济活动之成就与侨团在海外多年拓展的过程，为当然主要研究对象，其与国史有关涉需要突出作专题讨论，如潮瓷之出产及外销、海疆之史事、潮州之南明史等论题，有潮汕已有不少文化机构着手从事编写，十年以后，研究成果，必大有可观，钩沈致远，深造自得，蔚为国史之要删，谨拭目以俟之。"

饶宗颐先生18岁时，即继承其父亲饶锷先生的遗志，旁搜博采、集佚钩沉，续编《潮州艺文志》（65万字，初刊载于1935年《岭南学报》，1994年由上海古籍出版社印行）。他在重印《〈潮州艺文志〉序》中，言简意赅精述了潮州历代学术源流外，讲述了饶氏两代前赴后继编纂是书之艰辛，读之令人钦敬。接着，饶先生又考证了金山史料和广济桥史料，编纂了《金山志》和《广济桥志》（附《潮州湘子异闻录》《韩湘子辨》），桥之有志，在本省史志上开创了首例。

　　1935年，饶先生以弱冠之年，应聘为中山大学广东通志馆专任纂修。在此期间，他撰写了《韩文公祠沿革考》《古海阳考》《恶溪考》等一系列文章，后均收入《潮州丛著初编》一书，于1938年由广州市立中山图书馆印行。该书经著名学者罗香林先生推荐，列入中山图书馆丛书，遂使潮州乡邦文献弘扬于海内，从而开启了他从韩江之畔，走向全国乃至世界的文化之旅。

　　抗战胜利后，饶先生被推选为广东文献委员会委员。他回到了家乡潮州，出任汕头南华大学文史系主任、教授，兼任《潮州志》总编纂。1947年，饶先生撰著之《潮州先贤像传》印行。他在"序言"中说，"吾州之学，启自赵德，惜乎图像无存，是编以年代先后为次，自唐大颠禅师至清曾右丞刚甫，凡三十人，并缀各传援据书目于卷末，备参稽焉。曾怪近世教民之法，略近而详远，侈陈九州之博大，父母之邦，反漠焉若不足以措意。思古之情不发，怀旧之意未抒，数典忘祖，学者所为深屏营也。是书之刊，俾吾州前代巨人长德，于此一帙中，得以朝夕亲炙。申仰止之诚，偿尚友之志，启爱乡之心，长思齐之念，随在皆足发人深省。百世之下，倘有闻风而兴起者乎。"为编好《潮州志》，充实其中有关的《山川志》《地质志》《水文志》《物产志》等分志资料，饶先生不辞辛劳，亲往揭阳富美峤、黄岐山、虎头岭、崇光岩等地勘查出土新石器时代遗物，并亲涉兴宁、普宁、丰顺、饶平、潮安登塘等处，勘察史前文化遗址，研究出土文物。在此期间，完成了《韩江流域史前遗址及其文化》初稿。

　　1949年中，饶先生为《潮州志》是否继续编写出版一事，专程赴香港征询资助人方继仁先生，在方先生的再三挽留下，答应定居香港。饶先生后来回忆，方先生是他生命中很关键的一个人。方继仁（1889？—1965）潮安浮洋塘东人，世代经商，方先生兼通儒术，恢弘前业善观时变而知物，且为人诚实厚道，每操奇赢。他"性豁达，于乡，分羡以惠贫窭，兴学以牗大众，建亭以荫行旅，浚渠以益灌溉，为之不遗余力，乡人至今颂德弗衰"（饶宗颐《方继仁先生墓表》）。方先生晚年杜门养疴，泛览群书，有《勉学粹言》一书行世。1965年，方继仁先生病逝于香港，饶先生即撰《方继仁先生墓表》，以表悼念之情。

　　50年代初，《韩江流域史前遗址及其文化》定稿于香港出版，叶恭绰先生获此喜讯，欣然为之题签。不久，饶先生又撰写了《潮瓷说略》。前一书是第一部有关潮州地区新石器时代考古记录，在当时也是广东田野考古开山之作；后一书则是首部研究潮州陶瓷的专著，并得青瓷专家重视，刊于日本陶瓷协会出版的《陶说》杂志上。由是宇内知潮州宋瓷在陶瓷史上的重要位置。

　　对于潮剧源流及演进的研究，饶先生也不遗余力，1985年广东人民出版社出版了《明本潮州戏文五种》，其中《荔镜记》《荔枝记》《金花女大全》等，均由饶先生协助，从英国牛津大学、日本东京大学东洋文化研究所、奥地利维也纳国家图书馆等三地影印而来的。在此期间，他所作的《〈明本潮州戏文五种〉说略》。又在同年12月香港中文大学音乐系主办的"现代道教音乐国际学术研究会"上，作了《南戏戏神咒'啰哩嗹'之谜》的讲演。这两篇文章（本书收入前篇），从考证潮剧与南戏关系入手，广征博采，对戏文的唱词、宾白、声调、节拍、帮声等都作详细论述，从而勾勒出潮戏从南戏逐步演变成一种地方剧种的过程，明确地指出："明代已有由地方故事编写成戏文的实例，说明了潮剧源远流长的古老历史。"这为潮州戏曲史研究作出了极重要的贡献。1999年，饶先生为使国内文化界能够目睹潮剧作品芳华，千方百计联系奥地利汉学家龙彼得博士，复印、整理了原藏奥地利国立图书馆的明代万历辛巳朱氏与耕堂本、潮州东月李氏编的《新曲增补全像乡谈〈荔枝记〉》，作为潮州饶宗颐学术馆丛刊，交由台湾新文丰出版公司印行。由此，海内学者遂能欣赏、研究这部400多年前的戏曲作品，饶先生也即作《减字木兰花》词，表达喜悦之情：

> 吴头楚尾，咫尺泉潮通一苇。也似《金钗》，连柳和腔唱自佳。
> 传来院本，风月棚前工说诨。镜里风流，分待人间一段愁。

全词未有用典，尽显自然贴切愉悦，欢欣激动，犹如一股清泉涓涓流出，让人感怀，久久不能平复。

2000年，饶先生又在84岁高龄，以如椽巨笔写下了煌煌大著《朱子与潮州》，并请友人在台湾汉学中心主办的纪念朱子逝世八百周年"朱子学与东亚文明研讨会"上宣读。他以恢宏的笔调写道："潮州与建阳相去咫尺，南宋时潮州仕宦多出朱子之门，潮地亦久沐朱子之教化，朱子著述不少在潮刊行，不可不为之表彰。""宋元之间潮学称盛，与朱子关系至深，开拓明代理学之新局。"再一次把潮州、潮州文化、潮州学术源流彰显于海峡两岸并进一步推向世界。

对于受到中原商周文化强烈影响、有着早期青铜文化特点的浮滨文化，饶宗颐先生也倾力加以研究探索，一连撰写了《柘林在海外交通史上的地位》《浮滨文化的符号》《从浮滨遗物论其周遭史地与南海国》等论文，为考古学界弹奏了一组古代地方史序曲，其贡献无价，影响至巨。

本书共选编饶宗颐先生大著23篇，其中：上世纪30年代5篇，40年代2篇，50年代3篇，60年代1篇，80年代4篇，90年代7篇，本世纪初1篇。论述内容包含文化源流、山川地理、历史考古、人文景观、民族民俗及杰出人物等。在编辑过程中，得到潮州市政协原副主席、潮州市饶宗颐学术馆总监沈启绵先生的具体指导，并承蒙学者、"饶学"专家郭伟川先生的慨允，将大作《饶宗颐教授与"潮州学"》作为本书代序，谨表衷心感谢。

我们这一本《饶宗颐潮州学论著选》，目的是让广大读者、民众在学习贯彻落实习近平总书记视察广东视察潮州重要讲话重要指示精神中，更能深刻领会和理解，更增强作为潮州人建设文化潮州、辉煌潮州的自信力和光荣感。我们也同所有潮州人一样，深信在潮州市委、市政府的坚强领导下，乘习近平总书记视察潮州的强劲东风，群策群力，万众一心，抓住机遇，乘势而上，起而行之，把潮州建设得更加美丽。饶宗颐先生有一联语云："经纬资文武，带砺有山河。"我们要不忘初心，励精图治，一个文化潮州、辉煌潮州、美丽潮州，必将屹立在粤东大地上。

王振泽

2021年3月10日